太湖西北部新石器时代考古报告之一

南京博物院
无锡市博物馆　编著
江阴博物馆

文物出版社
北京·2007

书名题签：管　峻
责任印制：梁秋卉
英文翻译：杨　赓
责任编辑：郑　彤

**图书在版编目（CIP）数据**

祁头山／南京博物院考古研究所编．—北京：文物出版
社，2007.8
（太湖西北部新石器时代考古报告之一）
ISBN 978－7－5010－2256－4

Ⅰ．祁…　Ⅱ．南…　Ⅲ．新石器时代文化-文化遗址-发
掘报告-嘉兴市　Ⅳ．K878.05

中国版本图书馆 CIP 数据核字（2007）第 097109 号

**祁头山**

南 京 博 物 院

无锡市博物馆　编著

江 阴 博 物 馆

\*

文 物 出 版 社 出 版 发 行

北京东直门内北小街 2 号楼

http：//www．wenwu．com

E－mail：web@wenwu．com

北京圣彩虹制版印刷技术有限公司制版印刷

新 华 书 店 经 销

889×1194 毫米　1/16　印张：22

2007 年 8 月第一版　2007 年 8 月第一次印制

ISBN 978－7－5010－2256－4　定价：198.00 元

One of the Report Series on Neolithic Sites lying in the Northwest of Taihu

# QITOUSHAN

## (*WITH AN ENGLISH ABSTRACT*)

Nanjing Museum

The Mumeum of Wuxi City

The Museum of Jiangyin

Cultural Relics Publishing House

Beijing · 2007

# 考古发掘和报告编撰人员

## 发掘人员
陆建芳（领队）　杭　涛
韩建立　周恒明　蔡卫东
李文华　唐汉章　李新华
高振威　刁文伟　孙　军
李少泉　王启忠　王　峰

## 文物修复
韩建立　周恒明

## 资料整理
陆建芳　翁雪花　邬红梅
左　骏　沈　骞

## 摄　影
杭　涛　孙　军

## 拓　片
韩建立

## 制　图
左　骏

## 执　笔
陆建芳　左　骏

# 目　录

# 插 图 目 录

# 彩 版 目 录

# 第一章　概　述

## 第一节　地理环境及历史沿革

　　江苏省位于长江下游，长江浩浩荡荡，自西向东横贯全省，将全省划分为苏南和苏北两大地区。苏南地区土壤肥沃，气候温暖而湿润，其中部有东南—西北走向的茅山山脉，海拔200～300米，为苏南太湖平原与宁镇丘陵区的分界线。

　　太湖平原位于长江以南的太湖流域，北起长江，东抵东中国海，南达钱塘江和杭州湾，西部以天目山及其支脉茅山与皖南山地、宁镇山地相隔，其范围包括江苏省苏州市、无锡市、常州市、丹阳市，浙江省杭州市主要地区、嘉兴市和湖州市的全部、上海市全部。该平原是一个以太湖为中心的碟形洼地，碟缘高4～10米，大部分高4～6米，洼地最低处1.7米。平原上多分布孤立山地，一般在200米以下。太湖平原区内湖荡成群，河川纵横交错，密如蛛网，河道长约40000千米，较大的湖荡有250多个。太湖面积2425平方公里，平均水深2.1米。其西面有滆湖、长荡湖，东面有阳澄湖、澄湖、定山湖等，形成以太湖为中心的湖泊群，另有长江、江南运河等数条河流通过，故水产资源丰富。太湖平原土壤肥沃、灌溉便利，有较好的耕作措施和机械化条件，可发展双季水稻连作的三熟制，自古以来便是国内的主要产粮区。太湖平原也是苏州碧螺春、杭州龙井等经济茶类的原产地，另外，此地又以丝绸生产加工和棉布生产而闻名（图一）。

　　江阴市位于太湖平原北沿，简称"澄"，古称"延陵"，别称"暨阳、澄江、澄川"。江阴市北滨长江，与靖江相望；南近太湖，与无锡接壤；东连张家港、常熟，距上海178公里；西邻常州、武进，距南京192公里。全市总面积983平方公里。境内地势平坦，平原占全市总面积的83.15%。东北部和中部沿江附近有若干孤耸丘陵；北部为沿江平原，地面高程2.5～4.6米。山丘多位于长江、平野之间，东北部和中部分布较为集中，均为中生代燕山运动中残留在断块上的茅山余脉，占总面积的3.97%，高程一般在200米以下。其中定山最高，其高程为273.8米。境内水域广阔，占总面积的12.88%。气候温和，四季分明，雨量充沛，日照充足，无霜期长，属于北亚热带季风性湿润气候。每年6～9月降水量最为集中，占全年降水量的55%。自然资源特别是水土资源丰富。平原水旱田以黄沙为主，乌

图一　江阴地理位置卫星图

山土次之，山地多为黄棕壤土。

　　优越的地理环境适宜各类亚热带农作物的生长。隋唐以来，江阴已经形成稻、麦两熟复种制，是白粳米的主产地。明清时期，"江阴种"蚕茧极负盛名，著名的鲥鱼、刀鱼、河豚以江阴水域所产的为上品。对江阴的富庶，早在宋代，梅尧臣在其《送江阴签判晁太祝》一诗中就有"江田插秧鹁鸪雨，丝网得鱼云母鳞"的生动描述①。所以，江阴又有"澄江福地"的美誉。

　　江阴滨江近海，地势险要。市区北郊黄山，雄屹江干，长江自京口折向东南，至此骤然紧缩，形成扼江重险，成为"江海门户"、"锁航要塞"。黄山西衔鹅鼻山、君山，东接长山、巫山，形成长近10公里的山丘链。峦拱之处又为天然深水良港，其南北又有众多河道将长江与太湖水系相沟通。港城相依，腹地广阔。

　　江阴位于长江三角洲的苏南太湖大平原北侧。在晚更新世晚期，太湖西北部沿茅山山脉

---

　　① 　江苏省江阴市地方志编纂委员会：《江苏省江阴市志卷——建置区划》，上海人民出版社，1992年。

至今长江口附近一线，地势较低洼。太湖西北部沿茅山东麓、宜溧山北麓与平原交界处，一般低于海平面 10 米左右，常州、无锡、江阴一带为其延续。此区域低洼处在全新世初期海侵中形成海湾，而江阴市虞门桥附近与古长江谷地沟通。全新世时期，随着世界气候的转暖，冰川消融导致海平面上升。在长江口地势低洼处，因众多河流携带泥沙而逐渐被抬高、填平。特别是东北部和中部沿江的花山、绮山、君山、定山等，可能造成了长江干流到此受到阻挡，转而向北改道，从而加速了此区域内的成陆过程①。至迟在距今 6500 年前，江阴至张家港一线已经成陆②。

由于江阴成陆较早，区内河网密布，土壤肥熟，湖沼间的台形高地便成为古代先民天然的聚居地。境内古文化遗址分布众多，从马家浜、崧泽、良渚直到春秋战国，文化时代结合紧密，有着清晰的文化传承序列（参见表一）。

表一 江阴地区发现的部分考古学文化

| 遗址名称 | 遗址所在地 | 遗址年代 |
| --- | --- | --- |
| 祁头山遗址 | 城东新区夏家村 | 马家浜文化 |
| 南楼遗址 | 青阳镇南楼村 | 崧泽文化 |
| 龙爪墩遗址 | 周庄镇郊 | 崧泽文化 |
| 璜塘垡遗址 | 青山东南麓璜塘垡 | 良渚文化 |
| 高城墩遗址 | 璜土填石庄高城墩村 | 良渚文化 |
| 望海墩遗址 | 城东新区仓廪村 | 马桥文化 |
| 佘城、花山遗址 | 云亭镇高家墩 | 商周文化 |
| 陶城遗址 | 周庄镇北 | 吴文化 |

江阴有文字记载始见于春秋时期。此地为吴地，周灵王十三年（公元前 559 年），吴王寿梦第三子季扎礼让之后，弃其室，耕于申港舜过山下。周灵王二十五年（公元前 547 年），季扎受封于延陵，即今江阴，故有"延陵古邑"之称。江阴后为楚地，楚考烈王十六年（公元前 247 年），此地为楚春申君黄歇的采邑。所以，江阴又别号"春申旧封"，境内黄山、君山、黄田港多与此有关。秦王嬴政二十五年（公元前 222 年），设会稽郡，江阴地属会稽郡延陵乡。汉高祖五年（公元前 202 年），改延陵乡为毗陵县，在县东暨湖（芙蓉湖的支湖）之北设暨阳乡，所以，江阴又有"暨阳"的别称。西晋太康元年（公元 281 年），暨阳乡改暨阳县，次年扩之为暨阳县，建治长寿莫城，属于毗陵郡。梁敬帝绍泰元年（公

---

① 高蒙河：《长江下游考古地理》，第四章《水路环境》，第 196～197 页，复旦大学出版社，2005 年。
② 对张家港市东山村遗址孢粉的研究表明，遗址地处湖沼环境，土壤已经淡化，海滨东去已有一定距离。见苏州博物馆等：《江苏张家港市东山村遗址发掘简报》，《文物》2000 年第 10 期；高蒙河：《长江下游考古地理》，第 196 页，复旦大学出版社，2005 年。

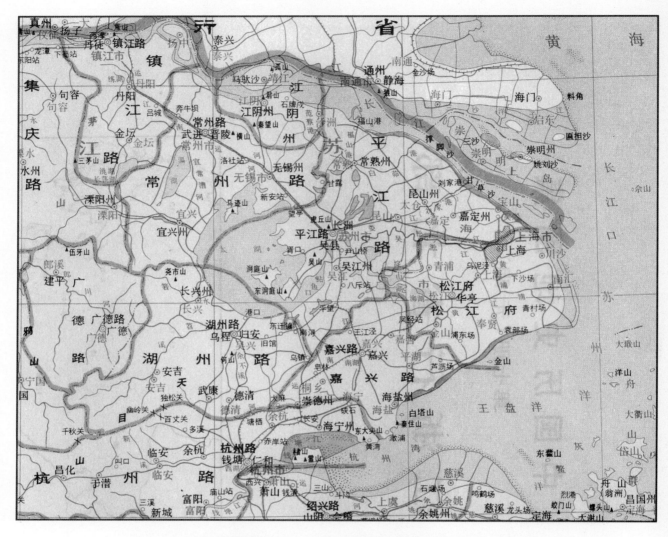

图二　元代江阴行政图（采自《中国历史地图集》第七册，第 33 页）

元 555 年），废暨阳县，置江阴郡、江阴县，县城侨至君山南，领江阴、梁丰、利城 3 县。
因其地处大江之阴，故称江阴。陈永定元年（公元 557 年），建立江阴国，封萧方智为江阴
王。开皇九年（公元 589 年）隋灭陈，江阴国除，废江阴郡为江阴县。南唐时期，置江阴
军。宋时因修建澄江门，取谢玄晖诗中"澄江净如练"之意，江阴又别称澄江、澄川。元
代至元十四年（公元 1277 年），升江阴军为江阴路，至元二十八年（公元 1291 年），升江
阴州。至正二十七年（公元 1367 年），朱元璋废州为江阴县，属常州府。明成化八年（公
元 1472 年），分马驮沙，置靖江县。江阴县的县名沿用至清末（图二）。

　　1987 年 4 月 23 日，经国务院批准，撤销江阴县，设立江阴市（县级市）。现在江阴市
辖有澄江、城东新区、临江新城、云亭、南闸、申港、夏港、青阳、霞客、华士、长泾、周
庄等 28 个乡镇。

## 第二节　工作概况

祁头山遗址位于江阴市城东新区夏家村（又名绮山村）东北，东南距江阴城区约4公里。遗址中心区的坐标为东经120°18′57″，北纬31°53′27″。遗址地处太湖之北、长江南岸，它北距长江5公里，东距张家港东山村马家浜文化遗址约7公里，东南距周庄龙爪墩崧泽文化遗址约9公里，距离无锡彭祖墩马家浜文化遗址约30公里，南距商周佘城遗址约6公里，西南距青阳南楼崧泽文化遗址约15公里，西距璜土石庄高城墩良渚文化墓地约30公里（图三）。

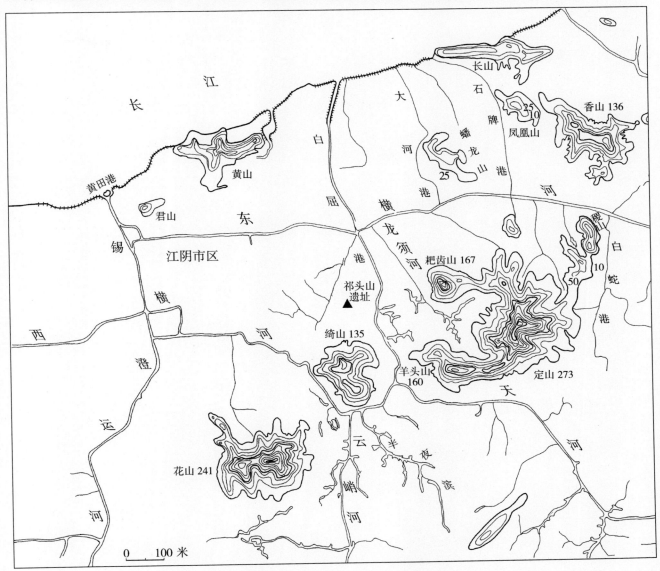

图三　祁头山遗址位置示意图

　　2000 年 8 月，因修建新沂至长兴铁路，祁头山遗址被划为取土场地，进而在遗址范围内大规模开挖。在取土工程中，发现了大量陶片及各类遗物。江阴市文管会在接到当地群众举报后，转告了市博物馆。江阴市博物馆的唐汉章馆长与市文管会的黄维辉同志当即前往调查，发现遗址北面大部分已被挖去。从取土剖面上可以看出厚 2～3 米的文化层堆积，同时出土有大量的陶器碎片，而且陶器器形特殊。唐汉章认为此发现意义重大，随即报告给南京博物院考古研究所（现江苏省考古研究所）。南京博物院考古所委派陆建芳赶至江阴，会同唐汉章、黄维辉等再次前往调查。经调查后确认，祁头山是马家浜文化时期文化面貌极为特殊的一处遗址，并决定立即组成祁头山联合考古队，进行抢救性考古发掘。

　　2000 年 8 月，祁头山联合考古队开始钻探，到 9 月初钻探结束。经过钻探，基本上划出遗址的残存面积，了解了该遗址的地层堆积状况，选定了发掘区域。参加钻探的人员有南京博物院考古研究所陆建芳、杭涛、周恒明，无锡市博物馆蔡卫东、李文华，江阴市博物馆唐汉章、高振威、刁文伟、孙军。田野考古工作于 2000 年 9 月初正式开始，至 2001 年 1 月底结束[1]。领队陆建芳，参加发掘的工作人员有南京博物院考古研究所杭涛、韩建立、周恒明，无锡市博物馆蔡卫东、李文华，江阴市博物馆唐汉章、李文华、高振威、刁文伟、孙军，盱眙博物馆李少泉，技术工人王忠启、王峰。

　　祁头山遗址田野考古发掘和整理期间，俞伟超、张忠培、严文明等先生曾亲临现场，观摩器物，提出了很多指导性意见。正式整理开始后，2005 年 9 月 22 日，召开了祁头山遗址的小型会议[2]，与会的专家学者各抒己见，为发掘者打开了研究思路。

　　祁头山遗址的考古发掘，得到了江阴市委、市政府的大力支持与帮助，市级领导多次莅临现场。江阴市文化局、市博物馆、市文管会、澄江镇、夏家村等各级领导及相关人员，在发掘期间都给予了协作与热情关怀，保证了田野考古工作圆满完成，在此表示衷心的感谢。

---

　　①　国家文物局《2001 中国重要考古发现》，文物出版社，2002 年。
　　②　参加此次会议的有浙江省文物考古研究所年永抗、王明达、刘斌、芮国耀、方向明，上海大学历史系张童心，山东省考古研究所郑同修、济南市考古研究所崔大庸，安徽省文物局张宏明、安徽省文物考古研究所吴卫红，南京博物院考古研究所陆建芳、左骏、沈骞，苏州博物馆钱公麟。

# 第二章　遗址概况与地层堆积

## 第一节　遗址概况

祁头山遗址总面积约 40000 平方米，经过取土破坏，现存约 30000 平方米。遗址呈不规则横向台地，东西长、南北短，其中东西长约 190 米，南北长约 160 米。海拔高度为 3~5 米，高出周围水田 2~4 米。台地正北为祁山村，西南为夏家村（又名绮山村）。台地北部已被蚕食大部，形成长约 125、宽约 50、深约 4~7 米的水塘（彩版一、彩版二：1）。

经过前期的钻探了解到，台地中部偏西南处的文化层堆积较深厚，这里可能是遗址的中心区域。故在此范围内，由西向东布 5×10 米探沟 3 条——TG1、TG2、TG3，在其东北靠近取土断崖处，布 2×5 米探沟 1 条——TG4。进入文化层后，按坐标法重新布 10×10 米探方 4 个、5×10 米探方 2 个，其中 TG1 被包括在 T1325 的西半部内。故发掘总面积共约 500 平方米（图四；彩版二二：2）①。

从发掘整理情况来看，祁头山遗址的文化堆积深厚，文化面貌较为单一②。已发掘、清理宋墓 3 座、西汉墓葬 2 座，新石器时代灰坑 39 座、新石器时代墓葬 132 座。出土各类文物 200 件，其中玉器 17 件、石器 18 件、陶器 219 件。

## 第二节　地层堆积

祁头山遗址的范围较大，文化堆积比较丰富。此次发掘的部分只是集中于遗址现存范围的中部偏西北，靠近断崖。所以，对于整个遗址的地层堆积、遗迹现象的全面认识还需要长期的工作。从已发掘的部位来看，遗迹间的叠压、打破关系比较复杂（彩版三）。

2000 年度所发掘的探方地层平均为 13 层，地层堆积复杂处可划分出 15 层。文化堆积

---

① 下文为叙述方便，将 TG1、TG2、TG3、TG4 归入各探方中叙述。

② 由于各方第 4 层均为红烧土层，考虑到今后的发掘，我们只选择对 T1225、T1325 西部进行发掘，其他各方均未挖到生土层。

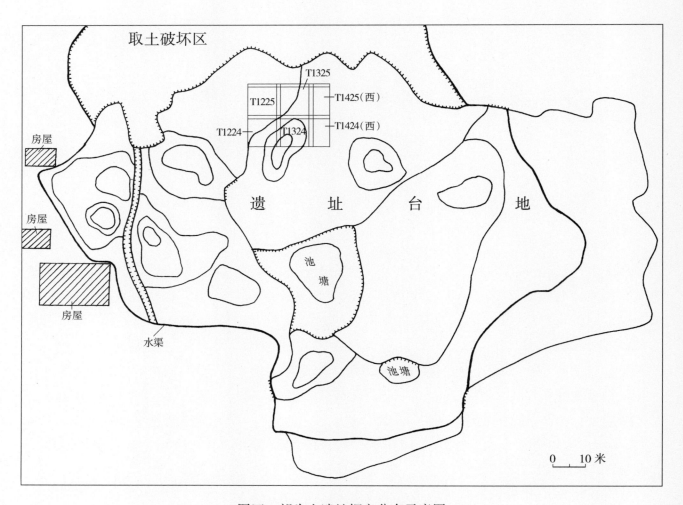

图四　祁头山遗址探方分布示意图

厚 2～3 米，最深处距地表 3.8 米。墓葬、灰坑等遗迹现象多集中分布在第 2～10 层。现以 T1225（东）、T1325 西壁为例，详述如下（图五、六）。

第 1 层：耕土层，厚 0.15～0.25 米。含较多的砖瓦、瓷片、铁钉等现代垃圾。

第 2 层：灰褐色土，土质较硬，夹杂少量红烧土块。深 0.15～0.43、厚 0～0.25 米。分布于发掘区南部诸方，而且向南逐渐增厚。内含青花瓷片、青瓷片、青砖瓦块等物，为明清时期堆积。开口于第 2 层下的遗迹有灰坑 7 座（H1、H2、H3、H10、H11、H12、H13）、墓葬 37 座。其中宋代墓葬 3 座，为 M69、M70、M71；西汉墓 2 座，为 M4、M5；新石器时代墓葬 32 座，为 M13、M14、M15、M17、M18、M25、M26、M27、M33、M39、M42、M43、M44、M47、M48、M49、M50、M51、M53、M54、M55、M57、M58、M59、M60、M61、M62、M63、M72、M77、M78、M79。

第 3 层：深褐色土，土质坚硬。夹杂大量红烧土块，内含少量陶片。深 0.35～0.5、厚 0.25～0.35 米。开口于第 3 层下的遗迹有灰坑 5 座（H4、H5、H8、H9、H14），新石器时代墓葬 2 座（M20、M21）。另有若干长条形、长方形、圆形坑，深浅不一，排列无序。

　　第 4 层：红烧土块层，土质紧密坚硬。烧土块大小不等，平铺于墓葬集中的北部诸方，向南渐薄，直至消失。内含烧损陶片。深 0.6~0.8、厚 0~0.15 米。开口于第 4 层下的遗迹有灰坑 1 座（H15），新石器时代墓葬 5 座（M1、M3、M41、M80、M81）。

　　第 5 层：红褐色土，土质较硬。夹杂较多的红烧土块，内含少量陶片。距地表深 0.7~0.85、厚 0.1~0.25 米。开口于第 5 层下的遗迹有灰坑 1 座（H18），新石器时代墓葬 7 座（M24、M40、M82、M83、M84、M110、M117）。

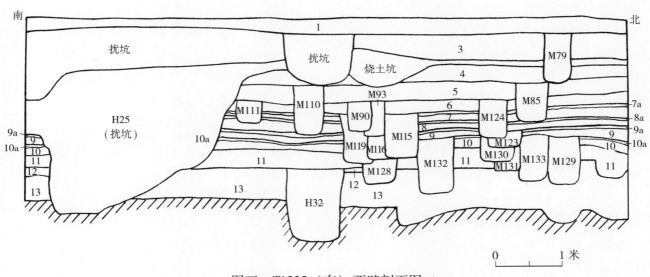

图五　T1225（东）西壁剖面图

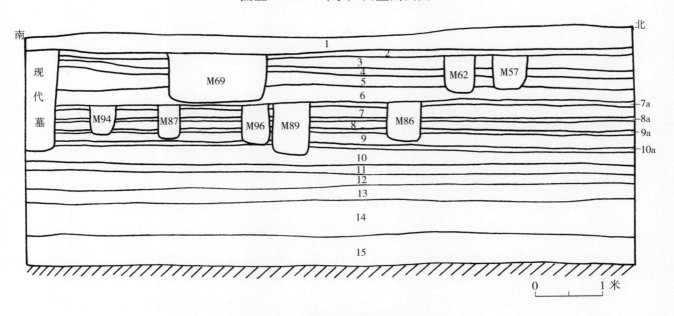

图六　T1325 西壁剖面图

第 6 层：灰褐色土，土质较硬。夹杂大量细小的红烧土粒，内含少量陶片。深 0.85 ~ 1.1、厚 0.12 ~ 0.25 米。开口于第 6 层下的遗迹仅有新石器时代墓葬 32 座（M2、M6、M7、M8、M9、M10、M11、M12、M16、M19、M22、M23、M28、M29、M30、M45、M46、M85、M86、M87、M88、M89、M90、M91、M92、M93、M94、M96、M98、M111、M118、M124）。

第 7 ~ 10 层均为薄层状堆积，每层均由 a、b 两小层组成。其中 a 层均为很薄的黑色土，内含大量的草木灰烬，厚 0.02 ~ 0.05 米；b 层为灰、黄相间的薄层，土质较纯净，厚 0.1 ~ 0.25 米。大部分遗迹、墓葬开口于 a 层下，推测其形成过程为先在平地上用灰、黄色土平铺，然后再埋墓，后在其上用黑色土铺垫。b 层土表面无火烧板结迹象。

第 7 层：分为 a、b 两层。第 7a 层是黑色土，厚 0 ~ 0.05 米；第 7b 层是灰色土，厚 0 ~ 0.25 米。开口于第 7a 层下的遗迹有灰坑 2 座（H16、H39），新石器时代墓葬 27 座（M31、M32、M34、M35、M36、M37、M38、M52、M56、M64、M65、M66、M67、M68、M95、M99、M100、M101、M102、M103、M104、M105、M108、M115、M116、M119、M121）。

第 8 层：分为 a、b 两层。第 8a 层是黑色土，厚 0.02 ~ 0.05 米；第 8b 层是黄色黏土，厚 0.1 ~ 0.2 米。开口于第 8a 层下的遗迹有灰坑 2 座（H17、H20），新石器时代墓葬 6 座（M106、M107、M109、M112、M113、M114）。

第 9 层：分为 a、b 两层。第 9a 层是黑色土，厚 0.02 ~ 0.05 米；第 9b 层是黄色黏土，厚 0.15 ~ 0.2 米。开口于第 9a 层下的遗迹有灰坑 4 座（H29、H36、H37、H38），新石器时代墓葬 13 座（M73、M74、M75、M76、M97、M120、M122、M123、M125、M126、M130、M131、M132）。

第 10 层：分为 a、b 两层。第 10a 层是黑色土，厚 0.02 ~ 0.05 米；第 10b 层是黄灰色土，厚 0.25 米。开口于第 10a 层下的遗迹有灰坑 1 座（H19），新石器时代墓葬 8 座（M127、M128、M129、M133、M134、M135、M136、M137）。另外还有灶坑 6 座（Z1 ~ Z6），柱洞 6 个（ZD1 ~ ZD6）。

第 11 层：灰黑色土，土质松软，内部夹杂大量细小的红烧土粒，仅含少量陶片。深 1.8 ~ 1.95、厚 0.1 ~ 0.25 米。

第 12 层：土色灰黑，土质松软，较纯净。深 1.8 ~ 2.1、厚 0.15 ~ 0.3 米。

第 13 层：土色黄、黑相杂，土质松软，较纯净。深 2.05 ~ 2.45、厚 0.15 ~ 0.4 米。

第 14 层：黄灰色土，土质松软，较纯净。深 2.5 ~ 2.7、厚 0.25 ~ 0.7 米。

第 15 层：黄土，质较坚硬，夹杂少量红烧土颗粒和动物骨渣。深 3 ~ 3.3、厚 0.25 ~ 0.45 米。

第 15 层以下为生土。

由于此次所发掘处为墓葬的集中区，所以，其他的遗迹现象如灰坑、房址等发现较少，地层内的陶片数量也不多。此次发掘探方的一些地层内，土质较为纯净，没有可辨器形的陶片，在此不再一一介绍。下面按地层堆积顺序，将地层内发现的代表性的陶器、石器介绍如下①：

1、第 11 层

陶釜 4 件。标本 T1225⑪：35，仅余口沿部分。泥质橙红陶，陶胎较厚，轮制。圆唇，卷沿，直颈，下部已残。表面磨光，施有红衣。残长 12.8、宽 4.7 厘米（图七：1）。

标本 T1225⑪：38，仅余腰檐部分。夹细砂灰黄陶，腰檐上部磨光，施有红色陶衣。檐宽 1.9 厘米（图七：2）。

标本 T1225⑪：39，仅余腰檐部分。夹砂灰褐陶，轮制，腰檐面上饰一周按窝。从残存腹部可以看出，其为鼓腹。檐部残宽 1.9 厘米（图七：3）。

陶豆 1 件（T1225⑪：36）。泥质灰陶，泥条盘筑，外部经过轮制修整。豆柄部较粗壮，上部较下部窄，下部外撇。已残，施有红色陶衣。残高 6.1 厘米（图七：5）。

石锛 1 件（T1225⑪：34）。梯形，器形较小，磨制光滑。两面刃，较宽，刃上部有明显的打击痕迹，长 4.2、宽 3.4、厚 1.6 厘米（图七：4）。

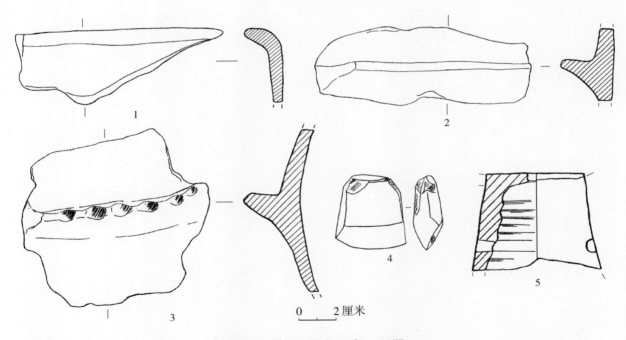

图七 第 11 层出土陶、石器

1~3. 陶釜（T1225⑪：35、T12225⑪：38、T1225⑪：39） 4. 石锛（T1225⑪：34） 5. 陶豆（T1225⑪：36）

2、第 8a 层

陶釜 1 件（T1225⑧a：33）。夹砂红陶，轮制。由上下两部分拼接而成，最大径位于腰

---

① 文中各探方地层内出土的小件与陶片标本按流水号编排，特此说明。

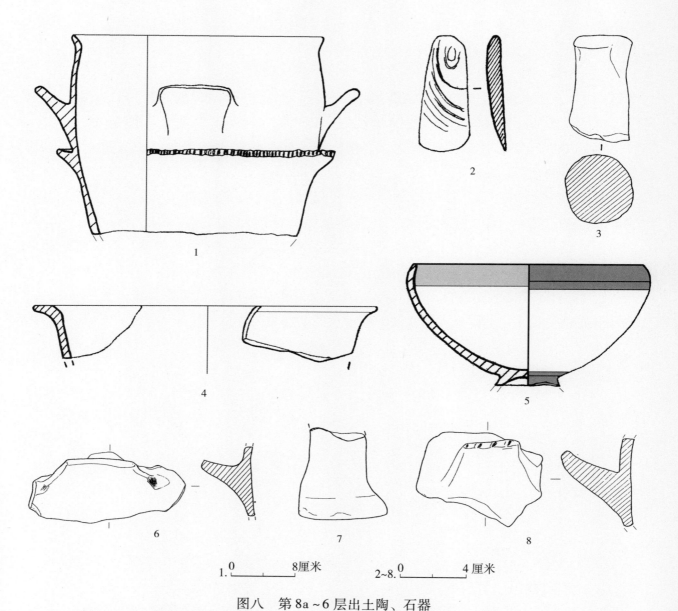

1.　0　　　　8厘米　　　　2~8.　0　　　　4厘米

图八　第8a~6层出土陶、石器

1、6、8. 陶釜（T1225⑧a: 33、T1224⑥: 13、T1224⑥: 10）　2. 石斧（T1224⑦: 15）　　3、7. 陶支座（T1224⑥: 14、

T1224⑥: 12）　4. 陶盆（T1224⑥: 11）　5. 陶豆（T1225⑦a: 32）

檐处。圆唇，侈口，口径较大，四鋬，有腰檐。腰檐以下内收，底部已残。腰檐上部施有红衣。口径32、残高26厘米（图八: 1）。

　　3、第7a层

　　陶豆　1件（T1225⑦a: 32）。泥质橙红陶，轮制。尖圆唇，微敛口，弧鼓腹内收至底部，下部柄已残。口沿内、外及柄部均饰一周红色宽带纹，其余处磨光。残高7.6、口径13.6厘米（图八: 5）。

　　石斧　1件（T1224⑦: 15）。青石质，磨制。长条舌形，体较薄，一面扁平，另一面凸起，刃部锋利。长 7.2、宽 3.5、厚 1.8 厘米（图八：2）。

4、第 6 层

陶釜　2 件。标本 T1224⑥：10，仅余錾手部分。泥质灰黑陶，器体轮制，錾为手制后贴附，檐面上饰按窝。錾长 6 厘米（图六：8）。

标本 T1224⑥：13，仅余錾手部分。夹细砂红褐陶。器体轮制，錾为手制。錾长 8 厘米（图八：6）。

陶盆　1 件（T1224⑥：11）。夹细砂红褐陶，轮制。尖圆唇，折沿，直腹内收。口径 20 厘米（图八：4）。

陶支座　2 件。标本 T1224⑥：12，泥质红陶，手制。下部底面较大，上部较细，整体向一侧倾斜。残长 6.1 厘米（图八：7）。

标本 T1224⑥：14，泥质红陶，手制。顶部较粗，台面较大，下部细，向一侧倾斜。下端已残。残长 6.4、断面直径 4 厘米（图八：3）。

建筑墙体　1 块（T1224⑥：8）。泥质红褐陶。从现存情况来看，内部夹芦苇秆茎，纵向一面平整，一面存有 5 道芦苇秆痕。从横向来看，上端存约 3 道芦苇秆痕，下端不清。残长 11、残宽 6.2 厘米（彩版四：1）。

5、第 5 层

陶釜　1 件（T1225⑤：26）。仅余錾手部分。泥质黄灰陶。器体为轮制，錾为手制后贴附。錾长 6.9、宽 5.8 厘米（图九：1）。

陶钵　1 件（T1225⑤：27）。仅余足部。泥质红陶。扁锥状足为手制，后贴附于器底。残长 5.7 厘米（图九：5）。

陶纺轮　2 件。标本 T1225⑤：31，泥质灰陶，用陶片磨制而成。饼状，不甚规整。直径 4.2、中厚 0.6 厘米（图九：3）。

标本 T1225⑤：28，泥质红陶，用陶片磨制而成。陶质细腻，正面磨光，背部粗糙。直径 4.2、厚 0.7 厘米（图九：6；彩版四：3）。

陶器盖　1 件（T1225⑤：30）。泥质红陶，手制。分为上下两部分，中间有一道凸缘间隔开。上部手捏呈 Y 状，下部为 T 形楔口。长 8.4、中宽 5.1 厘米（图九：4；彩版四：2）。

陶亚腰形器　1 件（T1225⑤：29）。泥质橙红陶，手制。亚腰形柱状，上、下各有一台面。高 4.4、上部直径 2.4、下部直径 2.5 厘米（图九：2；彩版四：5）。

6、第 4 层

陶釜　7 件。标本 T1325④：14，仅余錾手及腰檐部分。夹细砂红陶，器体为轮制，錾为手制后贴附。腰檐上饰有按窝。錾残长 4.8、宽 1.5、沿宽 1.5 厘米（图一〇：1）。

标本 T1425④：15，仅余錾手部分。夹砂红陶，器体为轮制，錾为手制后贴附。錾长 4.3 厘米（图一〇：3）。

标本 T1325④：17，仅余錾手及腰檐部分。夹蚌、细砂红陶。器体为轮制，錾部为手制

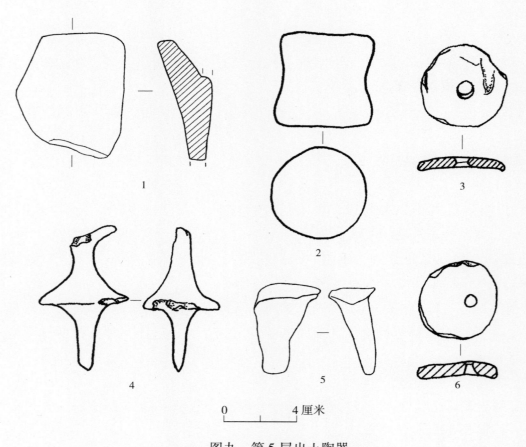

图九　第 5 层出土陶器

1. 釜（T1225⑤:26）　　2. 亚腰形器（T1225⑤:29）　　3、6. 纺轮（T1225⑤:31、T1225⑤:28）

4. 器盖（T1225⑤:30）　　5. 钵足（T1225⑤:27）

后贴附。腰檐下部饰有按窝长泥条。残长 9、残宽 6 厘米（图一○:4）。

标本 T1425④:17，仅余口沿部分。夹草木灰粗泥黑陶。器体为轮制，口沿为手制后贴附在器体上。尖圆唇，折沿，略束颈，颈下部向外撇，下部已残。口径 24、沿宽 2.6 厘米（图一○:6）。

标本 T1225④:20，仅余鋬耳、腰檐部分。夹草木灰粗泥灰陶。器体为轮制，耳部、腰檐为手制后贴附，耳下部饰一周按窝附加堆纹。耳长 2.5、宽 2.5 厘米（图一○:2）。

标本 T1225④:24，夹砂灰褐陶。轮制，直筒形，体较瘦长，四鋬，有腰檐，平底。底径 15.6、残高 41.2 厘米（图一○:12）。

陶鼎　1 件（T1425④:18）。夹粗砂橙红陶。器体为轮制，腰檐、足部为手制贴附。口沿部已残，现存腹部腰檐及足部。腹檐较宽，足为锥形足，已残甚，不可复原。腰檐宽 4、足部残长 6 厘米（图一○:5）。

陶豆　1 件（T1325④:15）。泥质红陶。圆唇，敞口，唇沿部较厚实，盘壁斜直内收。残长 2.5、宽 2.5 厘米（图一○:8）。

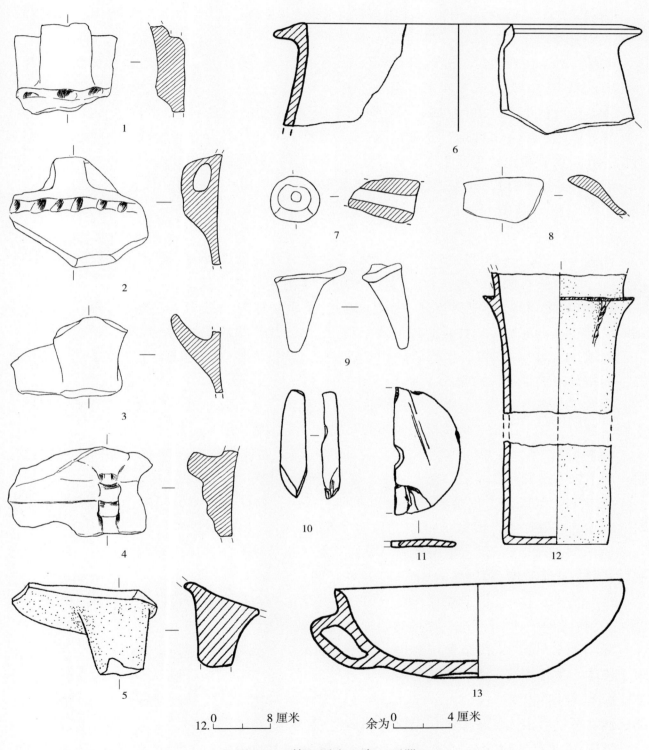

图一〇　第4层出土陶、石器

1~4、6、12. 陶釜（T1325④:14、T1225④:20、T1425④:15、T1325④:17、T1425④:17、T1225④:24）

5. 陶鼎（T1425④:18）　7. 陶器流（T1225④:22）　8. 陶豆（T1325④:15）　9. 陶钵（T1225④:21）

10. 石锛（T1225④:23）　11. 穿孔石器（T1325④:18）　13. 陶盆（T1225④:25）

陶盆 1件（T1225④：25）。泥质灰陶，轮制。尖圆唇，口部微侈，弧腹内收，凹圜底，一侧腹中部有一个环形把手。口径21、高7厘米（图一〇：13）。

陶钵 1件（T1225④：21）。仅余足部。泥质红陶，锥状足，侧面略呈内弧状。上部已残，有红彩痕迹。残长6.2厘米（图一〇：9）。

陶器流 1件（T1225④：22）。泥质灰陶，用泥片卷制而成。残长5厘米（图一〇：7）。

穿孔石器 1件（T1325④：18）。石质，磨制，已残。现存如半璧璜形，体较薄，中部对钻一孔。磨制粗糙，用途不明。直径8.8、厚0.4厘米（图一〇：11）。

石锛 1件（T1225④：23）。磨制。长条形，一半残损，双面刃。长8、残宽1.1、残厚2.5厘米（图一〇：10）。

7、第3层

陶釜 11件。标本T1225③：17，仅余錾手部分。夹细砂灰陶，器体为轮制，錾为手制后贴附。錾上饰有按窝。錾长8.7、宽1.5厘米（图一一：1）。

标本T1225③：18，仅余錾耳、腰檐部分。泥质灰黑陶。器体为轮制，耳部、腰檐为手制后贴附。耳下部饰一周按窝附加堆纹。耳长3.6、宽3厘米（图一一：2）。

标本T1324③：4，仅余腰檐部分。泥质红陶，器体为轮制，腰檐为手制后贴附。腰檐部饰一周按窝附加堆纹。檐宽3.3厘米（图一一：3）。

标本T1325③：8，仅余錾耳、腰檐部分。夹草木灰灰黄陶，器体为轮制，耳部、腰檐为手制后贴附。耳下部饰一周按窝附加堆纹。耳长3.5、宽3厘米（图一一：4）。

标本T1325③：9，仅余錾耳部分。夹细砂红陶，器体为轮制，錾部、腰檐为手制后贴附。錾上饰有按窝附加堆纹。錾长4.8、宽2.7厘米（图一一：16）。

标本T1325③：10，仅余腰檐部分。夹蚌灰褐陶，器体为轮制，錾部、腰檐为手制后贴附。錾上饰有戳印纹。檐宽4厘米（图一一：5）。

标本T1425③：5，仅余腰檐部分。夹蚌、草木灰黄褐陶，器体为轮制，錾部、腰檐为手制后贴附。檐上饰有齿状纹。檐宽2.7厘米（图一一：6）。

标本T1425③：6，仅余錾耳、腰檐部分。夹草木灰粗泥灰黑陶，器体为轮制，耳部、腰檐为手制后贴附。耳下部饰一周按窝附加堆纹。耳长3、宽2厘米（图一一：7）。

标本T1425③：7，仅余錾耳部分。夹蚌、草木灰灰黄陶，器体为轮制，耳部为手制后贴附于器体。从残存情况看，其为鼓腹、大口径。耳残宽3.7厘米（图一一：8）。

标本T1425③：8，仅余口沿部分。夹蚌、草木灰灰黑陶，轮制。圆唇，直口，直领，下部已残，可以看出为筒形釜的口沿部分。口径20厘米（图一二：1）。

陶罐 7件。标本T1425③：9，仅余口沿部分。夹蚌、草木灰灰褐陶，轮制。圆唇，束颈，鼓腹，腹与颈相接处饰一周附加堆纹。口径12厘米（图一二：3）。

标本T1225③：16，仅余底部。夹粗砂褐陶，上部已残。鼓腹内收，小平底，底部甚厚。底径6厘米（图一二：5）。

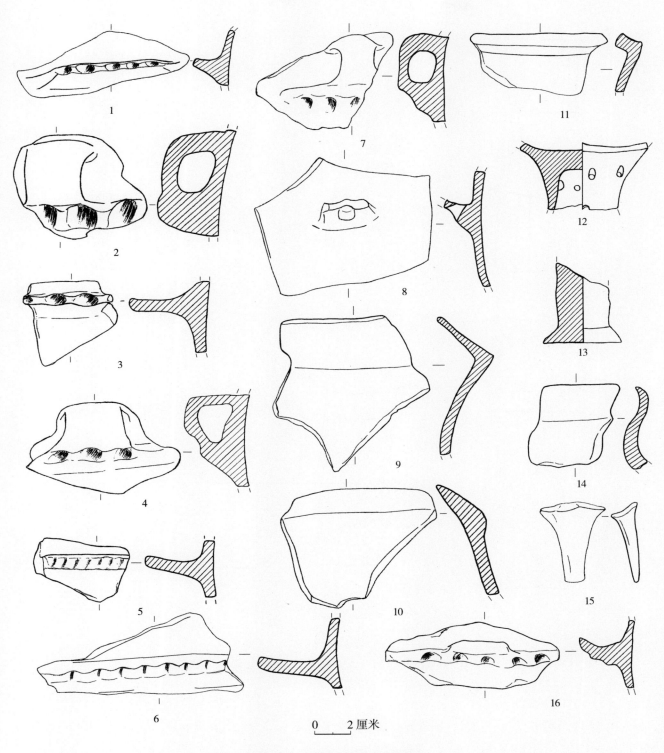

图一一　第 3 层出土陶器

1～8、16. 釜（T1225③:17、T1225③:18、T1324③:4、T1325③:8、T1325③:10、T1425③:5、T1425③:6、T1425③:7、
T1325③:9）　　9、11、14. 罐（T1325③:7、T1324③:2、T1325③:6）　　10. 盆（T1324③:3）
12. 豆（T1425③:10）　　13. 支座（T1425③:11）　　15. 器足（T1324③:5）

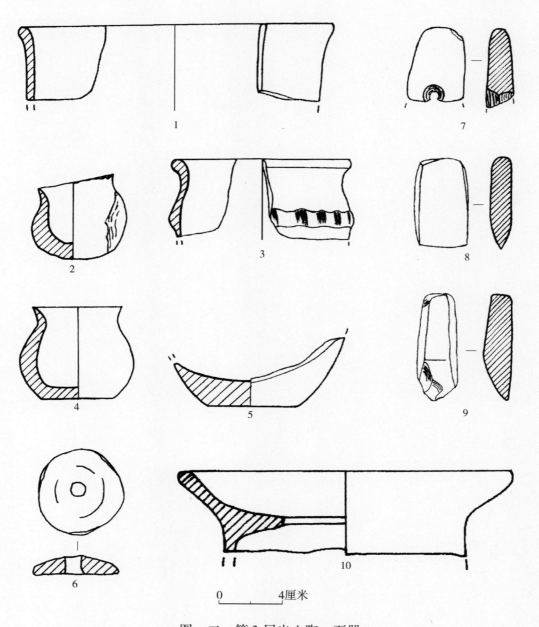

图一二　第 3 层出土陶、石器

1. 陶釜（T1425③：8）　　2～5. 陶罐（T1425③：12、T1425③：9、T1425③：14、T1225③：16）　　6. 陶纺轮（T1225③：19）
7. 石斧（T1325③：12）　　8、9. 石锛（T1224③：8、T1224③：9）　　10. 陶器座（T1325③：13）

标本 T1324③：2，仅余口沿部分。夹细砂灰黑陶，轮制。折沿，方唇，外口沿下部有一圈压印方格纹，腹部外鼓，呈斜直状。下部已残。残长 7.8、残宽 3.6 厘米（图一一：11）。

标本 T1325③：6，仅余口沿部分。泥质灰褐陶，轮制。侈口，尖圆唇，束颈，鼓腹。内壁甚厚，制作粗糙。残高 5、复原口径 9 厘米（图一一：14）。

标本 T1325③：7，仅余口沿部分。夹粗砂红陶，轮制。尖圆唇，敞口，折沿，鼓腹。下部已残。残长 9.8、宽 9.1 厘米（图一一：9）。

标本 T1425③：12，泥质红陶，手制。尖圆唇，微侈口，束颈，垂圆腹。胎体厚重，制作粗糙。口径 5、高 5.4 厘米（图一二：2）。

标本 T1425③：14，夹砂红陶，轮制。尖圆唇，敞口，束颈，圆鼓腹，小平底。口径 6.5、底径 5.5、高 7.3 厘米（图一二：4；彩版四：6）。

陶豆　1 件（T1425③：10）。仅余豆柄部分。泥质黄灰陶，轮制，豆盘、柄大部分残失。柄上部留有较多无规律的钻孔，应当是旧时修补此器时所遗留。通体施有红色陶衣。残高 4 厘米（图一一：12）。

陶盆　1 件（T1324③：3）。泥质灰黄陶，轮制。尖圆唇，侈口，下部斜直内收。残长 8.1、宽 6.5 厘米（图一一：10）。

陶支座　1 件（T1425③：11）。泥质红陶，手制。上部已残，下部底面较大。残高 5、底径 4.6 厘米（图一一：13）。

陶器足　1 件（T1324③：5）。泥质橙红陶，手制。扁锥状，上部较宽厚，下部窄扁。通体施有红衣。残高 4.6 厘米（图一一：15）。

陶器座　1 件（T1325③：13）。夹砂红陶，轮制。筒形釜式，下部残。口径 22.4、残高 5.6 厘米（图一二：10）。

陶纺轮　1 件（T1225③：19）。泥质灰褐陶，手制。圆饼状，一面略有凸起，另一面平整，中部有一孔。手制痕迹明显，制作粗糙。直径 5.8、厚 1.2 厘米（图一二：6；彩版四：4）。

石锛　3 件。标本 T1224③：8，磨制。器形较小，磨制光滑，两面刃。长 5.4、宽 3.2、中厚 1.3 厘米（图一二：8）。

标本 T1224③：9，磨制。上部磨制精细，下刃部破损，双刃。长 7.7、宽 3、厚 2.2 厘米（图一二：9）。

石斧　1 件（T1325③：12）。石质，磨制。舌形，体较厚重。双面钻孔，下部残损。残长 4.8、最厚 1.6 厘米（图一二：7）。

8、第 2 层

陶釜　12 件。标本 T1224②：3，仅余錾部。夹细砂泥质红褐陶，器体为轮制，錾为手制后贴附。錾上饰按窝附加堆纹。錾长 7.5 厘米（图一三：1）。

标本 T1224②：4，仅余錾耳部分。夹草木灰粗泥红褐陶，器体为轮制，錾部为手制后贴附，錾上饰按窝附加堆纹。錾长 5.7 厘米（图一三：2）。

标本 T1225②：2，仅余口沿部分。泥质红陶，轮制。折沿，方圆唇，直腹外斜，略呈鼓腹状。下部已残。残长 9、残宽 4.3 厘米（图一三：11）。

标本 T1225②：3，仅余腰檐部分。夹草木灰粗泥灰褐陶，器体为轮制，錾部为手制后贴附。残长 10、檐宽 4 厘米（图一三：16）。

标本 T1224②：7，仅余腰檐部分。夹细砂灰褐陶，器体为轮制，以錾部为界，上、下相

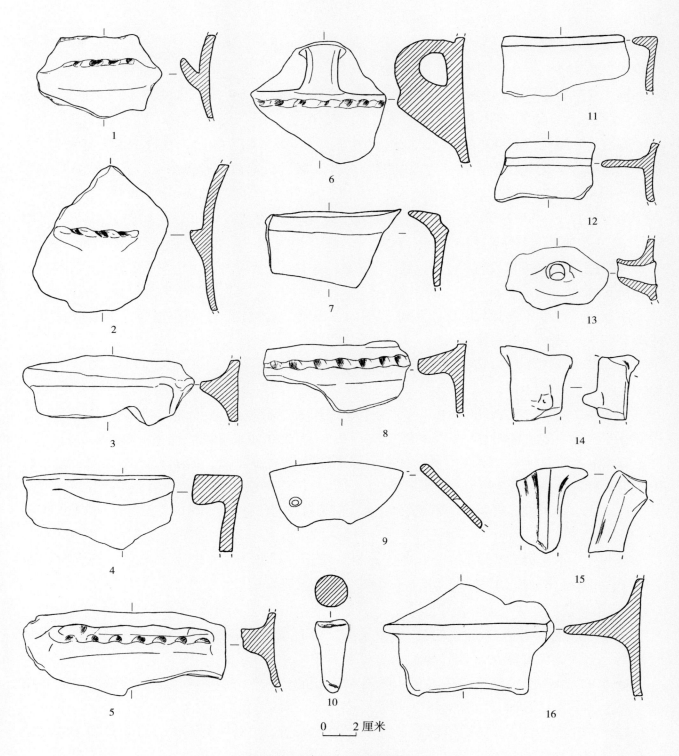

0 ____ 2厘米

图一三　第 2 层出土陶器之一

1～8、11、12、16. 釜（T1224②：3、T1224②4、T1225②：11、T1425②：1、T1225②：14、T1225②：12、T1225②：6、
T1225②：7、T1225②：2、T1224②：7、T1225②：3）　9. 盆（T1425②：3）　10. 钵（T1225②：4）
13. 器流（T1225②：10）　14、15 鼎（T1225②：9、T1225②：5）

接而成。檐宽 3 厘米（图一三：12）。

标本 T1225②:6，仅余口沿部分。夹细砂灰黑陶，轮制。尖圆唇，折沿，折沿内有道凹槽。直腹，下部已残。残长 7.3、宽 4.5 厘米（图一三：7）。

标本 T1225②:7，仅余腰檐部分。夹草木灰粗泥红陶。器体为轮制，腰檐为手制后贴附。残长 8.6、檐宽 2 厘米（图一三：8）。

标本 T1225②:11，仅余腰檐部分。夹草木灰粗泥灰陶，器体为轮制，腰檐及檐下的长泥条为手制后贴附。腰檐、泥条相接处饰有按窝。檐宽 1.6 厘米（图一三：3）。

标本 T1225②:12，仅余鋬耳部分。泥质灰黄陶，器体为轮制，鋬及腰檐为手制后贴附。耳部下端腰檐上饰有按窝。耳长 3.5 厘米（图一三：6）。

标本 T1225②:14，仅余鋬部。夹草木灰粗泥灰黄陶，器体为轮制，鋬为手制后贴附。鋬沿上饰有按窝。鋬残长 10.7、宽 1.8 厘米（图一三：5）。

标本 T1425②:1，仅余口沿及鋬部。夹草木灰粗泥黑灰陶，器体为轮制，鋬为手制后贴附于口沿的下部。直口，方唇，颈部略有外鼓，下部已残。鋬长 7.5、宽 1.9 厘米（图一三：4）。

陶豆 4 件。标本 T1224②:5，泥质灰黑陶，轮制。尖圆唇，折沿，下部弧腹内收，口沿部有条形叶脉状戳印纹。复原口径 26 厘米（图一四：3）。

标本 T1224②:6，泥质红陶，轮制，豆盘和底部已残。豆柄上部较细，下部呈喇叭状外撇。器表磨光，施有红色陶衣，剥落较甚。残高 12 厘米（图一四：8）。

标本 T1225②:8，泥质红陶，轮制。尖圆唇，侈口，唇部较厚，盘壁斜直内收，下部已残。口径 20 厘米（图一四：4）。

标本 T1425②:2，泥质橙红陶，轮制。上部已残，仅存下腹部及圈足部分。饰有红衣，无彩处经磨光处理，下腹部近圈足折腹处有戳印纹。残高 4.2、底径 11 厘米（图一四：5）。

陶钵 2 件。标本 T1225②:1，夹草木灰粗泥质灰陶，轮制。敞口，圆唇，弧腹内收。底部已残。口径 24 厘米（图一四：2）。

标本 T1225②:4，泥质红陶，手制。锥状足，钵体已残。残长 4.4 厘米（图一三：10）。

陶盆 2 件。标本 T1425②:3，夹草木灰红陶，轮制。方圆唇，敞口，斜直颈，上钻有一孔。下部已残。残长 8.5、宽 4.5、孔径 0.7 厘米（图一三：9）。

标本 T1425②:4，泥质橙红陶，轮制。折沿，方圆唇，沿部较宽，腹部向下斜收。下部已残。口径 26 厘米（图一四：1）。

陶鼎 2 件。标本 T1225②:5，夹细砂灰褐陶，手制。足外侧有两道凹槽，中央起脊。残长 6 厘米（图一三：15）。

标本 T1225②:9，夹细砂灰褐陶，手制。足外侧有一个凸起的乳丁。残长 4.7 厘米（图一三：14）。

陶罐 2 件。标本 T1224②:2，泥质红陶，轮制。圆唇，侈口，束颈，球形腹，平底。颈下部有 3 周戳印纹，其外施有红色陶衣，剥落较甚。口径 6.9、高 8 厘米（图一四：7）。

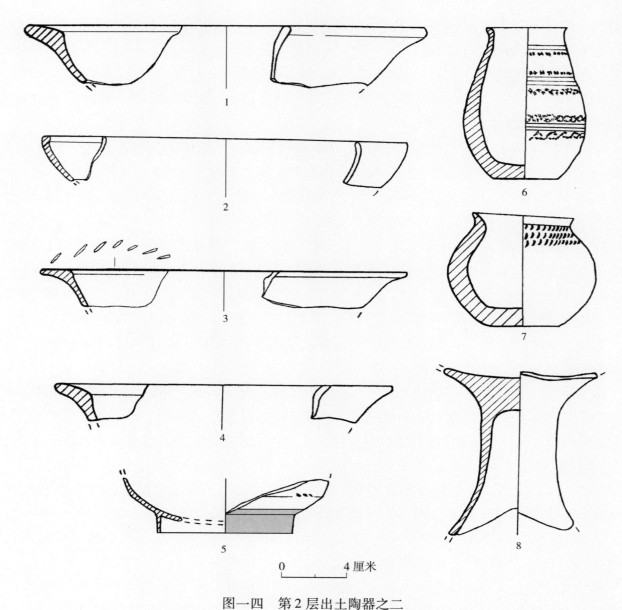

0 ————— 4 厘米

图一四　第 2 层出土陶器之二

1. 盆（T1425②∶4）　　2. 钵（T1225②∶1）　　3～5、8. 豆（T1224②∶5、T1225②∶8、T1425②∶2、
T1224②∶6）　　6、7. 罐（T1225②∶15、T1224②∶2）

标本 T1225②∶15，夹砂红陶，轮制。尖圆唇，微束颈，垂腹，平底。束颈下部饰弦纹一周，其下又饰戳印纹一周。下腹部饰 2 周弦纹，其两侧戳印有横 S 纹。口径 5、高 9.8、底径 2.2 厘米（图一四∶6）。

陶器流　1 件（T1225②∶10）。夹砂灰褐陶，系用泥片卷制而成。流部残长 2 厘米（图一四∶13）。

石锛　2 件。标本 T1325②∶5，石质，磨制。长条棒形，通体打磨光滑，上部略窄，下部较宽，刃部已破损。长 9.2、中宽 3.6、中厚 2 厘米（图一五∶1）。

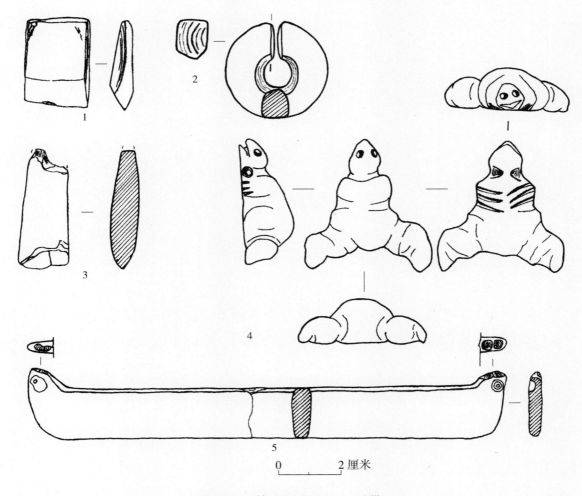

图一五 第 2 层出土玉、石器

1、3. 石锛（T1325②:5、T1224②:1） 2. 玉玦（T1325②:4） 4. 玉蛙形动物（T1325②:2） 5. 玉璜（T1325②:1）

标本 T1224②:1，石质，磨制。体较厚重，长略大于宽，正面略显弧面形隆起。双面刃较宽，其右侧面留有片状切割痕。长 6、宽 4、厚 1.7 厘米（图一五:3）。

玉璜 1 件（T1325②:1）。青色，略呈桥形，两端略弯曲上翘，中段平直，体较为厚重。一端的钻孔未透，另一端的孔部为两次钻而成。两端上翘处的顶面上，又各对钻牛鼻孔，钻孔方式较为特殊。长 16.4、中宽 1.9 厘米（图一五:5；彩版五:1~3）。

玉蛙形动物 1 件（T1325②:2）。青色，圆雕，展现蛙跳起瞬间的状态。两后足猛蹬，前足收缩，口部微张。颈部对钻一孔，可以系挂。长 4.7、最宽 3.9，最厚 1.9 厘米（图一五:4;彩版五:4、5，六:4）。

玉玦 2 件。标本 T1325②:4，青绿色，环形，肉部厚实。玦口部留有明显的线切割痕迹，玦孔部为喇叭状对钻孔，器表光洁，打磨精细。直径 3.4、厚 3.2 厘米（图一五:2；彩版六:5）。另一件（T1325②:3）形制相同，但形体较小（彩版六:3）。

# 第三章　生活遗存

## 第一节　灰坑

### 一、第 10a 层下灰坑

H19　位于 T1225 西北，打破生土层，部分在西壁下。平面呈圆形，斜直壁，平底。清理最大口径 1.9、深 0.35 米。坑内填灰黑土，含较多的动物骨渣。出土陶片较少，为夹砂红褐陶，个别的为泥质红陶，器形均不可辨识。

### 二、第 9a 层下灰坑

1、H29　位于 T1225 西部。平面近圆形，圜底。最大口径 0.65、深 0.13 米。坑内填褐灰色土，陶片含量极少（图一九）。

2、H36　位于 T1325 西南。平面呈不规则圆形，斜直壁，平底。最大口径 1.07、底径 0.85、深 0.6 米。坑内填灰褐黏土，夹杂红烧土块、木炭、草木灰。出土陶片较多，为夹砂红褐、泥质陶，器形可辨有釜、罐、钵等（图一六）。

釜　2 件。标本 H36:1，仅余錾部。夹砂橙红陶，手制，贴附于器体。錾外沿有按窝纹。錾长 11、宽 3 厘米（图一六:2）。

标本 H36:2，仅余腰檐部分。夹砂灰褐陶，手制，贴附于器体。宽 3 厘米（图一六:3）。

罐　1 件（H36:3）。夹砂灰褐陶，轮制，外表经修整。敞口，圆唇，束颈，广肩，鼓腹，下部已残。口径 24 厘米（图一六:1）。

钵　1 件（H36:4）。泥质红陶，器体轮制，足部为手制后贴附。器表外部施有红色陶衣。足高 3.5 厘米（图一六:4）。

3、H37　位于 T1325 中部偏西南。平面呈圆形，斜直壁，平底。最大口径 0.6、底径 0.45、深 0.35 米。坑内填灰褐黏土，夹杂红烧土块、木炭、草木灰。出土陶片较多，为夹砂红褐陶、泥质陶，器形可辨有罐、釜、支座、器足、器流等（图一七）。

罐　1 件（H37:1）。泥质黄灰陶，轮制。圆唇，直口，束颈，广肩，鼓腹。下部已残，

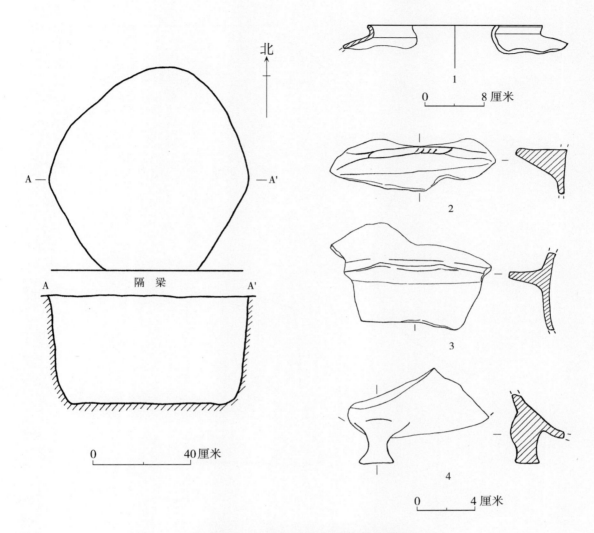

图一六 H36 平、剖面图及出土器物

1. 陶罐（H36:3） 2、3. 陶釜（H36:1、H36:2） 4. 陶钵（H36:4）

器表施红色陶衣，并且磨光。口径 26 厘米（图一七:1）。

釜 1件（H37:2）。仅余腰檐部分。夹草木灰粗泥质黄灰陶，轮制，檐部为手制，檐外饰按窝。檐宽 3.7 厘米（图一七:2）。

支座 1件（H37:5）。泥质红陶，手制。上部已残，较细，下部较粗，底面为椭圆形。残高 11、底径 7.8 厘米（图一七:3）。

器足 1件（H37:3）。泥质黄灰陶，手制后贴附于器底。上部已残，足呈半圆扁状。残长 3.5 厘米（图一七:5）。

器流 1件（H37:4）。夹砂灰黑陶，管状，手制后贴附于器身。残高 1.5 厘米（图一七:4）。

4、H38 位于 T1325 中部偏西南。平面呈长方形，直壁，平底。长 1.5、宽 0.6、深

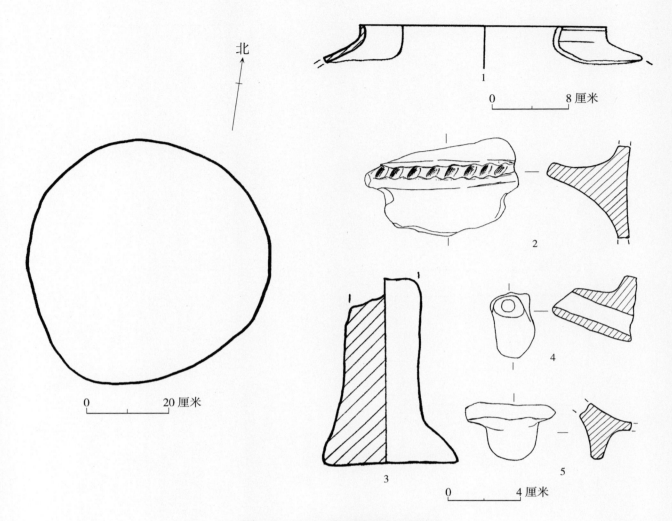

图一七　H37 平面图及出土器物

1. 陶罐（H37:1）　2. 陶釜（H37:2）　3. 陶支座（H37:5）　4. 陶器流（H37:4）　5. 陶器足（H37:3）

0.35 米。坑内填满红烧土，夹杂少量陶片，多为夹砂红褐、泥质灰陶，器形可辨仅有釜（图一八）。

　　釜　2 件。标本 H38:1，仅余腰檐部分。夹砂红褐陶，器体轮制，腰檐部为手制贴附。檐宽 1.8 厘米（图一八:1）。

　　标本 H38:2，仅余鍪及腰檐部分。夹草木灰粗泥黄灰陶，器体轮制，鍪和腰檐为手制贴附。腹径 34 厘米（图一八:2）。

## 三、第 8a 层下灰坑

　　1、H17　位于 T1225 西南，打破 M97、M98。平面呈长方形，直壁，平底。长 0.7、宽 0.39、深 0.37 米。坑内填土夹杂红烧土块。出土陶片较少，为夹砂红褐陶。

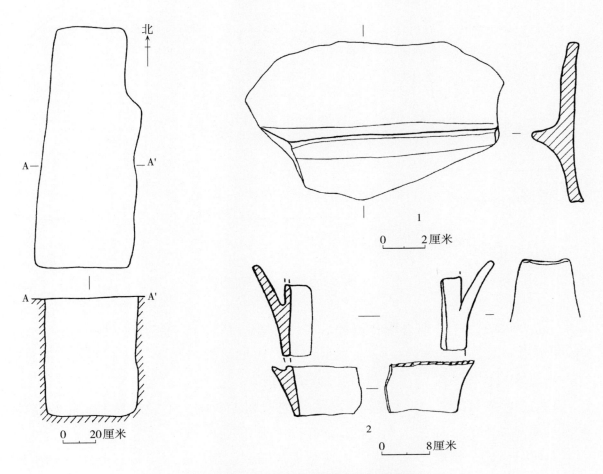

图一八　H38 平、剖面图及出土器物

1、2. 陶釜（H38∶1、H38∶2）

2、H20　位于 T1325 中部。平面近圆形，圜底。口径 0.7、深 0.25 米。坑内填褐灰土，陶片含量极少（图二〇）。

### 四、第 7a 层下灰坑

1、H16　位于 T1225 中部偏西北。平面呈圆形，直壁，平底。口径 0.75、底径 0.75、深 0.43 米。坑内填土夹杂大量红烧土块，以及较多的动物骨渣、陶片（图二一）。

2、H39　位于 T1225 东南。平面呈不规则圆角长方形，底部北高南低。长 3.25、南部宽 1.4、北部宽 0.8、深 2 米。坑内填土夹杂大量红烧土块和较多的动物骨渣。坑内含少量陶片。

### 五、第 5 层下灰坑

H18　位于 T1225 东南。平面呈不规则长方形，直壁，平底。口长 1.8、最宽处 1.1、

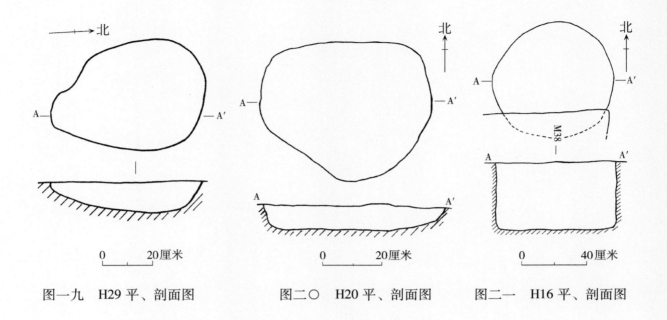

图一九　H29 平、剖面图　　　　图二〇　H20 平、剖面图　　　　图二一　H16 平、剖面图

深 0.6 米。坑内填灰黄土，所含陶片可辨器形的有罐、釜、豆、器足等（图二二）。

罐　1 件（H18∶2）。仅余肩部，夹砂灰褐陶。肩部饰两周弦纹，器上部饰一周目状纹，下部饰一周前后勾连横 S 纹（图二二∶5；彩版六∶1）。

釜　2 件。标本 H18∶1，仅余錾耳部。夹草木灰粗泥灰陶，手制后贴附于轮制器体。耳部之下饰一周附加堆纹。耳长 3.5、宽 2.1 厘米（图二二∶1）。

标本 H18∶3，仅余腰檐部分。夹草木灰粗泥灰陶，手制后贴附于轮制器体。檐宽 5 厘米（图二二∶2）。

口沿　1 件（H18∶4）。仅余口沿部分。泥质浅灰陶，轮制。尖圆唇，侈口，沿内部较厚，腹部斜直内收，下部已残。口径 24 厘米（图二二∶3）。

器足　1 件（H18∶5）。泥质橙红陶，手制。圆锥状，上部较粗，下部较窄尖，足外面贴饰附加堆纹。残长 7.1 厘米（图二二∶4）。

## 六、第 4 层下灰坑

H15　位于 T1225 中部偏南。平面呈长方形，直壁，底部东高西低。长 2.45、宽 0.8、深 0.4～0.95 米。坑内填土可分上、下两层，上层填浅灰土，下层土色黑灰，夹杂细小的红烧土颗粒和细黄斑点。坑内含少量陶片，为夹砂陶，器形可辨有罐、釜等（图二三）。

罐　1 件（H15∶1）。仅余口沿部分。夹砂褐陶，轮制器身，口沿部为手制。圆唇，侈口，折沿，沿部较厚，斜肩，下部已残情况不清。复原口径 28 厘米（图二三∶1）。

釜　2 件。标本 H15∶2，仅余錾部。夹细砂橙黄陶，手制，贴附于器体。錾外沿施红彩，饰按窝纹。錾长 3.5、宽 7.8 厘米（图二三∶3）。

标本 H15∶3，仅余口沿及腰檐部分。夹草木灰粗泥灰陶，器体轮制，錾及檐部为手制。腰檐檐面饰有一周按窝。复原口径 32 厘米（图二三∶2）。

### 七、第 3 层下灰坑

1、H4　位于 T1224 北部偏东，打破 H8。平面呈长方形，平底。长 2.5、宽 1.05、深 0.98 米。坑内填黄褐土，夹杂少量红烧土，土质松软。坑内包含物较少，陶片可辨器形仅有釜、盆等（图二四）。

釜　2 件。标本 H4∶1，仅余錾手部分。夹草木灰粗泥红陶，轮制，錾为手制，錾外沿部有按窝。器表施红衣，磨光。錾残长 7、宽 2 厘米（图二四∶1）。

标本 H4∶3，仅余錾手部分。泥质红陶，器体为轮制而成，錾为手制后贴附于器身，錾

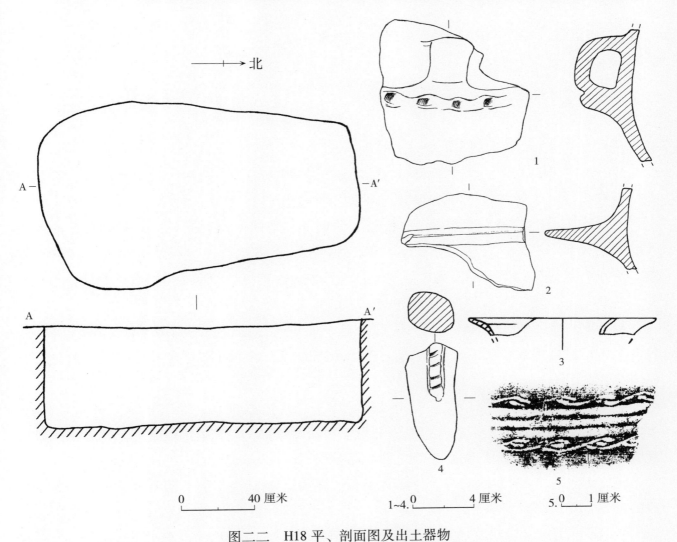

图二二　H18 平、剖面图及出土器物

1、2. 陶釜（H18∶1、H18∶3）　3. 陶口沿（H18∶4）　4. 陶器足（H18∶5）　5. 陶罐（H18∶2）拓片

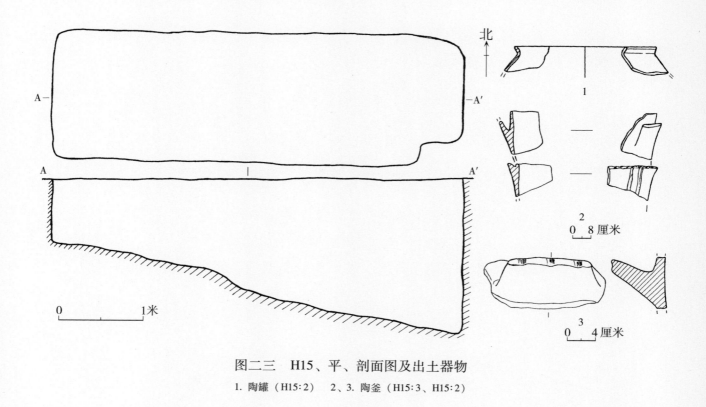

图二三　H15、平、剖面图及出土器物
1. 陶罐（H15：2）　　2、3. 陶釜（H15：3、H15：2）

体上翘。鋬长 4.3、宽 7 厘米（图二四：2）。

盆　1 件（H4：2）。仅余口沿部分。泥质黄灰陶，轮制。圆唇，敞口，束颈，斜腹略鼓，下腹内收。下部已残。口径 32 厘米（图二四：3）。

2、H5　位于 T1225 西南，部分被压于西壁下。平面呈不规则长方近椭圆形，底部近平。口径 8.5、底径 8.3、深 0.81 米。填土可分上、下两层。上层红烧土多为细碎的小颗粒，夹杂有灰褐土；下层多为大块红烧土，无其他包含物。近底部西壁上有一石块，与坑底距离约 0.2 米（图二五）。

3、H8　位于 T1224 东北，被 H4 打破。平面呈长方形，底部近平。长 1.65、宽 0.8、深 0.8 米。坑内填入较多的红烧土，烧土占填土的 85% 以上。陶片含量极少，器形仅见釜一类（图二八）。

釜　2 件。标本 H8：1，仅余口沿及腰檐部分。夹砂红褐陶，器体轮制，檐部为手制。方圆唇，折沿，束直颈，下部有腰檐。器形下部扭曲严重，烧流痕迹明显，此器当是烧毁后遗弃。口径 24、檐宽 2.2 厘米（图二八：1）。

标本 H8：2，仅余鋬耳部分。夹砂红褐陶，轮制，鋬耳为手制。鋬耳长 3、宽 1.7 厘米（图二八：2）。

4、H9　位于 T1224 东北部。平面呈不规则形，下部近圆形，底部近平。口径 1.1、底径 0.7、深 0.44 米。坑内填入较多的红烧土，烧土占填土的 85% 以上，陶片含量极少（图

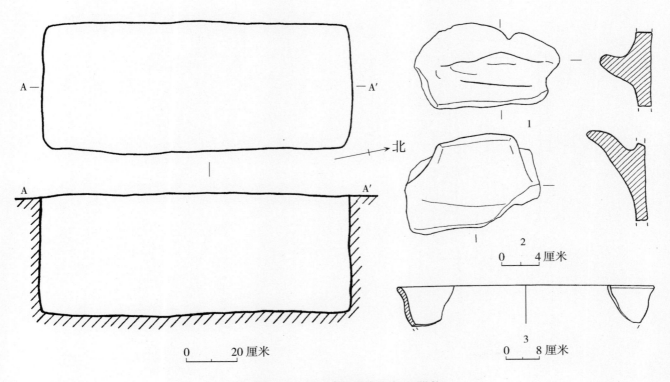

图二四　H4 平、剖面图及出土器物

1、2. 陶釜（H4∶1、H4∶3）　　3. 陶盆（H4∶2）

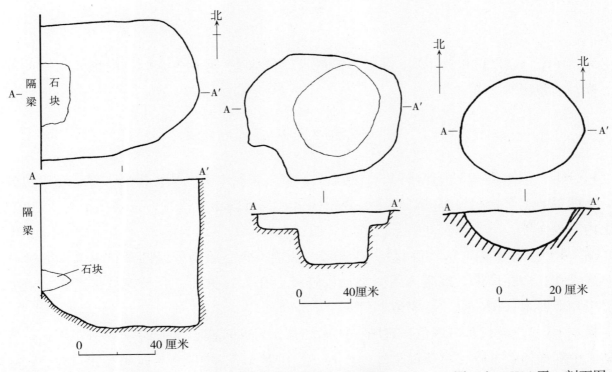

图二五　H5 平、剖面图　　　　图二六　H9 平、剖面图　　　　图二七　H14 平、剖面图

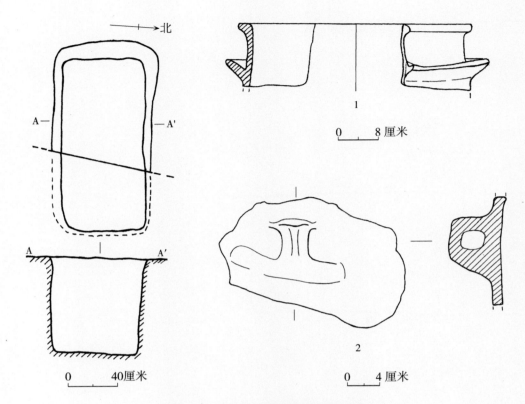

图二八　H8 平、剖面图及出土器物

1、2. 陶釜（H8：1、H8：2）

二六）。

5、H14　位于 T1325 东部。圆形，圜底。口径 0.9、深 0.3 米。坑内填入较多的红烧土，陶片含量极少（图二七）。

## 八、第 2 层下灰坑

1、H1　位于 T1425 中部略偏北。圆形，圜底。口径 1.1、深 0.25 米。坑内填土可分为上、下两层。上部堆积较多的红烧土，烧土间夹杂少许泥土及陶片；红烧土下为灰色填土，填土内发现玉器，其中璜 4 件、玉玦 1 件（图二九）。

璜　4 件。标本 H1：1，乳白色。圆弧形，弧度不大。该璜曾经断裂，后又在断裂两端钻一通天孔，横穿璜体，推测再用绳类加以连接。孔为对钻孔，有长期挂带磨损痕迹。长 12、中宽 2 厘米（图二九：3；彩版七：2~4）。

标本 H1：2，晶状灰白绿色，残断。体形细长，弯曲较甚。未残的一端钻 2 个孔，皆为对钻。中部璜体较窄厚，两端较宽薄。长 14.9、中宽 1.3、中厚 0.4 厘米（图二九：5；彩版七：1）。

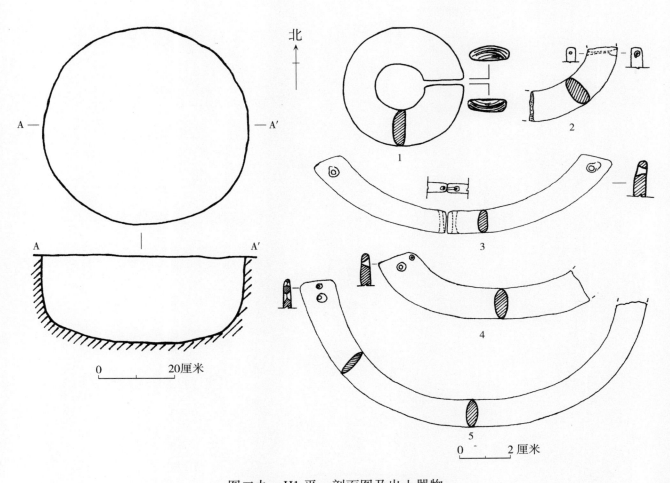

图二九　H1 平、剖面图及出土器物

1. 玉玦（H1:5）　2~5. 玉璜（H1:4、H1:1、H1:3、H1:2）

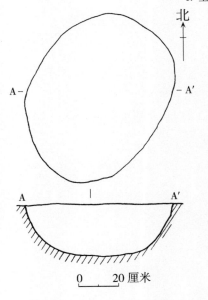

图三〇　H2 平、剖面图

标本 H1:3，晶状深绿色，残断。圆弧形，弧度不大。仅存的一端上钻 2 孔，皆为单面钻。磨制精细，有较强的玻璃光泽。长 8.9、中宽 1.3 厘米（图二九:4；彩版八:1、2）。

标本 H1:4，翠绿色，残损较多。残损下端有一穿孔，为对钻而成，孔眼极细。通体抛光精细，有玻璃光。残长 4.5、中宽 1.2、中厚 0.6 厘米（图二九:2；彩版八:3、4）。

玦　1 件（H1:5）。浅青黄玉。扁平圆环形，有缺口的一侧体较厚实，另一侧稍窄。玦口内有明显的线切割痕迹。直径 4.7、中宽 1.9、中厚 0.5 厘米（图二九:1；彩版八:5、6）。

2、H2　位于 T1425 中部。平面呈椭圆形，圜底。口径 1.84、深 0.54 米。填土为灰色，内包含较多的红烧土，夹杂少量陶片。器形可辨有罐、釜、支座等（图三〇）。

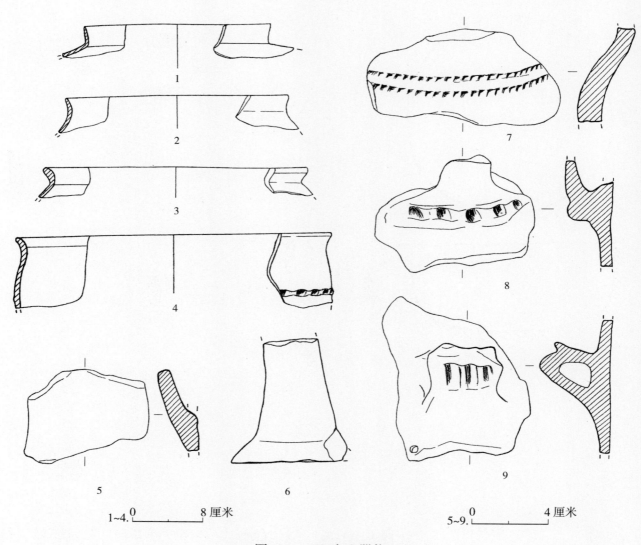

图三一　H2 出土器物

1～3. 陶罐（H2∶5、H2∶4、H2∶1）　4、5、8、9. 陶釜（H2∶6、H2∶2、H2∶7、H2∶8）　6. 陶支座（H2∶3）　7. 陶罐（H2∶9）

　　罐　4 件。标本 H2∶1，仅余口沿部分。夹砂红陶，轮制。方圆唇，敞口，折沿，斜肩。下部已残。口径 30 厘米（图三一∶3）。

　　标本 H2∶4，仅余口沿部分。夹蚌、细砂红陶，轮制。尖圆唇，直口，溜肩，下部已残。口径 24 厘米（图三一∶2）。

　　标本 H2∶5，仅余口沿部分。泥质红陶，轮制。尖圆唇，直口，广肩，下部已残。口径 20 厘米（图三一∶1）。

　　标本 H2∶9，仅余肩部。夹砂红陶，手制。肩部戳印方格纹一周。残长 9.7、宽 5.1 厘米（图三一∶7；彩版六∶2）。

　　釜　4 件。标本 H2∶2，仅余鋬部。泥质灰黑陶，手制。素面，表面有黑衣痕迹。鋬残长 6、宽 7.1 厘米（图三一:5）。

标本 H2:6，夹砂红褐陶，轮制。圆唇，口微侈，束颈，腹部略鼓。颈下部饰附加堆纹一周。口径 32 厘米（图三一:4）。

标本 H2:7，夹蚌红陶，器体轮制，耳部为手制后贴附。耳下部饰有附加堆纹，已残。耳残长 3.4、宽 2.9 厘米（图三一:8）。

标本 H2:8，夹细砂红陶。器体轮制，耳部为手制后贴附，耳部外面饰有按窝。耳长 3.8、宽 4.2 厘米（图三一:9）。

支座  1 件（H2:3）。泥质红陶，手制。上部已残失，中部呈柱状，略有倾斜，底部较大。残高 7、底径 6 厘米（图三一:6）。

3、H3    位于 T1224 中部略偏北。平面呈不规则长条弧形，底部近平。长 5.2、宽 1.37、深 1.3 米。坑内填入较多的红烧土，烧土占填土的 95% 以上，底层有少量的木炭。出土有陶、石器残件。石器可辨器形的有锛、凿等。陶器以夹砂陶为主，少量的彩绘陶片与黑陶，可辨器形有釜、罐等（图三二）。

球形罐  1 件（H3:1）。泥质红陶，轮制，口沿、球形腹为分别制作后连接而成。侈口，束颈，球形圆鼓腹。口沿内部施有白彩。自颈至肩部，戳印、堆饰 9 周装饰花纹。自上而下第一周较宽，上堆白彩，饰横 S 纹及横"亚"字纹，纹饰凸于器物表面，底面饰以戳印纹。其下有两周堆白彩带，间隔以戳印纹装饰。圈带下部有一周锯齿状垂幕纹，大锯齿纹中部皆有一孔。其中两两间隔的大锯齿连接处，又饰有两个锯齿状"獠牙"，其余处以戳印纹装饰。约至腹部处，饰一周堆白彩圈带。下部已残。复原高度 35.8、腹径 31 厘米（图三四;彩版九:2、4）。

亚腰形器  1 件（H3:4）。泥质红陶，手制。亚腰形，器形小。直径 2.4、高 1.3 厘米（图三三:8）。

锛  1 件（H3:5）。石质，磨制。器形较小，长条形，两面刃，上部略有残损。长 4.8、宽 3.6、厚 1.5 厘米（图三三:7）。

斧  3 件。标本 H3:7，石质，磨制粗糙，残损。舌形，形体厚重，两面刃，孔为对钻。长 11.2、中宽 5.8、中厚 2.6 厘米（图三三:2;彩版九:1）。

标本 H3:8，石质，磨制，残损。半成品，两面各有一个未钻透的孔。长 5、宽 5、厚 1.4 厘米（图三三:5）。

标本 H3:9，石质，磨制，残损。半成品，舌形，一侧有钻

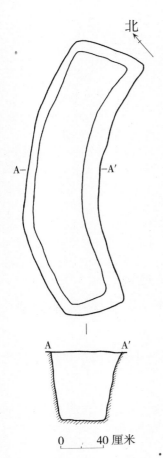

图三二  H3 平、
剖面图

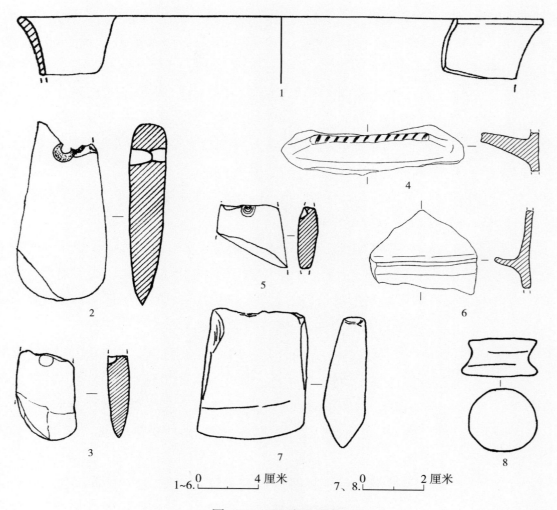

1~6. ├──────┤ 4厘米　　　7、8. ├──────┤ 2厘米

图三三　H3 出土器物

1、4、6. 陶釜（H3∶12、H3∶13、H3∶10）　2、3、5. 石斧（H3∶7、H3∶9、H3∶8）

7. 石锛（H3∶5）　8. 亚腰形器（H3∶4）

孔，未钻透，后断裂。另一侧有打击痕。残长 6.8、中宽 4.1、中厚 1.4 厘米（图三三∶3）。

釜　3 件。标本 H3∶10，仅余腰檐部分。夹草木灰黄褐陶，体为轮制，腰檐为手制修整。腰檐上部施有红色陶衣。腰檐宽 1.7 厘米（图三三∶6）。

标本 H3∶12，仅余口沿部分。泥质红陶，轮制。圆唇，敞口，直颈，下部已残。上部施有红色陶衣，并经磨光处理。口径 36 厘米（图三三∶1）。

标本 H3∶13，仅余鋬手部分。夹草木灰粗泥灰黑陶，轮制。鋬为手制，鋬外沿有戳印齿纹。鋬手长 12.8、宽 3.9 厘米（图三三∶4）。

4、H10　位于 T1324 中部偏北。平面呈圆形，圜底。口径 1.2、深 0.5 米。填灰褐土，陶片主要为夹砂红褐陶，可辨器形仅矮圈足豆（图三五）。

豆　1 件（H10∶1）。泥质红陶，轮制。尖圆唇，直口，腹较浅，矮圈足稍外撇。腹部

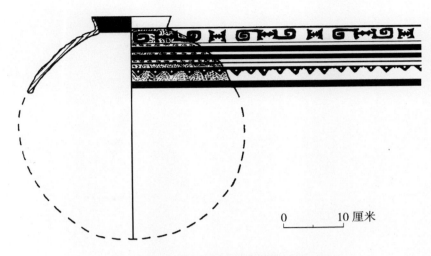

图三四　H3 出土球形陶罐（H3:1）

饰红衣，剥落较甚。高 6.2、口径 16.2、底径 9.8 厘米（图三五）。

　　5、H11　位于 T1425 西北。平面近长方形，底部近平。长 1.2、宽 0.5、深 0.34 米。坑内填入较多的红烧土。陶片含量极少，陶器可辨器形仅有釜（图三六）。

　　釜　3 件。标本 H11:1，仅余口沿及腰檐部分。夹砂红灰陶，器体轮制，檐部为手制。尖圆唇，折沿，直颈，下部已残，腰檐外有一周压印纹。口径 30、檐宽 1.9 厘米（图三六:1）。

　　标本 H11:2，仅余鋬手部分。泥质橙红陶，器体轮制，鋬手为手制贴附。鋬长 6.8、宽

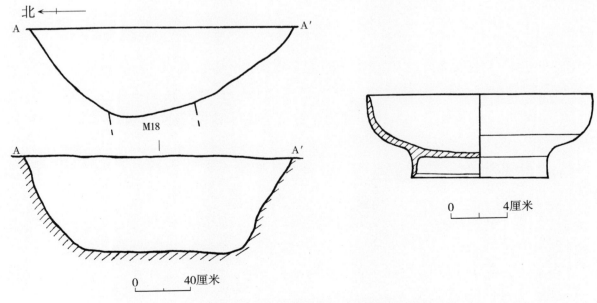

图三五　H10 平、剖面图及出土陶豆（H10:1）

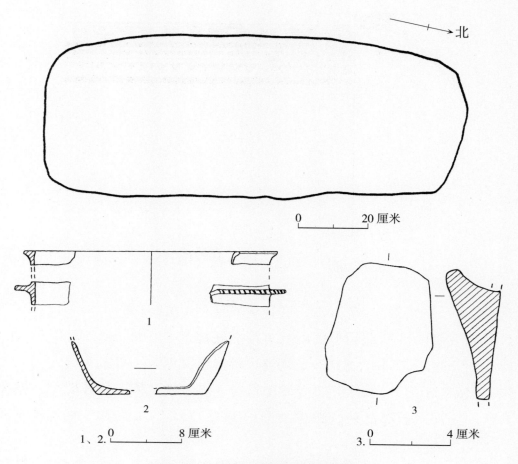

图三六　H11 平面图及出土器物

1~3. 陶釜（H11:1、H11:3、H11:2）

4.9 厘米（图三六:3）。

标本 H11:3，仅余釜底部。夹草木灰粗泥黄灰陶，轮制。底径 12 厘米（图三六:2）。

6、H12　位于 T1425 中部偏南。平面呈椭圆形，直壁，底部近平。口径 0.8、底径 0.77、深 0.31 米。坑内包含有大块红烧土，近底部有一层烧土面。陶片多为夹砂灰褐陶，有少量泥质陶，器形可辨有豆、釜、陶祖等（图三七）。

陶祖　1 件（H12:1）。夹砂红陶。手制，已残断。上饰有白粉。残长 22 厘米（彩版九:3）。

陶釜　3 件。标本 H12:3，仅余口沿部分。夹细砂红褐陶，轮制。尖圆唇，折沿，微束颈，腹部略鼓，下部已残。口径 26 厘米（图三八:3）。

标本 H12:5，仅余口沿部分。夹草木灰粗泥质灰陶，轮制。尖圆唇，宽折沿，束颈，斜直腹，下部已残。口径 28 厘米（图三八:2）。

标本 H12:6，仅余口沿部分。夹砂灰褐陶，器体轮制，口沿部为手制后贴附。圆唇，侈

口，束颈，圆鼓腹，下部已残。口径 14 厘
米（图三八:1）。

豆　1 件（H12:2）。泥质红陶，轮制。
豆上部已残，仅存豆柄中部。喇叭形，器
表施有红衣。残高 10.2 厘米（图三八:4）。

器流　1 件（H12:4）。夹砂灰黑陶，
手制后贴附于器体之上。流较长，斜直向
上，中部有一孔。残长 4 厘米（图
三八:5）。

7、H13　位于 T1425 中部。平面呈椭
圆形，直壁，底部近平。口部最大径 0.85、
最小径 0.45、底部最大径 0.81、最小径
0.37、深 0.24 米。坑内包含有大块红烧

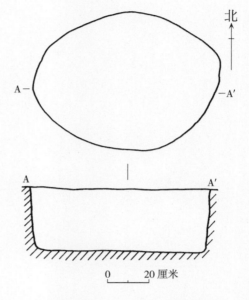

图三七　H12 平、剖面图

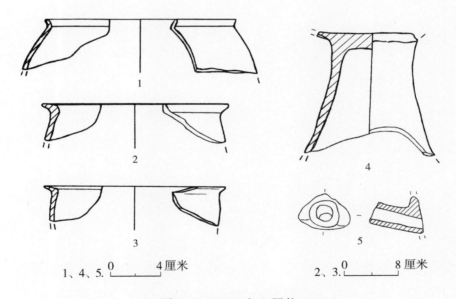

图三八　H12 出土器物

1~3. 陶釜（H12:6、H12:5、H12:3）　4. 陶豆（H12:2）　5. 陶器流（H12:4）

土，近底部有一层烧土面。坑内含少量陶片，为夹砂灰褐陶及泥质红陶。陶器器形可辨仅有
釜（图三九）。

釜　2 件。标本 H13:1，仅余錾手部分。夹草木灰粗泥灰陶，轮制，錾手为手制，贴附
于器体上。錾残长 4.5、宽 5.5 厘米（图三九:1）。

标本 H13:2，仅余口沿部分。夹砂红褐陶，器体轮制而成，再在器体上贴一周口沿。因

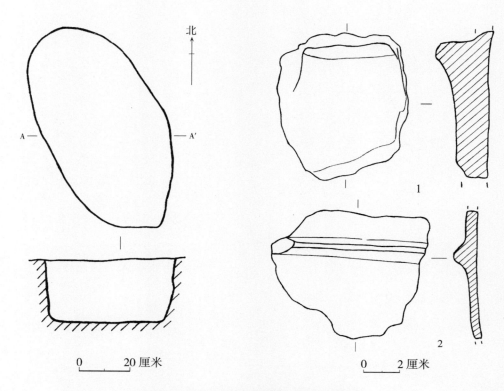

图三九　H13 平、剖面图及出土器物

1、2. 陶釜（H13:1、H13:2）

残破太甚，形制已不可辨。残长 9.1、宽 7.2 厘米（图三九:2）。

# 第二节　房　址

仅发现 1 座，编号为 F1，位于 T1225 西部第 10 层下。

F1　位于 T1225 西北部第 10 层下，西半部仍被压于西壁之下，未作清理。F1 未见墙基及垫土层，仅在 T1225 西北存留一排柱洞，编号为 ZD1～ZD4。ZD6 在 T1225 西壁下，仅发掘一半。在 ZD1～ZD6 范围内，发现灶 6 座，即 Z1～Z6。其中 Z1、Z3 附近均发现陶支座。从仅存的柱洞的排列方向及灶的方向推测，F1 应该是一座东北—西南方向的长方形房屋（图四〇）。

Z1　位于 T1225 西北部。平面呈不规则长方形，长 0.65、宽 0.34、深 0.22 米。内部填土中包含有大量粉末状动物骨渣，底部存留一层木炭及草木灰。灶内东北部存留有烧结面，可能是火膛。灶旁出 2 件残支座。

Z2　位于 T1225 西北部、Z1 东北。平面呈不规则圆角方形，长 0.45、宽 0.29、深

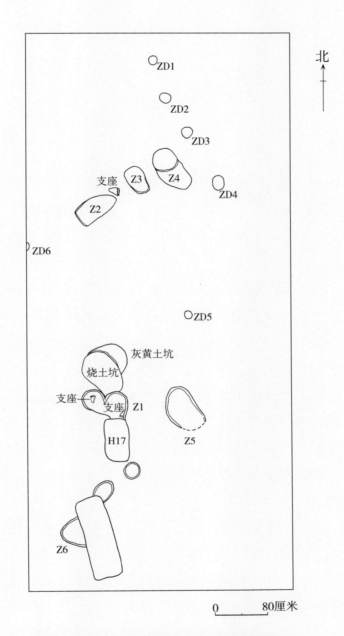

图四〇 T1225 第 10 层下的灶坑和房屋柱洞

0. 17 米。内部填灰色土，其中包含有大量粉末状动物骨渣及少量陶片，内部还存有少量烧土块，底部存留一层木炭及草木灰。东南存有烧结面应为火膛，越到西北越少，可能为 Z2 的火道。

Z3 位于 T1225 西北部、Z2 东北。平面呈不规则圆形，口径约 0.39、底径约 0.35、深 0.15 米。内部填灰色土，其中包含有大量粉末状动物骨渣，底部存留一层较厚的木炭及草木灰。灶壁坍塌严重，西北部存留有烧结面，应为火膛，至东南不明显，应为火道。火道内出 2 件破碎的支座。

# 第四章　墓　葬

　　祁头山遗址共发掘清理墓葬 137 座，其中宋墓 3 座、西汉墓葬 2 座、新石器时代墓葬 132 座。墓葬分布集中，其间叠压、打破关系复杂。在晚期墓葬中，3 座宋墓位于发掘区中部偏西，2 座汉墓则分布于发掘区的西部。132 座新石器时代墓葬的分布，从现有的发掘区域来看，除 T1325（东）、T1425（西）、T1224、T1324、T1424（西）只发掘部分地层，发现少量上层墓葬之外，其余大部分墓葬都集中在 T1225 与 T1325（西）内。而遗址地形反映出，该遗址的现存部分西部地势较高，东南部较低，最高处位于遗址的最西端。所发掘的 T1225 与 T1325（西）部分，正位于最高处与下一高程的两级台地上。此两级台地西靠遗址最高处，东部直接与下部水田相连，呈东北—西南走向，这与 T1225 与 T1325（西）内发掘的墓葬集中走向一致。T1225 与 T1325（西）内东西墓葬的数量分布上，西部墓葬的集中程度远高于东部。从发掘的情况来看，东部探方内墓葬的数量有减少的趋势，而西部墓葬的数量仍在增加。北部由于紧靠断面，仅从发掘情况分析，墓葬数量较多，南部墓葬分布已较为零散稀疏，但从其他探方内发掘的晚期墓葬看，发掘部分显然没有揭露墓地的边缘，所以，该遗址墓地的范围可能会更大（图四一）。

　　137 座墓葬皆为长方形土坑竖穴，除西汉墓内残存有椁木痕迹外，其他墓内均未见葬具痕迹。人骨皆已腐朽，从少量朽骨可判断，3 座宋墓的墓向为北偏东，2 座西汉墓为正南北方向，132 座新石器时代墓葬中，大部分墓葬均为东西向或东偏北向。

　　祁头山 137 座墓葬中，随葬陶、瓷、石、玉、骨、铜、铁、琉璃等器共 240 件。其中陶器 209 件，种类有釜、豆、钵、盆、罐、鼎、纺轮等。瓷器 6 件，皆为瓷碗。石器 4 件，有斧、锛等。玉器 9 件，种类有璜、玦等。骨器仅见凿 1 件。铜器 7 件，有洗、镜、扣、钱币等。铁器仅有 2 件剑，琉璃器为璧、蝉各 1 件。

　　以下按照地层关系，从早到晚对各层墓葬逐一加以介绍。

## 第一节　新石器时代墓葬

### 一、第 10a 层下墓葬

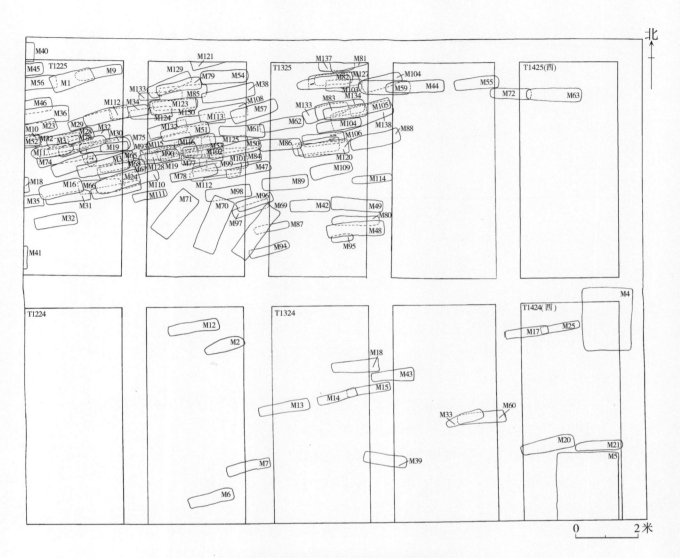

图四一　祁头山遗址墓葬分布示意图

1、M127　位于 T1325 中部偏西北，开口于第 10a 层下，打破第 10b 层，被 M104 打破。长方形土坑竖穴，长 2.1、宽 0.58、深 0.92 米，方向 76°。填土灰褐色，夹杂黄斑点土及细烧土粒，并有少量动物骨髓。底部为黄色土，土质较松软。骨架保存较好，俯身直肢，头向朝东。随葬品除陶钵外，陶釜 1 件破碎后，覆于头部及上身（图四二；彩版一〇：1）。

陶釜（M127：1），夹砂、蚌末红陶，轮制。由上下两部分拼接而成。上部尖圆唇，直筒形，对称有 4 个方形錾耳，器表磨光，施红衣。下半部器身内收，平底。在上、下部结合处，堆贴腰沿一周，檐部上翘。高 44、口径 22.8、底径 16 厘米（图四三）。

陶钵（M127：2），泥质红陶，残甚，不可修复。

2、M128　位于 T1225 中部，开口于第 10a 层下，打破第 10b 层，同时被 M90、M93、M115、M116、M119 打破。长方形土坑竖穴，长 1.8、宽 0.5、深 0.28 米，方向 79°。填土

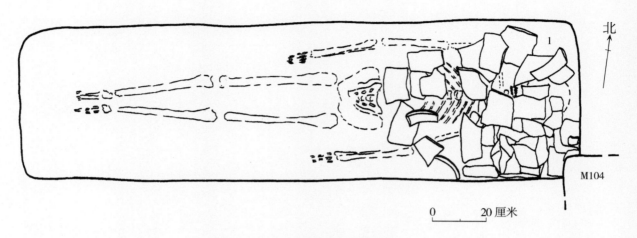

图四二　M127 平面图

1. 陶釜　2. 陶钵（在釜下）

灰褐色，夹杂黄斑点及红烧土颗粒的块状土，底部为较纯净的黑灰土，土质松软。骨架已朽，头骨置于豆盘中，可知头向朝东。随葬品除陶豆盘外，陶釜1件破碎后，覆于头部（图四四；彩版一〇：3）。

陶釜（M128：1），夹砂、蚌末红陶。轮制，有腰檐，由上、下两部分拼接而成。上部方圆唇，直筒形，对称有 4 个方形鋬耳；下半部器身内收，平底。上、下部结合处堆贴腰檐一周，腰檐略上翘。高 46.2、口径 24、底径 17.7 厘米（图四五：1；彩版一一：5）。

陶豆（M128：2），泥质红陶，轮制。尖圆唇，敛口，浅腹，斜腹内收，豆把缺失。残高 9、口径 21 厘米（图四五：2；彩版一一：1）。

3、M129　位于 T1225 中部偏北，开口于第 10a 层下，打破第 10b 层。长方形土坑竖穴，长 1.8、宽 0.5、深 0.55 米，方向 69°。填土灰褐色，夹杂黄斑点和红烧土颗粒的块状土，底部为较纯净的黑灰土，土质松软。骨架已朽，葬式不清。随葬品有陶釜1件，破碎后覆于坑内东部（图四六）。

陶釜（M129：1），夹砂、蚌末红陶，轮制，有腰檐，由上、下两部分拼接而成。上部尖圆唇，直筒形，对称有 4 个方形鋬耳，表面磨光，施红衣。下半部器身内收，平底。在上、下部结合处堆贴腰檐一周，腰檐略

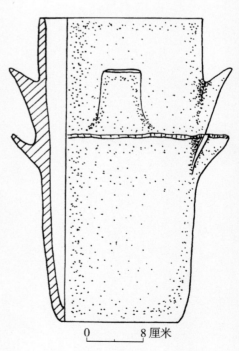

图四三　M127 出土陶釜

（M127：1）

图四四 M128 平面图

1. 陶釜 2. 陶豆

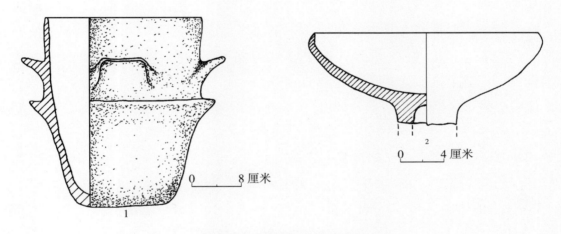

图四五 M128 出土器物

1. 陶釜（M128∶1） 2. 陶豆（M128∶2）

上翘，腰檐外部有 4 个竖状泥条，用以加固。高 33.6、口径 26、底径 15 厘米（图四七）。

4、M133 位于 T1225 中部偏北，开口于第 10a 层下，打破第 10b 层。长方形土坑竖穴，长 1.85、宽 0.35、深 0.6 米，方向 84°。填土灰褐色，夹杂灰黄斑土，底部为较纯净的黑灰土，土质松软。骨架已朽，葬式不清。随葬陶釜 1 件，破碎后覆于坑内东部（图四八）。

陶釜（M133∶1），夹砂灰褐陶，残甚，不可修复。

5、M134 位于 T1325 中部偏西北，开口于第 10a 层下，打破第 10b 层，并打破 M135、M136。长方形土坑竖穴，长 2.2、宽 0.64、深 0.75 米，方向 80°。填土灰褐色，夹杂黄斑点及红烧土颗粒的块状土，墓底为灰黄土，土质松软。骨架保存较好，俯身直肢，头朝东。随葬品 3 件，在颈、腹部出土玉璜、骨器各 1 件，陶釜破碎后覆于头部及上身（图四九；彩版一○∶2）。

0　　　　　　　　　20 厘米

图四六　M129 平面图

1. 陶釜

　　陶釜（M134:1），夹砂、蚌末灰褐陶，轮制，有腰檐，由上、下两部分拼接而成。上部方唇，直口，筒形，对称有 4 个方形錾耳。下半部器身内收，平底。在上、下部结合处堆贴腰檐一周，腰檐略上翘，腰檐外部有 4 个竖状泥条，用以加固。表面磨光，施红衣。高48.9、口径 26.1、底径 19 厘米（图五〇:1；彩版一一:6）。骨器（M134:2），骨质，磨制。长条形，用肢骨较厚一段磨制，推测为凿。双面刃，较锋利。长 13.2、中宽 0.8 厘米（图五〇:2；彩版一一:2）。

　　玉璜（M134:3），半环形，形体较小，弯曲度大，断面呈椭圆形。两端的一面各向台面钻孔，再由台面向下钻孔，使钻孔贯通。磨制精细，有玻璃光泽。长 6.1、中宽 1.1 厘米（图五〇:3；彩版一一:3、4）。

　　6、M135　位于 T1325 中部偏西北，开口于第 10a 层下，打破第 10b 层，被 M134、M136 打破。近长方形土坑竖穴，长 2.1、宽 0.55、深 0.95 米，方向 72°。填土灰褐色，夹杂灰黄斑及红烧土颗粒的块状土，底部为较纯净的灰黄土，土质松软。骨架保存较好，俯身直肢，头向朝东。随葬陶釜 1 件，破碎后覆盖于腹部（图五一）。

　　陶釜（M135:1），夹砂灰褐陶，残甚，不可修复。

　　7、M136　位于 T1325 中部偏西北，开口于第 10a 层下，打破第 10b 层，被 M126、M134 所打破。长方形土坑竖穴，残长 1.62、宽 0.72、深 0.9 米，方向 72°。填土灰褐，土质松软。骨架已朽，仅存痕迹，俯身直肢，头向朝东。随葬陶釜 1 件，破碎后覆于头部。

　　陶釜（M136:1），夹砂灰陶，残甚，不可修复。

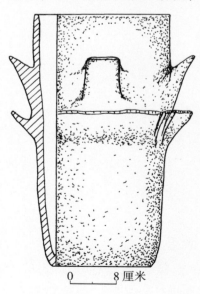

0　　　8 厘米

图四七　M129 出土陶釜

（M129:1）

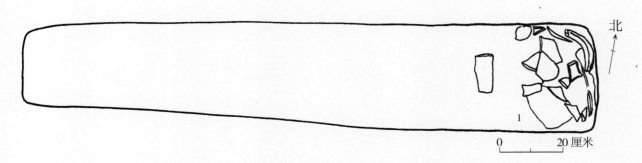

图四八　M133 平面图

1. 陶釜

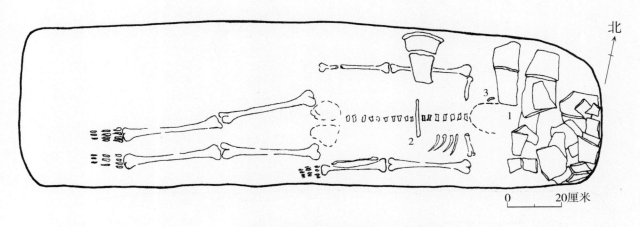

图四九　M134 平面图

1. 陶釜　2. 骨器　3. 玉璜

8、M137　位于 T1325 西北，部分被北隔梁所压，开口于第 10a 层下，打破第 10b 层。近长方形土坑竖穴，长 1.62、宽 0.72、深 0.9 米，方向 78°。填土灰褐色，夹杂黄斑点和红烧土颗粒，墓底为灰黄土，土质较松软。骨架已朽，仅存痕迹，俯身直肢，头向朝东。随葬品 2 件，其中陶罐 1 件，覆于头部；陶豆 1 件，破碎后覆于头部东北（图五二）。

陶豆（M137:1），夹细砂泥质红陶，轮制。圆唇，敞口，深腹，斜腹内收，豆把缺失。器内外施满红衣，脱落较甚。残高 8.2、口径 21.2 厘米（图五三:1）。

陶罐（M137:2），夹砂红褐陶，轮制。卷沿，圆唇，斜鼓腹，下部残。残高 10.2、口径 20.1 厘米（图五三:2）。

## 二、第 9a 层下墓葬

1、M73　位于 T1225 西部，开口于第 9a 层下，打破 M76。长方形土坑竖穴，长 1.7、宽 0.53、深 0.68 米，方向 84°。填灰黑色土，夹杂大量细碎红烧土颗粒及黄斑点土，并有

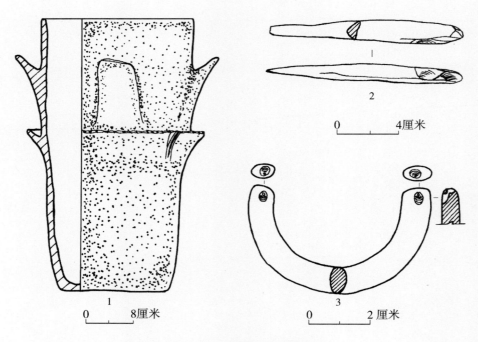

图五○　M134 出土器物

1. 陶釜（M134∶1）　　2. 骨器（M134∶2）　　3. 玉璜（M134∶3）

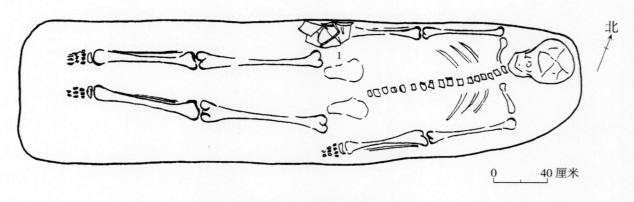

图五一　M135 平面图

1. 陶釜

动物骨渣，土质较松软。骨架已朽，头骨及上肢骨的痕迹较明显，头向朝东。随葬陶釜 1 件，破碎后覆盖于人头部及上身（图五四）。

陶釜（M73∶1），由上、下两部分拼接而成，上半部夹砂灰褐陶，下半部夹砂红陶。轮制，有腰檐。上部直筒形，方唇，直口，表面磨光，对称有 4 个方形錾耳。下半部器身内收，平底，施有红衣，大部分已经脱落。在上、下部结合处堆贴腰檐一周，腰檐上有按窝，腰檐外部有 4 个竖状泥条，用以加固。高 48.2、口径 23.5、底径 16.9 厘米（图五五）。

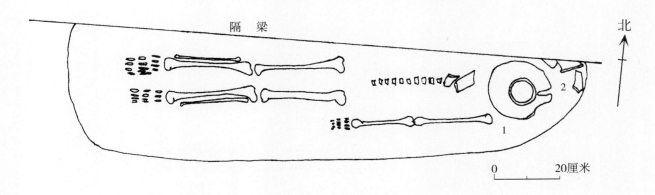

图五二　M137 平面图

1. 陶豆　2. 陶罐

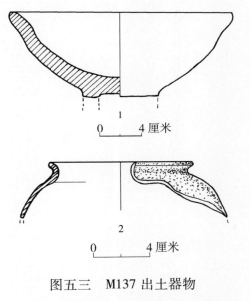

图五三　M137 出土器物

1. 陶豆（M137∶1）　2. 陶罐（M137∶2）

2、M74　位于 T1225 西部，开口于第 9a 层下，被 M76 打破，同时又打破 M75。长方形土坑竖穴，长 2.05、宽 0.46、深 0.93 米，方向 80°。填灰黑色土，夹杂大量细碎红烧土颗粒及黄斑点土，并有动物骨渣，底部为夹杂较多红烧土颗粒的灰黄色土，土质较松软。骨架已朽，头骨保存较好，置于陶钵中，头向朝东。随葬品 2 件，除陶钵外，陶釜 1 件破碎后，覆于头部（图五六；彩版一二∶1）。

釜（M74∶1），上半部夹砂灰褐陶，下半部夹砂黄褐陶，有腰檐，由上、下两部分拼接而成。上部圆唇，侈口，束颈，对称有 2 个方形鋬耳。下半部器身略斜，内收成平底。上、下部结合处堆贴腰檐一周，腰檐略上翘。高 29.9、口径 27.5～28.3、底径 15.7 厘米（图五七∶2；彩版一二∶1）。

钵（M74∶2），泥质红陶，轮制。圆方唇，敞口，口沿微敛，弧腹较深，靠近口沿处有鋬耳残断痕迹。高 8.2、口径 21.2、底径 8.8 厘米（图五七∶1）。

3、M75　位于 T1225 中部，开口于第 9a 层下，被 M73、M74 打破。长方形土坑竖穴，长 1.8、宽 0.61、深 0.81 米，方向 83°。填土灰色，夹杂大量烧土颗粒、黄斑灰土及动物骨渣，土质较松软。骨架下肢骨痕迹明显，可知头向朝东。未见随葬品（图五八）。

4、M76　位于 T1225 西部，开口于第 9a 层下，打破 M74，又被 M75 打破。长方形土坑竖穴，长 1.8、宽 0.52、深 0.51 米，方向 76°。填灰黑色土，夹杂大量细碎红烧土颗粒及

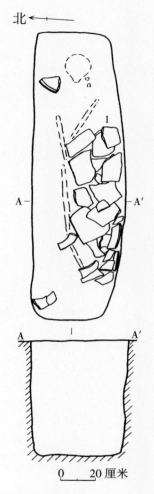

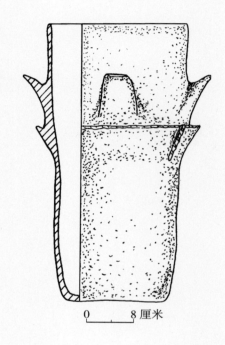

图五四　M73 平、剖面图
1. 陶釜

图五五　M73 出土陶釜（M73:1）

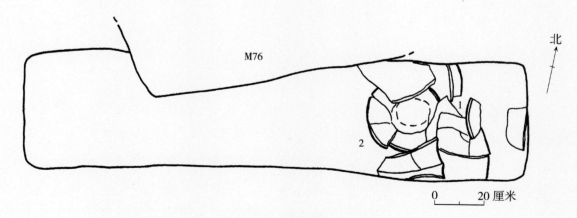

图五六　M74 平面图
1. 陶釜　2. 陶钵

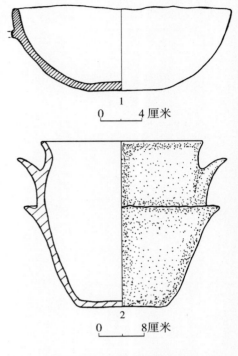

图五七 M74 出土器物

1. 陶钵（M74:2） 2. 陶釜（M74:1）

黄斑点土，并有动物骨渣，底部为灰黑色较纯净的土，土质较松软。骨架痕迹明显，偏于墓坑南壁，头向朝东。随葬陶釜1件，破碎后覆盖于脚部（图五九、彩版一二:2）。

陶釜（M76:1），夹砂灰褐陶，残甚，不可修复。

5、M97 位于T1225东部，部分被压于东隔梁下，开口于第9a层下，打破第9b层，被H17打破。长方形土坑竖穴，长2.1、宽0.5、深0.95米，方向80°。填土灰褐色，夹杂黑黄斑点的黏土，底部为较纯净的黑灰土，土质松软。骨架保存一般，头骨仅存痕迹，上肢保存相对较差，下肢骨保存较好，可以看出为直肢。随葬陶釜1件，破碎后覆于头部，陶纺轮置于中部（图六〇；彩版一二:3）。

陶釜（M97:1），夹砂、蚌末红陶，轮制，有腰檐，平底。上部直筒形，圆方唇，表面磨光，对称有4个方形錾耳。下半部器身略鼓，内收成平底。上、下部结合处堆贴腰檐一周，腰檐上有按窝，腰檐外部有4个竖状泥条，用以加固。其中两组对称的竖状泥条是分别由两个竖状泥条组成，另两组有一个竖状泥条。高44.2、口径24、底径15.8厘米（图六一:1）。

陶纺轮（M97:2），泥质灰褐陶，用陶片改制。形状不规则，近圆形。厚0.5、最宽4.6厘米（图六一:2）。

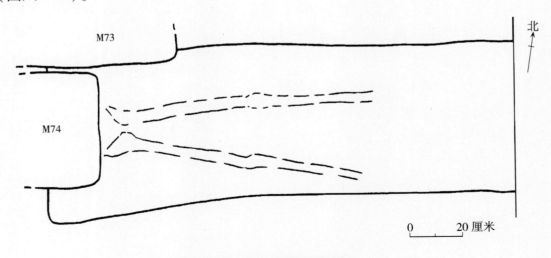

图五八 M75 平面图

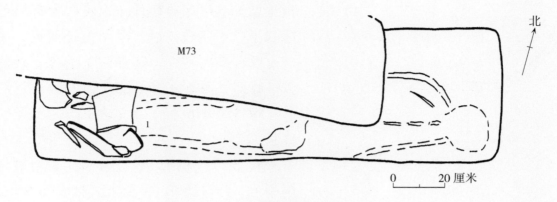

图五九　M76平面图

1. 陶釜

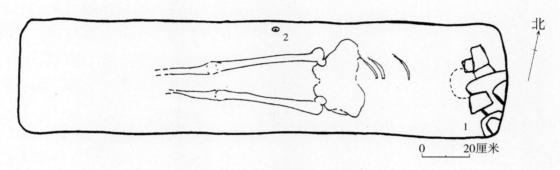

图六○　M97平面图

1. 陶釜　2. 陶纺轮

6、M120　位于T1325中部偏西，开口于第9a层下，打破第9b层，被M106打破。长方形土坑竖穴，长2.05、宽0.51、深0.55米，方向85°。填土红褐色，夹杂红烧土颗粒的块状土，底部为较纯净的黑灰土，土质较松软。骨架保存较好，俯身直肢，头骨置于盆内，头向朝东。随葬品除陶盆外，还有陶釜1件破碎后覆于头部、上身（图六二）。

陶釜（M120：1），夹砂灰褐陶，轮制，由上下两部分拼接而成。上部分尖圆唇，直筒形，对称有4个方形鋬耳。下半部器身略鼓，内收成平底。在上下部结合处，堆贴腰

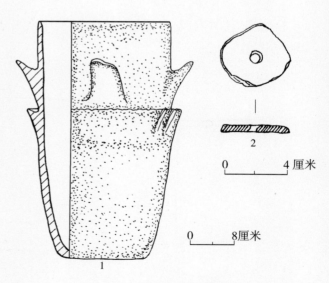

图六一　M97出土器物

1. 陶釜（M97：1）　2. 陶纺轮（M97：2）

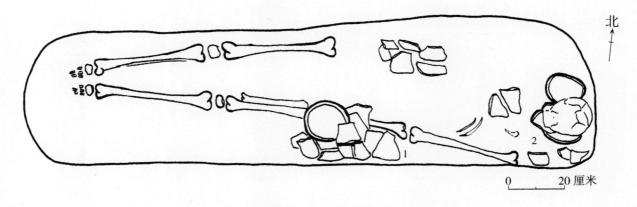

图六二　M120 平面图

1. 陶釜　2. 陶盆

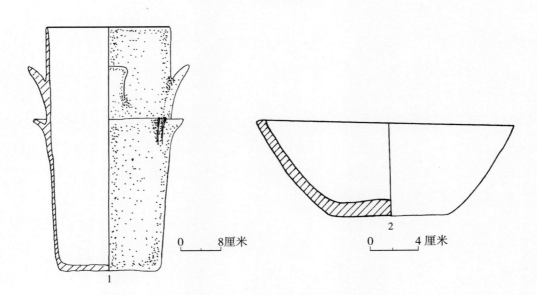

图六三　M120 出土器物

1. 陶釜（M120:1）　　2. 陶盆（M120:2）

檐一周，檐部上翘。腰檐外部有 4 个竖泥条，用来加固。高 53、口径 26.5、底径 21 厘米（图六三:1）。

陶盆（M120:2），泥质红陶。方圆唇，敞口，斜腹，腹部较深，底部较平。高 9、口径 22.7、底径 10 厘米（图六三:2）。

7、M122　位于 T1325 西部，开口于第9a层下，打破第9b层，被 M120 打破，同时打破 M126。长方形土坑竖穴，长 1.9、宽 0.55、深 1.1 米，方向 84°。填土红褐色，夹杂零星红烧土颗粒和少量陶片，底部为较纯净的黑灰色软土，土质较松软。骨架保存较好，俯身直肢，头向朝东。随葬品除陶钵外，还有陶釜 1 件，破碎后覆于头部和上身（图六四）。

陶釜（M122:1），夹砂黄褐陶，中部残断。轮制，有腰檐，由上、下两部分拼接而成。

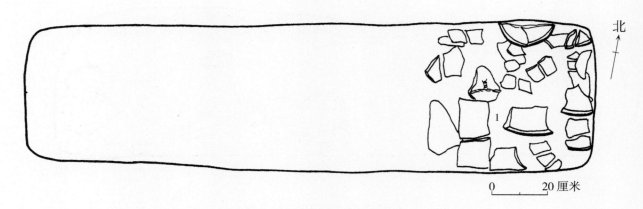

图六四　M122 平面图

1. 陶釜

上部尖圆唇，直筒形腹，对称有 4 个方形錾耳，有黑衣痕迹。下半部器身略鼓，内收，平底。在上、下部结合处堆贴腰檐一周，腰檐略上翘，腰檐外部有 4 个竖状泥条，用以加固。高度不明，口径 24.2、底径 20 厘米（图六五）。

8、M123　位于 T1225 西部偏北，开口于第 9a 层下，打破第 9b 层，被 M124 打破。长方形土坑竖穴，长 2.1、宽 0.5、深 0.5 米，方向 87°。填土灰褐色，夹杂黑黄斑点的块状土，底部为较纯净的黑灰土，土质较松软。骨架已朽，仅存牙齿痕迹，可知头向朝东。随葬陶釜 1 件，破碎后覆于东部（图六六）。

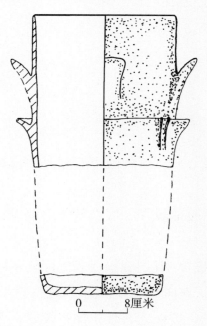

图六五　M122 出土陶釜
（M122:1）

陶釜（M123:1），夹砂、蚌末黄褐陶。轮制，有腰檐，由上、下两部分拼接而成。上部方唇，直口，筒形，对称有 4 个方形錾耳。下半部器身略鼓，内收，平底。在上、下部结合处堆贴腰檐一周，腰檐略上翘，腰檐外部有竖状泥条，用以加固。高 40.7、口径 24.5、底径 15.2 厘米（图六七）。

9、M125　位于 T1225 东部偏北，开口于第 9a 层下，打破第 9b 层，被 M102、M116 打破。长方形土坑竖穴，长 1.85、宽 0.5、深 0.95 米，方向 86°。填土灰褐色，夹杂黑黄斑点土，底部为较纯净的黑灰土，土质较松软。骨架已朽，头骨保存相对较好，置于钵中，可知头向朝东。随葬品除陶钵外，陶釜 1 件破碎后，覆盖于头部（图六八；彩版一四:3）。

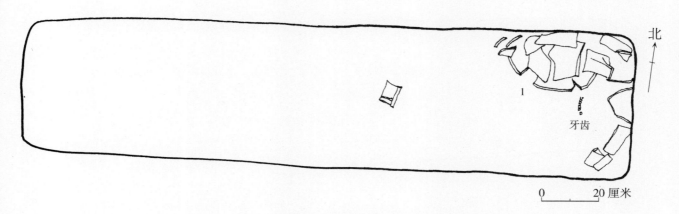

图六六　M123 平面图
1. 陶釜

陶釜（M125:1），夹砂红陶。轮制，有腰檐，由上、下两部分拼接而成。上部方唇，直筒形，对称有 4 个方形錾耳。下半部器身略鼓，内收，平底。在上、下部结合处堆贴腰檐一周，腰檐略上翘，檐上有按窝，腰檐外部有 4 个竖状泥条，用以加固。高 40、口径 22.5、底径 16.5 厘米（图六九:1）。

陶三足钵（M125:2），泥质红陶，轮制。尖圆唇，敛口，腹部较深，圜底，三足残。口沿内外均饰红衣。残高 6.7、口径 24.8 厘米（图六九:2）。

10、M126　位于 T1325 西部，开口于第9a层下，打破第9b层，被 M122 打破，同时它又打破 M136。长方形土坑竖穴，长 1.85、宽 0.52、深 1 米，方向 76°。填土灰褐色，夹杂黄褐色斑点和红烧土颗粒，底部为较纯净的黑灰色软土，土质较松软。骨架保存较好，头骨置于盆中，可知头向朝东。随葬品除陶盆外，陶釜 1 件破碎后，覆盖于头部及上身（图七〇）。

陶釜（M126:2），夹砂灰褐陶，轮制，由上下两部分拼接而成。上部分尖圆唇，直筒形，对称有 4 个方形錾耳。下半部器身较直，平底。在上、下部结合处，堆贴腰檐一周，檐部上翘。腰檐外部有 4 个竖泥条，用来加固。高 43、口径 23、底径 17 厘米（图七一:1）。

陶盆（M126:1），泥质红陶，圆唇，敞口，斜腹，腹部较深，平底。高 9.5、口径 25、底径 10 厘米（图七一:2）。

11、M130　位于 T1225 中部偏北，开口于第9a层下，打破第9b层。平面呈长方形土坑竖穴，长 2.1、宽 0.55、深 0.4 米，方向 87°。填土灰褐色，夹杂黑黄斑点土，底部

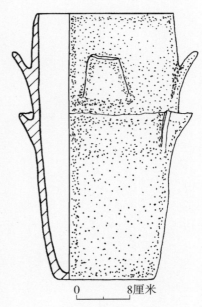

图六七　M123 出土陶釜
（M123:1）

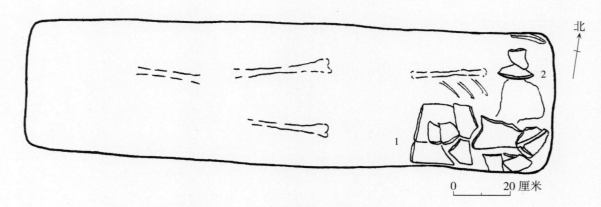

图六八　M125 平面图

1. 陶釜　2. 陶钵

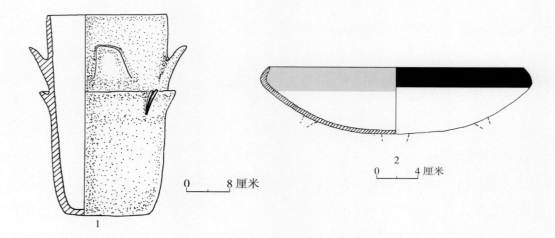

图六九　M125 出土器物

1. 陶釜（M125:1）　2. 陶三足钵（M125:2）

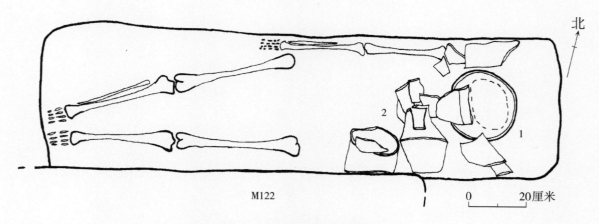

M122

图七〇　M126 平面图

1. 陶盆　2. 陶釜

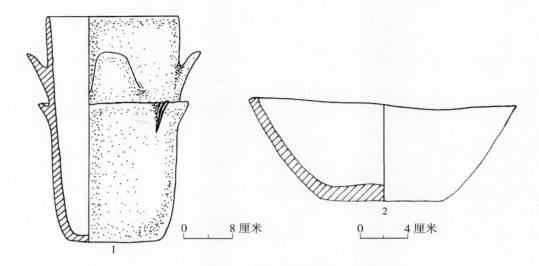

图七一　M126 出土器物

1. 陶釜（M126:2）　2. 陶盆（M126:1）

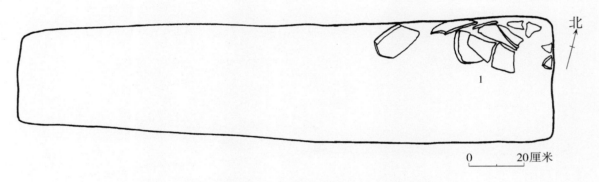

图七二　M132 平面图

1. 陶釜

为较纯净的黑灰土，土质较松软。未见骨架及随葬品。

12、M131　位于 T1225 中部偏北，开口于第 9a 层下，打破第 9b 层，上部被 M130 叠压。长方形土坑竖穴，长 1.2、宽 0.35、深 0.3 米，方向 85°。填灰褐花土，含水性较高，有砂性，土质较松软。未见骨架及随葬品。

13、M132　位于 T1225 中部偏北，开口于第 9a 层下，打破第 9b 层。长方形土坑竖穴，长 1.95、宽 0.45、深 0.9 米，方向 76°。填土灰褐色，夹杂黑黄斑点，底部为较纯净的黄色土（次生土），土质较松软。骨架已朽，葬式不清。随葬品 2 件，其中陶钵 1 件，置于坑内东部；陶釜 1 件，破碎后覆于钵上（图七二；彩版一四:4）。

陶釜（M132:1），夹砂、蚌末灰褐陶，轮制，有腰檐。圆唇，敛口，鼓腹，内收成小平底。腹部有一周凸棱，宽凸棱处对称有 4 个鋬耳，有一对鋬耳上各有一个环形纽。高 27.5、

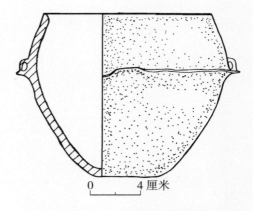

图七三　M132出土陶釜
（M132:1）

口径27、底径10.5厘米（图七三；彩版一四:2）。

### 三、第8a层下墓葬

1、M106　位于T1325西部，开口于第8a层下，打破第8b层，被M86打破，同时它又打破M120、M125。长方形土坑竖穴，长1.95、宽0.6、深0.77米，方向82°。填土红褐色，夹杂零星红烧土颗粒的黏土，底部为较纯净的黑灰土，土质较松软。骨架已朽，东部陶盆内保存头骨痕迹，可知头向朝东。随葬品2件，除陶盆外，还有陶釜1件，破碎后覆盖于头部及上身（图七四；彩版一五:1）。

图七四　M106平面图
1. 陶盆　2. 陶釜

陶盆（M106:1），泥质夹蚌灰陶，轮制。尖圆唇，敞口，斜直腹，平底。腹部对称有2个鋬耳，稍上翘。高8.4、口径20.8，底径8.4厘米（图七五:2）。

陶釜（M106:2），由上、下两部分拼接而成。上半部夹砂灰褐陶，下半部夹砂红陶，轮制，有腰檐。上部直筒形，对称有4个方形鋬耳；下半部器身略鼓，平底。在上下结合处堆贴腰檐一周，腰檐上有按窝，腰檐外部有竖状泥条，用以加固。高48、口径22、底径16.5厘米（图七五:1）。

2、M107　位于T1325中部偏西，开口于第8a层下，打破第8b层。长方形土坑竖穴，长1.8、宽0.49、深0.7米，方向80°。填土红褐色，夹杂红烧土颗粒的块状土，底部为较纯净的黑灰土，土质较松软。骨架已朽，东部保存头骨及部分上肢骨朽痕，可知头向朝东。

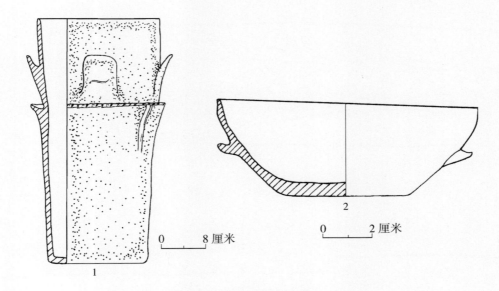

图七五　M106 出土器物
1. 陶釜（M106:2）　　2. 陶盆（M106:1）

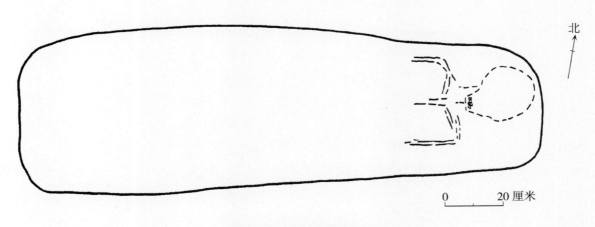

图七六　M107 平面图

未见随葬品（图七六）。

　　3、M109　　位于 T1325 中部偏北，开口于第 8a 层下，打破第 8b 层。长方形土坑竖穴，长 1.95、宽 0.46、深 0.75 米，方向 80°。填土红褐色，夹杂红烧土颗粒和黄斑点土，底部为较纯净的黑灰土，土质较松软。人骨保存较完整，俯身直肢，头向朝东。未见随葬品（图七七）。

　　4、M112　　位于 T1225 东部，开口于第 8a 层下，打破第 8b 层。长方形土坑竖穴，长 1.95、宽 0.38、深 0.4 米，方向 84°。填土土色灰褐，夹杂黄黑斑点，砂性略大且含水量较高，底部为较纯净的黑灰土，土质较松软。人骨已朽，东部头骨保存，其余部分朽甚。随葬品釜 1 件，破碎后覆于头部及上身（图七八；彩版一五:2）。

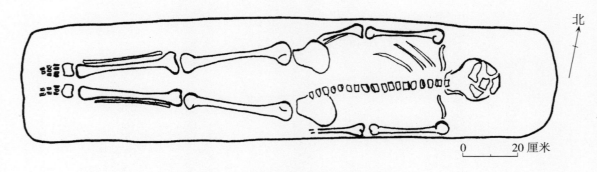

图七七　M109 平面图

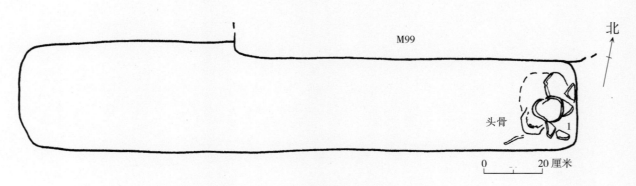

图七八　M112 平面图

1. 陶釜

　　陶釜（M112:1），夹砂灰褐陶，残甚，不可修复。

　　5、M113　位于 T1225 东部偏北，开口于第 8a 层下，打破第 8b 层，东部被 M108 所打破。长方形土坑竖穴，长 1.8、宽 0.4、深 0.62 米，方向 81°。填土红褐色，夹杂红烧土颗粒和黄斑点，底部为较纯净的黑灰土，土质较松软。人骨已朽，葬式不明。随葬陶釜 1 件，破碎后覆于坑内东部。另有陶钵 1 件，置于釜下（图七九；彩版一五:3）。

　　陶三足钵（M113:1），夹砂红陶，轮制。尖圆唇，敞口，圜底。三足已残。钵内施红衣，绘叶脉向心条状纹 3 条，钵外部饰叶脉纹组合 3 组，每组由 3 条叶脉纹汇聚组成。口沿内外饰有带状彩绘，底部三足之内施一圈红衣。残高 7.9、口径 28 厘米（图八〇:1；彩版一六）。

　　陶釜（M113:2），由上、下两部分拼接而成。上半部夹砂灰褐陶，下半部夹砂红陶，轮制，有腰檐。上部直筒形，圆方唇，口部微侈，对称有 4 个方形鋬耳；下半部器身略鼓，平底。上、下部结合处堆贴腰檐一周，腰檐上有按窝，腰檐外部有 4 个竖状泥条，用以加固。高 50、口径 22、底径 16.8 厘米（图八〇:2）。

　　6、M114　位于 T1325 东部，部分为东隔梁所压，开口于第 8a 层下，打破第 8b 层。长

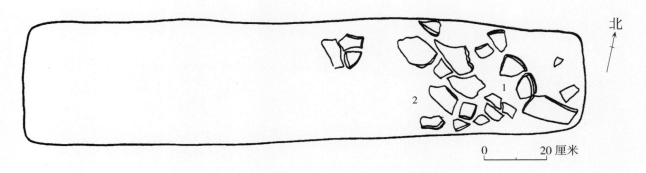

图七九　M113 平面图

1. 陶三足钵　2. 陶釜

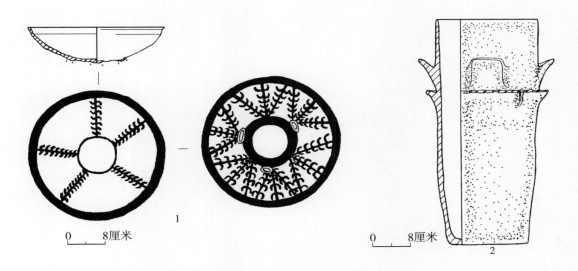

图八〇　M113 出土器物

1. 陶三足钵（M113∶1）　　2. 陶釜（M113∶2）

方形土坑竖穴，清理长度 0.7、宽 0.33、深 0.35 米，方向 86°。填土为灰色，夹杂黑黄色的斑点，底部为较纯净的黑灰土，土质较松软。人骨已朽，葬式不明。未见随葬品。

## 四、第 7a 层下墓葬

1、M31　位于 T1225 西部偏南，开口于第 7a 层下，其西北部为 M16 所打破。长方形土坑竖穴，长 1.85、宽 0.4、深 0.5 米，方向 84°。填土灰褐色，夹杂大量烧土颗粒，并包含动物骨渣，土质较松软。骨架已朽，葬式不明。随葬品只有陶釜 1 件，破碎后覆盖于坑内东部（图八一）。

陶釜（M31∶1），由上、下两部分拼接而成。上半部夹砂灰褐陶，下半部夹砂红陶，轮制，有腰檐。上部直筒形，对称有 4 个方形鋬耳；下半部器身略鼓，平底。在上下结合处堆

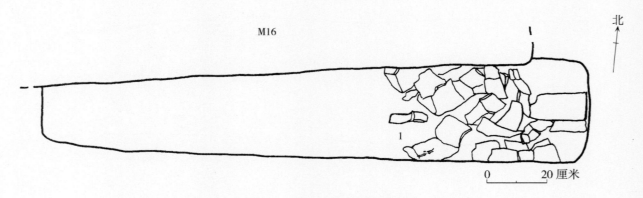

图八一　M31 平面图

1. 陶釜

贴腰檐一周，腰檐上有按窝，腰檐外部有竖状泥条，用以加固。高 46.6、口径 20.8、底径 15.6 厘米（图八二）。

2、M32　位于 T1225 西部偏南，开口于第 7a 层下。长方形土坑竖穴，长 1.75、宽 0.5、深 0.56 米，方向 83°。填灰褐土，夹杂大量烧土颗粒，并包含动物骨渣，土质较松软。骨架已朽，仅在坑内东部保留头骨痕迹，故推测墓主头向朝东略偏北。随葬陶釜 1 件，破碎后覆于头部及坑内偏东北处（图八三）。

釜（M32：1），夹砂灰褐陶，残甚，不可修复。

3、M34　位于 T1225 中部偏北，开口于第 7a 层下。长方形土坑竖穴，残长 0.55、宽 0.52、深 0.6 米，方向 88°。填灰色土，夹杂大量烧土颗粒

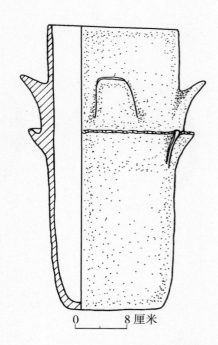

图八二　M31 出土陶釜

（M31：1）

和黄斑点土，并包含较多的动物骨渣，土质较松软。骨架已朽，葬式不清。未发现随葬品。

4、M35　位于 T1225 西部偏南，开口于第 7a 层下，少许被压于西壁下，同时又被 M16 打破。长方形土坑竖穴，清理长度 0.8、宽 0.51、深 0.61 米，方向 86°。填土灰褐色，夹杂少量细黄斑点土和较多红烧土细颗粒，且有较多动物骨渣，土质较松软。骨架已朽，仅在坑内东部保留若干牙齿，故推测墓主头向朝东略偏北。随葬品 3 件，其中陶釜破碎后覆于头部及上身，坑内东北角出土陶支座 1 件，头部下面放置陶盆（图八四）。

陶釜（M35：1），夹砂灰褐陶，由上、下两部分拼接而成。轮制，有腰檐。上部方唇，直

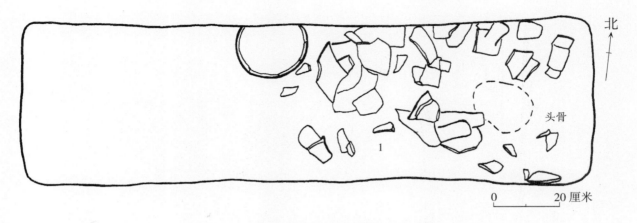

图八三　M32 平面图

1. 陶釜

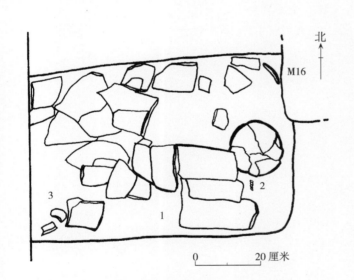

图八四　M35 平面图

1. 陶釜　2. 陶支座　3. 陶盆

口，对称有 4 个方形錾耳；下半部器身略鼓，内收，平底。上、下部结合处堆贴腰檐一周，腰檐上有按窝，腰檐外部有竖状泥条，用以加固，其中一组泥条已缺失。高 49.9、口径 21.8、底径 15.9 厘米（图八五：1）。

陶盆（M35：2），泥质红陶，轮制。圆唇，侈口，斜腹内收，平底。外施红色陶衣。高 6.1、口径 19.4、底径 7 厘米（图八五：3）。

陶支座（M35：3），泥质红陶，已残断。底面为椭圆形，中部残失，上部如菌状座面，平底。残高 17、上径 4、

底径 7.8 厘米（图八五：2）。

5、M36　位于 T1225 西部，开口于第 7a 层下，少许被压于西壁下，同时被 M23 打破。长方形土坑竖穴，清理长度 1.7、宽 0.6、深 0.65 米，方向 88°。填土上部有一层细腻的黄土，下层为夹杂烧土颗粒的灰土，土质较松软。骨架已朽，仅在坑内东部保留若干牙齿，故推测墓主头向朝东。随葬陶釜 1 件，破碎后覆于头部（图八六；彩版一七：1）。

陶釜（M36：1），夹砂灰褐陶，轮制，由上下两部分拼接而成。上半部筒形，对称有 4 个錾耳。下半部呈筒形，平底。在上、下部结合处，堆贴腰檐一周，檐部上翘。腰檐外部有竖状泥条，用来加固。高 47、口径 21、底径 16 厘米（图八七）。

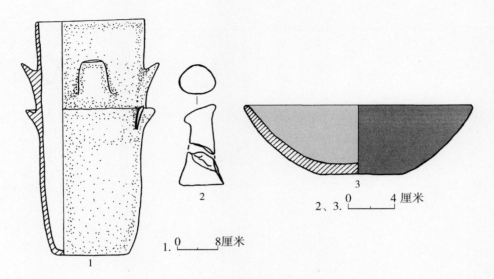

图八五　M35 出土器物
1. 陶釜（M35∶1）　　2. 陶支座（M35∶3）　　3. 陶盆（M35∶2）

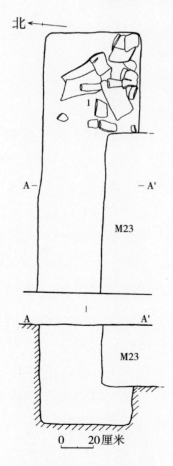

图八六　M36 平、剖面图
1. 陶釜

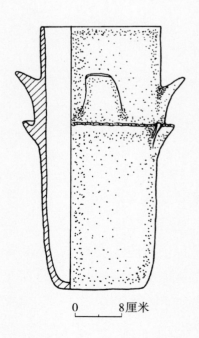

图八七　M36 出土陶釜（M36∶1）

6、M37　位于 T1225 西部，被 M28 打破，又打破 M38、M52、M66。长方形土坑竖穴，长 2、宽 0.49、深 0.5 米，方向 87°。填灰色土，夹杂大量烧土颗粒和黄色斑点，且有较多的黑粗颗粒土，包含较多的动物骨渣，土质较松软。骨架已朽，仅在坑内东部辨认出头骨痕迹，故推测墓主头向东北。随葬陶豆 1 件，置于头部（图八八；彩版一七:2）。

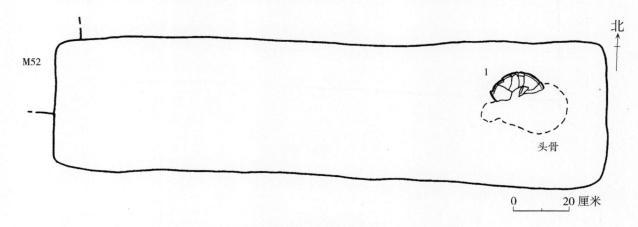

图八八　M37 平面图

1. 陶豆

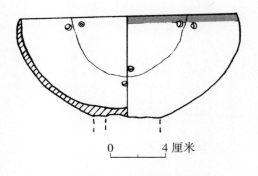

图八九　M37 出土陶豆（M37:1）

陶豆（M37:1），泥质红陶，轮制。尖圆唇，口微敛，深腹，弧腹内收，豆把缺失。豆盘底部留有连接痕迹。豆盘上部有两处断裂痕迹，其两侧各有一对镂孔，应当是维修补钻的孔。豆盘靠近口沿部饰一周带状红衣，通体磨光。残高 7.8、口径 15.4 厘米（图八九；彩版一八:1、2）。

7、M38　位于 T1225 中部，开口于第 7a 层下，又被 M20、M28、M37 所打破，同时打破 H16。长方形土坑竖穴，清理长度 0.8、宽 0.51、深 0.61 米，方向 86°。填土灰褐，夹杂大量烧土颗粒，并包含动物骨渣，土质较松软。骨架已朽，仅在坑内东部保留若干牙齿，故推测墓主头向朝东略偏北。未见随葬品（图九〇）。

8、M52　位于 T1225 西部，同时又被 M10、M37 打破。长方形土坑竖穴，清理长度 0.6、宽 0.52、深 0.6 米，方向 86°。填灰褐色土，夹杂大量细碎红烧土颗粒，并有动物骨渣，底部为灰黄色夹少量红烧土颗粒的沙性土，土质较松软。骨架已朽，葬式不明。随葬陶釜 1 件，破碎后覆于坑内东部。另有陶杯、豆各 1 件（图九一；彩版一七:3）。

陶釜（M52:1），由上下两部分拼接而成。上半部夹砂灰褐陶，下半部夹砂红陶，轮制，有腰檐。上部直筒形，圆方唇，直口，对称有 4 个方形錾耳，其中一件錾耳上部左侧有一个

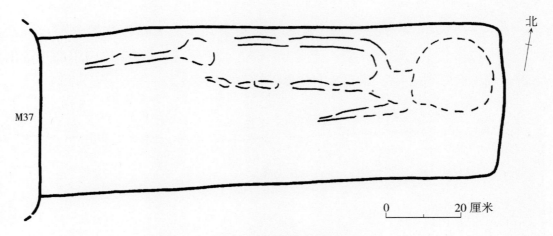

图九〇　M38 平面图

未钻透的小孔。下半部器身略鼓，平底。上下部
结合处堆贴腰檐一周，腰檐上有按窝，腰檐外部
有 4 个竖状泥条，用以加固。高 49.7、口径
21.5、底径 17.1 厘米（图九二：1）。

　　陶杯（M52：2），泥质黄褐陶，轮制。圆唇，
口微敛，肩部凸起，口部与肩部之间有一凹槽。
肩部上有一周刻划纹。腹部稍斜，内收成平地。
高 4、口径 3.5、底径 4.4 厘米（图九二：3；彩版
一八：3）。

　　陶豆（M52：3），泥质红陶夹砂，轮制。圆
唇，敞口，浅腹，圈足残。口下部有一周折棱。
残高 5.3、口径 18.7 厘米（图九二：2）。

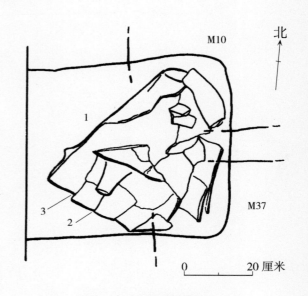

图九一　M52 平面图
1. 陶釜　2. 陶杯　3. 陶豆

　　9、M56　位于 T1225 西北部，部分被压于西
壁下，开口于第 7a 层下。长方形土坑竖穴，清理长度 1.3、宽 0.54、深 0.6 米，方向 85°。
填灰褐色土，夹杂少量细碎的红烧土颗粒，并有动物骨渣，上部为黑黄相间的带状叠压土，
底部为灰黄色沙性硬土，土质较松软。骨架已朽，葬式不明。随葬陶釜 1 件，破碎后覆于坑
内的中、东部（图九三）。

　　陶釜（M56：1），夹砂灰褐陶，轮制，由上下两部分拼接而成。上半部尖圆唇，直筒形，
对称有 4 个鋬耳。下半部呈直筒形，平底。在上下部结合处，堆贴一周腰檐。腰檐外有竖状
泥条，用来加固。高 44.8、口径 19.2、底径 15.2 厘米（图九四）。

　　10、M64　位于 T1225 中部，开口于第 7a 层，北部被 M24 打破，同时它又打破 M66。

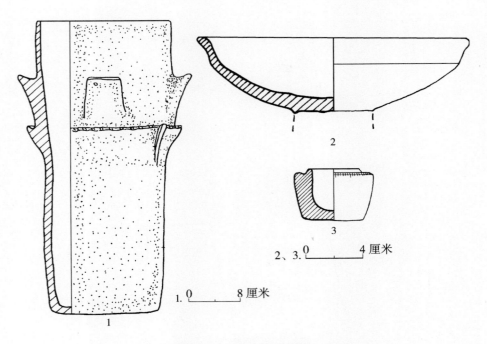

**图九二　M52 出土器物**

1. 陶釜（M52:1）　2. 陶豆（M52:3）　3. 陶杯（M52:2）

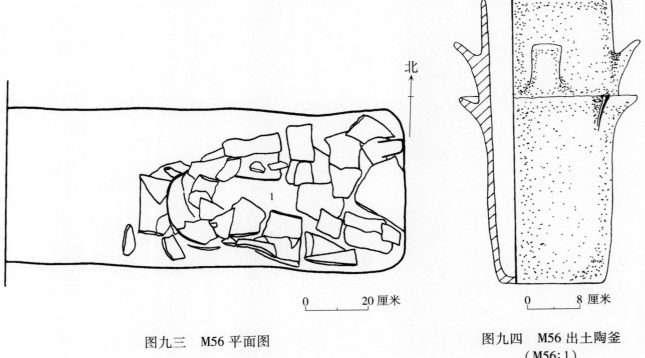

北

**图九三　M56 平面图**

**图九四　M56 出土陶釜**
**（M56:1）**

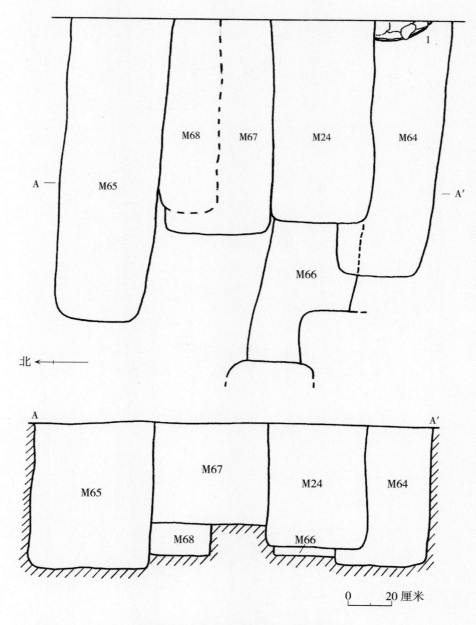

图九五　M64～M68 平、剖面图

长方形土坑竖穴，长 1.3、宽 0.54、深 0.6 米，方向 85°。填灰褐色土，夹杂少量红烧土颗粒与黄土斑点的松土，底部为较纯净的灰色土，土质较松软。骨架已朽，葬式不明。随葬陶釜 1 件，破碎后覆于坑内东部（图九五）。

陶釜（M64∶1），夹砂灰褐陶，未取。

11、M65　位于 T1225 中部，打破 M67、M68。长方形土坑竖穴，长 1.5、宽 0.46、深 0.72 米，方向 85°。填灰褐色土，夹杂少量红烧土颗粒与黄土斑点的松土，底部为较纯净的灰色土，土质较松软。骨架已朽，葬式不明。未见随葬品（图九五；彩版一九：1）。

12、M66　位于T1225中部，开口于第7a层下，西部被M16、M31打破，东部又被M24、M64打破。长方形土坑竖穴，长1.5、宽0.46、深0.72米，方向85°。填灰褐色土，夹杂少量红烧土颗粒与黄土斑点的松土，底部为较纯净的灰色土，土质较松软。骨架已朽，葬式不明。未见随葬品（图九五）。

13、M67　位于T1225中部，开口于第7a层下，被M24、M65打破，它又打破M68。长方形土坑竖穴，长1.05、宽0.52、深0.49米，方向79°。填灰褐色土，夹杂少量细碎红烧土颗粒和大量黄土斑点，底部为较纯净的灰色土，土质较松软。骨架已朽，葬式不明。未见随葬品（图九五）。

14、M68　位于T1225中部，开口于第7a层下，被M65、M67打破。长方形土坑竖穴，长0.95、宽0.25、深0.15米，方向79°。填灰褐色土，夹杂少量细碎红烧土颗粒和大量黄土斑点，底部为较纯净的灰色土，土质较松软。骨架已朽，葬式不明。未见随葬品（图九五）。

15、M95　位于T1325中部偏南，开口于第7a层下，打破第7b层。长方形土坑竖穴，长0.9、宽0.36、深0.4米，方向80°。填红褐土，夹杂少量烧土颗粒与黄斑灰土，土质较松软。骨架已朽，葬式不明。未见随葬品（彩版一九：3）。

16、M99　位于T1225东部，开口于第7a层下，打破第7b层，被M78打破。长方形土坑竖穴，长1.8、宽0.5、深0.45米，方向82°。填红褐色土，夹杂红烧土颗粒和黄斑点土，底部为较纯净的夹细烧土颗粒土，土质较松软。骨架已朽，葬式不明。随葬品2件，其中陶豆置于东部，另有石锛1件（图九六；彩版一九：2）。

陶豆（M99:1），夹蚌泥质红陶，轮制。圆唇，敞口，腹较浅，斜弧腹，豆把缺失。器内外满施红色陶衣。残高5、口径17.2厘米（图九七：1；彩版二一：1）。

石锛（M99:2），磨制。形制小巧，平面呈梯形。两面刃，甚锋利。长2.8、中宽3.2、中厚0.8厘米（图九七：2）。

17、M100　位于T1325西北，开口于第7a层下，打破第7b层，被M82、M103打破。长方形土坑竖穴，长1.65、宽0.5、深0.75米，方向82°。填红褐土，夹杂大量烧土颗粒、黄斑灰土，土质较松软。骨架保存较好，头置于陶钵内，仰身直肢，头向朝东。随葬品2件，除陶钵外，釜破碎后覆盖于上半身（图九八；彩版二〇：1）。

陶三足钵（M100:1），泥质红陶，轮制。尖圆唇，敛口，圜底，扁矮三足。靠近口部的器表内外，饰一周较宽的红色陶衣。钵内盛有头骨。高8、口径25.5厘米（图九九：2）。

陶釜（M100:2），由上、下两部分拼接而成。上半部夹砂灰褐陶，下半部夹砂红陶，轮制，有腰檐。上部直筒形，圆尖唇，直口，对称有4个方形錾耳，其中一件錾耳上部左侧有

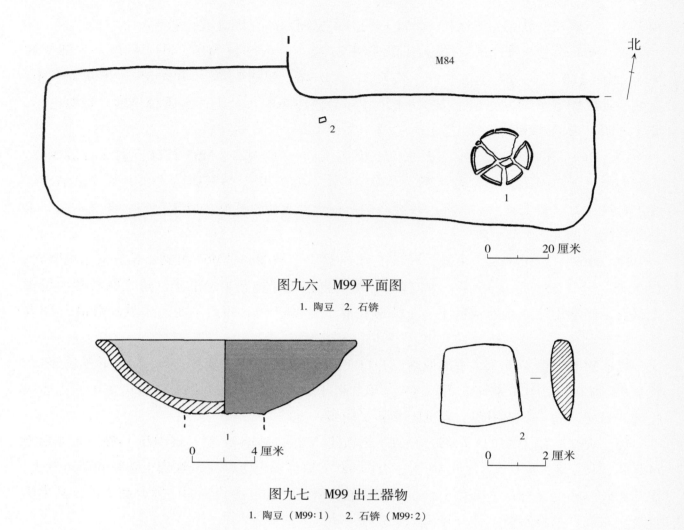

图九六　M99 平面图

1. 陶豆　2. 石锛

图九七　M99 出土器物

1. 陶豆（M99：1）　2. 石锛（M99：2）

一个钻透的小孔。下半部器身略鼓，平底。上下部结合处堆贴腰檐一周，腰檐上有按窝，腰檐外部有 4 个竖状泥条，用以加固。高 45.9、口径 21、底径 15.8 厘米（图九九：1）。

18、M101　位于 T1225 东部，开口于第 7a 层下，打破第 7b 层。长方形土坑竖穴，长 1.8、宽 0.5、深 0.55 米，方向 87°。填土红褐色，夹杂红烧土颗粒和黄斑点的黏土，底部为较纯净的黑灰土，土质较松软。骨架已朽，葬式不明。随葬品 2 件，陶豆 1 件，置于坑内东部；陶釜破碎后，覆于坑内东部（图一〇〇、彩版二〇：2）。

陶豆（M101：1），泥质红陶，轮制。圆唇，敞口，斜弧腹，腹部较浅，豆把缺失。残高 8、口径 25.4 厘米（图一〇一：2；彩版二一：2）。

陶釜（M101：2），夹砂红陶，轮制，有腰檐。上部直筒形，圆方唇，直口，对称有 4 个方形錾耳，每个錾耳上有堆贴按窝装饰。下半部器身略鼓，平底。上下部结合处堆贴腰檐一周，腰檐上有按窝，腰檐外部有 4 个竖状泥条，用以加固。高 44.7、口径 19.5，底径 16 厘米（图九九：1）。

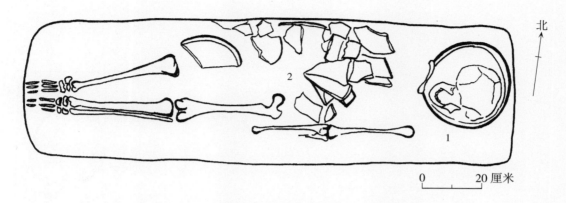

图九八　M100 平面图

1. 陶钵　2. 陶釜

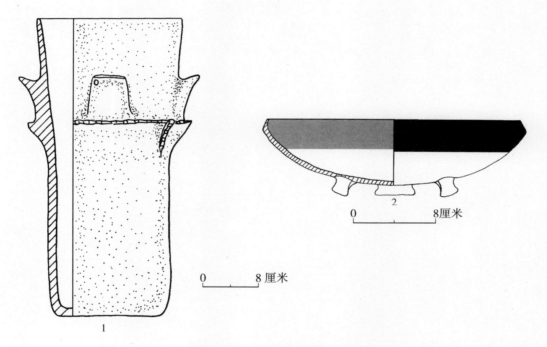

图九九　M100 出土器物

1. 陶釜（M100:2）　2. 陶三足钵（M100:1）

19、M102　位于 T1225 东部，开口于第 7a 层下，打破第 7b 层。长方形土坑竖穴，长 1.7、宽 0.35、深 0.7 米，方向 83°。填土红褐色，夹杂红烧土颗粒和黄斑点的黏土，底部为较纯净的黑灰土，土质较松软。骨架已朽，葬式不明。随葬陶釜 1 件，破碎后覆于坑内东部（图一〇二；彩版二二:1）。

陶釜（M102:1），上半部夹砂灰褐陶，残甚，不可修复。

20、M103　位于 T1225 北部，开口于第 7a 层下，打破第 7b 层，同时被 M100、M104

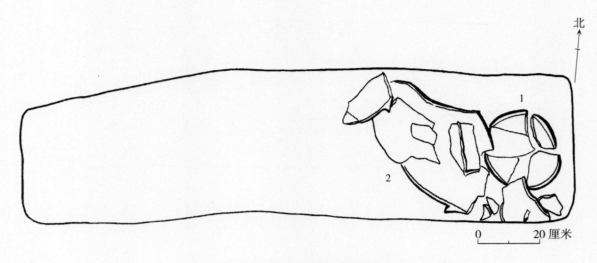

图一〇〇　M101 平面图

1. 陶豆　2 陶釜

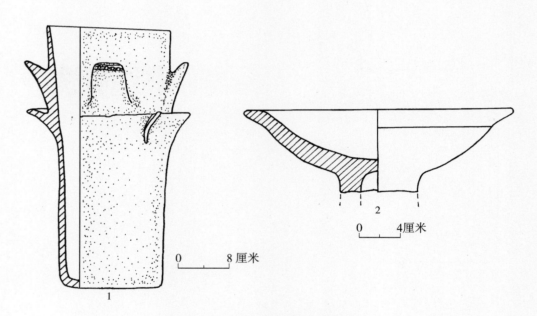

图一〇一　M101 出土器物

1. 陶釜（M101:2）　2. 陶豆（M101:1）

所打破。长方形土坑竖穴，长 1.49、宽 0.43、深 0.7 米，方向 90°。填土红褐色，夹杂少量红烧土颗粒和黄斑点、黑斑点的黏土，底部为较纯净的黑灰土，土质较松软。骨架已朽，下肢骨痕迹明显，根据肢骨方向推测，其头向朝东。随葬陶釜 1 件，破碎后覆于头部（图一〇三）。

陶釜（M103:1），由上、下两部分拼接而成。上半部夹砂灰褐陶，下半部夹砂红陶，轮

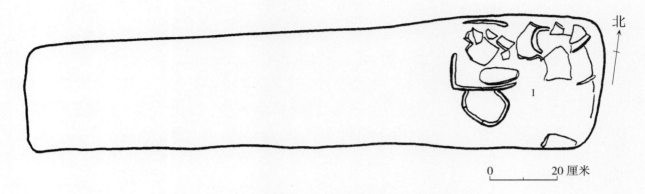

0        20 厘米

图一〇二  M102 平面图

1. 陶釜

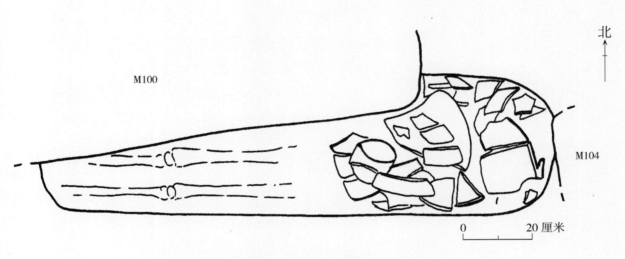

0        20 厘米

图一〇三  M103 平面图

制，有腰檐。上部直筒形，圆方唇，直口，对称有 4 个方形鋬耳。下半部器身内收，平底。上下部结合处堆贴腰檐一周，腰檐上有按窝，腰檐外部有 4 个竖状泥条，用以加固。高46.5、口径21.5、底径16.1 厘米（图一〇四）。

21、M104  位于 T1325 北部，打破 M103、M127。长方形土坑竖穴，清理长度 0.25、宽0.42，深0.55 米，方向75°。填土红褐色，夹杂少量红烧土颗粒和黄斑点、黑斑点的黏土，底部为较纯净的黑灰土，土质较松软。未发现骨架及随葬品。

22、M105  位于 T1325 北部，开口于第 7a 层下，打破第 7b 层，被 M83 打破。长方形土坑竖穴，清理长度 1.1、宽0.46、深0.72 米，方向82°。填土红褐色，夹杂红烧土颗粒的块状土，底部为较纯净的黑灰土，土质较松软。骨架已朽，葬式不明。随葬陶釜 1 件，破碎后覆于东部（图一〇五；彩版二二:3）。

陶釜（M105:1），上半部夹砂灰褐陶，残甚，不可修复。

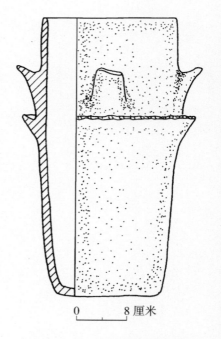

图一〇四　M103 出土陶釜
（M103:1）

23、M108　位于 T1225 东北，开口于第 7a 层下，打破第 7b 层，打破 M113。长方形土坑竖穴，长 1.95、宽 0.5、深 0.65 米，方向 80°。填土红褐色，夹杂红烧土颗粒和黄斑点土，底部为较纯净的黑灰土，土质较松软。人骨除东部头骨保存较好外，其余部分朽甚。随葬品 2 件，陶釜 1 件破碎后，覆于头部及上身。另有陶盆 1 件，置于头骨下（图一〇六；彩版二二:2）。

陶盆（M108:1），夹砂灰陶，轮制。圆唇，敞口，斜腹内收，平底。腹部对称有 2 个鋬耳，稍上翘。高 9.4、口径 18、底径 8.8 厘米（图一〇七:2；彩版二三:1）。

陶釜（M108:2），由上、下两部分拼接而成。上半部夹砂灰褐陶，下半部夹砂红陶，轮制，有腰檐。上部方唇，直口，对称有 4 个方形鋬耳，其中一鋬上有穿孔；下半部器身略鼓，平底。上、下部结合处堆贴腰檐一周，腰檐上有按窝，腰檐外部有 4 个竖状泥条，用以加固。高 49.4、口径 20.3、底径 16.1 厘米（图一〇七:1；彩版二三:2）。

24、M115　位于 T1225 中部，开口于第 7a 层下，打破第 7b 层，打破 M116、M128。长方形土坑竖穴，长 1.8、宽 0.5、深 0.55 米，方向 77°。填土红褐色，夹杂红烧土颗粒和黄斑点，底部为较纯净的黑灰土，土质较松软。人骨保存较差，仅存头骨，头向朝东。随葬陶

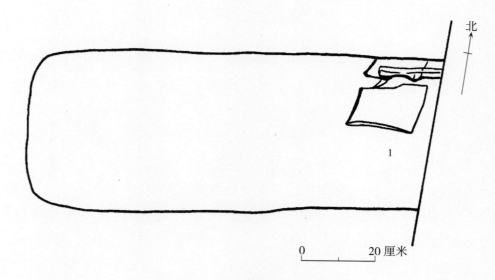

图一〇五　M105 平面图

1. 陶釜

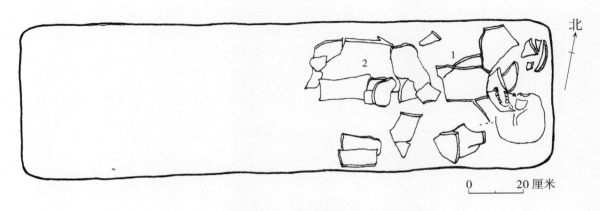

图一〇六　M108 平面图

1. 陶盆　2. 陶釜

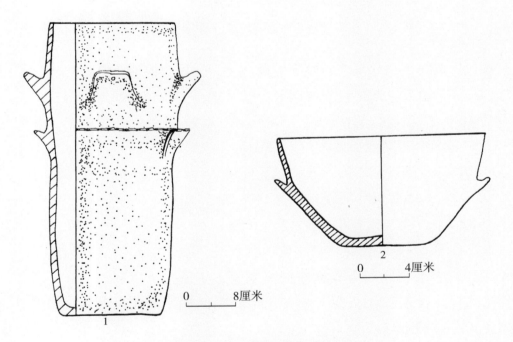

图一〇七　M108 出土器物

1. 陶釜（M108：2）　2. 陶盆（M108：1）

釜1件，破碎后覆于头部偏南（图一〇八）。

陶釜（M115：1），夹砂红陶。轮制，有腰檐。由上、下两部分拼接而成。上部尖圆唇，直筒形，对称有4个方形鋬耳。下半部器身略斜内收，平底。在上、下部结合处堆贴腰檐一周，腰檐上翘，檐上有按窝。腰檐外部还有4个竖状泥条，用以加固。高44.4～45、口径19.5～19.8、底径15～15.4厘米（图一〇九）。

25、M116　位于T1225中部，开口于第7a层下，打破第7b层，被M115打破，同时打破M125、M128。长方形土坑竖穴，长2.05、宽0.48、深0.3米，方向77°。填土红褐色，

图一〇八　M115 平面图

夹杂红烧土颗粒和黄斑点，底部为较纯净的黑灰土，土质较松软。骨架已朽，葬式不明。随葬陶釜1件，破碎后覆于东部，釜下置陶盆1件（图一一〇；彩版二四:1）。

陶盆（M116:1），泥质红陶，轮制。圆唇，敞口，斜腹内收，腹较深，小平底。器表饰红衣。高10、口径20.4、底径6.5厘米（图一一一）。

陶釜（M116:2），夹砂灰褐陶，残甚，不可修复。

26、M119　位于 T1225 中部偏东，开口于第7a层下，打破第7b层，同时打破 M128。长方形土坑竖穴，长1.85、宽0.38、深0.55米，方向84°。填土红褐色，夹杂红烧土颗粒和黄斑点，底部为较纯净的黑灰土，土质较松软。骨架已朽，仅东部保留头骨痕迹，可知头向朝东。随葬陶釜1件，破碎后覆于东部（图一一二；彩版二四:2）。

陶釜（M119:1），夹砂灰褐陶，残甚，不可修复。

27、M121　位于 T1225 北部。长方形土坑竖穴，长1.3、宽0.3、深0.5米，方向79°。填红褐色土，夹杂红烧土颗粒和黄斑点，底部为较纯净的黑灰色软土，土质较松软。未见骨架及随葬品。

## 五、第6层下墓葬

1、M2　位于 T1224 东北部，紧靠东隔梁，开口于

图一〇九　M115 出土陶釜
（M115:1）

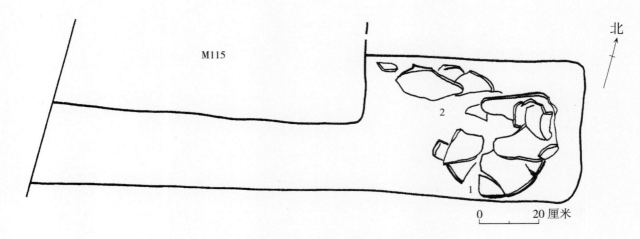

图一一〇　M116 平面图

1. 陶盆　2. 陶釜

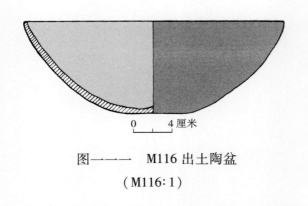

图一一一　M116 出土陶盆

（M116∶1）

第 6 层下、打破第 7a 层。长方形土坑竖穴，长 1.6、宽 0.24、深 0.46 米，方向 82°。墓坑内填浅灰褐色土，土质较松软，含水量高，黏性大，夹杂烧土粒及碎石、陶片等。骨架已朽，葬式不明，仅于东部存有少量牙齿，推测头向东北。随葬品 2 件，其中陶釜破碎后，覆盖于上身及头部，陶盆置于头下（图一一三；彩版二五∶1）。

陶盆（M2∶1），泥质灰黑陶，轮制。圆唇，敞口，斜腹内收。足已缺失，缺失部位经过打磨。残高 6.9、口径 20 厘米（图一一四；彩版二七∶3）。

陶釜（M2∶2），夹砂灰陶腰沿釜，破碎较甚，不可修复。

2、M6　位于 T1224 东部偏南，开口于第 6 层下，打破第 7a 层。长方形略显"亚"字

图一一二　M119 平面图

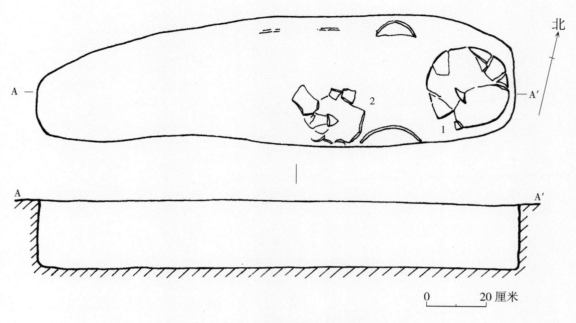

图一一三　M2 平、剖面图

1. 陶盆　2. 陶釜

形，土坑竖穴，长 1.75、宽 0.55、深 0.24 米，方向 79°。墓坑内填灰褐色黏土，土质松软。骨架朽甚，葬式不明。随葬品仅有陶罐 1 件（图一一五；彩版二五：2）。

陶钵（M6：1），泥质灰陶，破碎不可修复。

3、M7　位于 T1224 东部偏南，部分被压在东隔梁下，开口于第 6 层下，打破第 7a 层。长方形土坑竖穴，已清理长 0.86、宽 0.42、深 0.2 米，方向 76°。墓坑内填灰褐黏土，含水量较高，土质松软。骨架已朽，发现有骨渣痕迹，葬式不明。所发掘部分内未见随葬品。

4、M8　位于 T1225 西部，开口于第 6 层下，打破第 7a 层。长方形土坑竖穴，长 1.75、宽 0.45、深 0.46 米，方向 67°。墓坑内填土灰色中略显褐色，沙性较重，多水痕，松软。骨架已朽，仅在墓内偏东部发现有牙齿痕迹，西南部发现有一节肢骨，故推测其头向东北。墓内未见随葬品（图一一六）。

5、M9　位于 T1225 西北部，开口于第 6 层下，打破第 7a 层。长方形土坑竖穴，长 1.94、宽 0.43、深 0.55 米，方向 82°。墓坑内填土灰色中夹杂褐色，夹杂细碎红烧土，土质较疏松。骨架已朽，葬式不明，仅于东部存有少量牙齿，推测头向东北。随葬品 2 件，其中陶釜破碎后覆盖于脚部，陶豆置于头下（图一一七；彩版二六：1）。

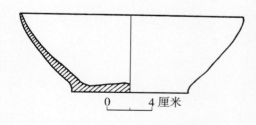

图一一四　M2 出土陶盆

（M2：1）

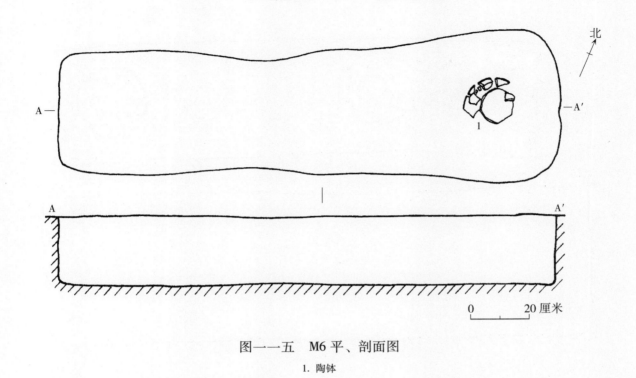

图一一五　M6平、剖面图
1. 陶钵

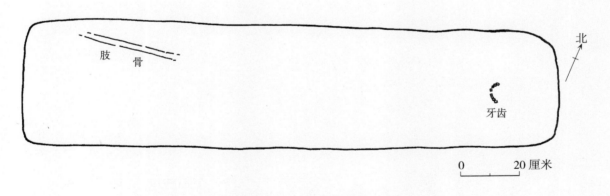

图一一六　M8平面图

陶釜（M9：1），夹砂、蚌末黄褐陶，轮制，由上下两部分拼接而成。上半部直筒形，对称有4个錾耳。錾下面有一周腰檐，呈锯齿状。檐外有4个竖状泥条，用来加固。高53、口径20、底径14厘米（图一一八：1）。

陶豆（M9：2），泥质灰陶，轮制。圆方唇，敛口，斜腹内收。豆把缺失，缺失部位经过打磨。外部施有红色陶衣。残高5.2、口径21厘米（图一一八：2；彩版二七：1、2）。

6、M10　位于T1225西部，部分被压在T1224东隔梁下，开口于第6层下，打破第7a层，同时打破M23、M52。长方形土坑竖穴，已清理长1.76、宽0.43、深0.55米，方向88°。墓坑内填土灰色中带红，夹杂较少红烧土粒，较松软。骨架已朽，葬式不明。随葬品2件，

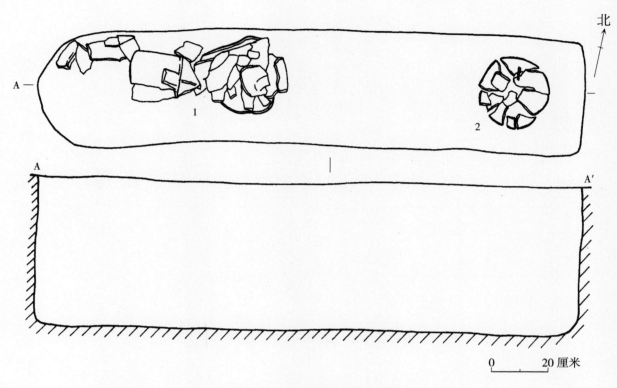

北

A —

1

2

A A'

0 ———— 20 厘米

图一一七　M9 平、剖面图

1. 陶釜　2. 陶豆

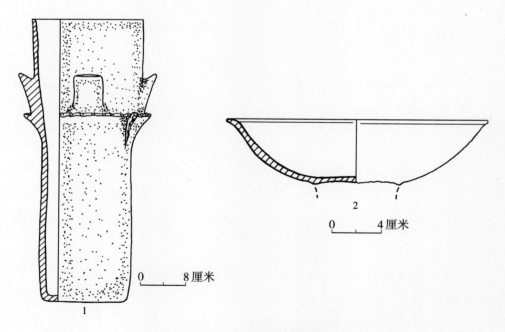

1

0 ——— 8 厘米

2

0 ——— 4 厘米

图一一八　M9 出土器物

1. 陶釜（M9:1）　2. 陶豆（M9:2）

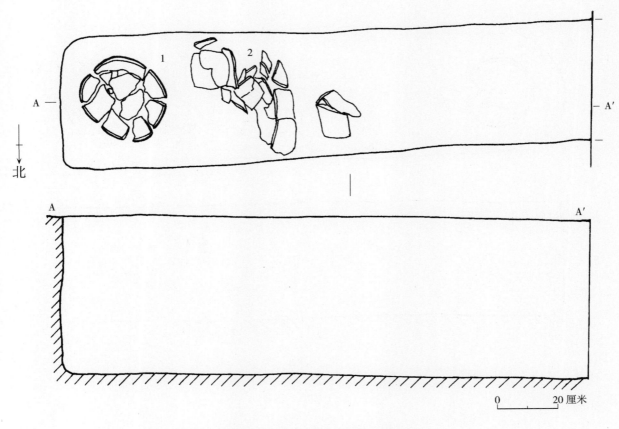

图一一九　M10 平、剖面图

1. 陶釜　2. 陶豆

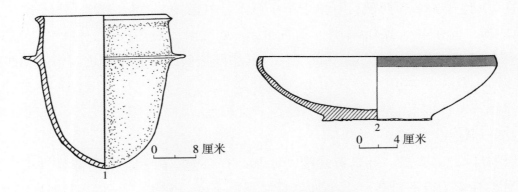

图一二〇　M10 出土器物

1. 陶釜（M10:2）　2. 陶钵（M10:1）

　　其中陶釜破碎后置于墓坑内中部、东部，坑东部有陶钵1件（图一一九；彩版二六:2）。

　　陶钵（M10:1），泥质红陶，轮制。方唇，敛口，斜腹。实圈足较矮。圈足一周饰锯齿状，圈足的底部有3道凹线纹。靠近口沿内外，装饰一周带状红衣。高7.4、口径26、底径12厘米（图一二〇:2）。

图一二一　　M11 平、剖面图

1. 陶三足钵　2. 陶釜

陶釜（M10:2），夹砂灰褐陶，轮制。平折沿，唇外翻，深腹，圜底。腹部堆贴一周宽檐，檐较平。高31.2、口径23.5厘米（图一二〇:1；彩版二七:4）。

7、M11　位于T1225西部，开口于第6层下，打破第7a层、M22。不规则长方形土坑竖穴，长1.76、宽0.48、深0.44米，方向82°。墓坑内填灰褐色土，较松软，夹杂细小红烧土粒。骨架已朽，葬式不明。随葬品2件，其中陶釜破碎后置于墓坑内中部和西部，坑东部有陶钵1件（图一二一）。

陶三足钵（M11:1），泥质灰褐陶，轮制。尖圆唇，敛口，圜底。三足已残。残高6.8、口径24厘米（图一二二:2）。

陶釜（M11:2），夹砂、蚌末黄褐陶，轮制，有腰檐。由上、下两部分拼接而成，上部直筒形，对称有4个方形錾耳；下半部器呈筒形，平底。在上、下部结合处堆贴腰檐一周，檐上翘，腰檐上有按窝，腰檐外部有4个竖状泥条，用以加固。高46.1、口径17.6、底径16厘米（图一二二:1）。

8、M12　位于T1224东北部，开口于第6层下，打破第7a层。长方形土坑竖穴，略显不规则，长2.1、宽0.52、深0.47米，方向84°。墓坑内填黄褐土，含烧土块，土质松软。骨架已朽，在钵中发现牙齿痕迹，推测头向东北。随葬品2件，其中陶釜破碎后置于头部，头下置陶钵1件（图一二三；彩版二八:3）。

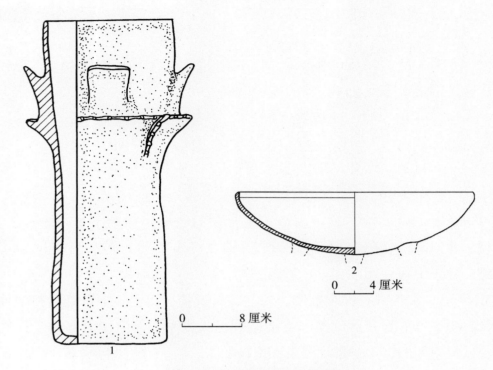

图一二二　M11 出土器物

1. 陶釜（M11:2）　　2. 陶三足钵（M11:1）

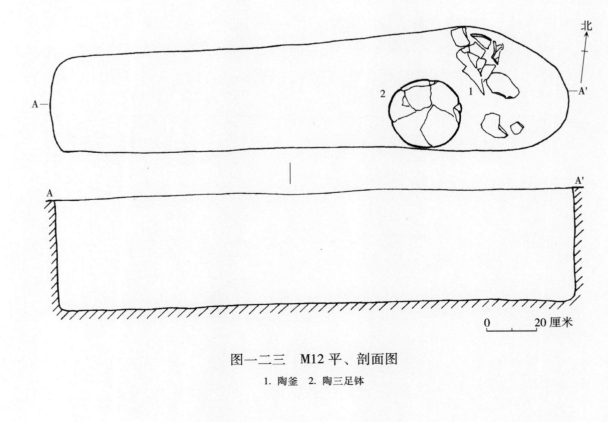

图一二三　M12 平、剖面图

1. 陶釜　　2. 陶三足钵

陶釜（M12:1），夹砂灰陶腰沿釜，碎甚，不可修复。

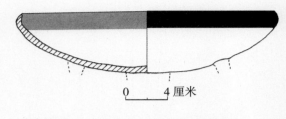

图一二四　M12 出土陶三足钵
（M12:2）

陶三足钵（M12:2），泥质红陶，轮制。尖唇，敛口，浅腹，圜底，三足已残。口沿内外饰宽带状红衣一周。残高 6、口径 24 厘米（图一二四；彩版三〇:1）。

9、M16　位于 T1225 西南，开口于第 6 层下，被 M3 打破，同时它又打破 M31、M35、M66。长方形土坑竖穴，略显不规则。长 1.85、宽 0.67、深 0.86 米，方向 74°。墓坑内填黄斑土和黑色土块相杂，并有细碎红烧土颗粒，沙性且较松软。骨架已朽仅存痕迹，东部发现牙齿，可知墓主头向东北。随葬品 2 件，为陶釜、盆，破碎后置于头部（图一二五；彩版二八:1）。

陶釜（M16:1），夹细砂、蚌末红陶，轮制，有腰檐。由上、下两部分拼接而成，上部直筒形，对称有 4 个方形錾耳；下半部腹部略鼓，收成平底。上、下部结合处堆贴腰檐一周，檐略上翘，腰檐外部有 4 个竖状泥条，用以加固。高 51.6、口径 20.9、底径 16.7 厘米（图一二六:1）。

陶盆（M16:2），泥质灰陶，轮制。圆唇，敞口，斜腹，腹部较深，平底。高 7.8、口径 18.6、底径 8.5 厘米（图一二六:2；彩版三〇:2）。

10、M19　位于 T1225 中部，开口于第 6 层下，打破第 7a 层，西北部被 M22 打破。长方形土坑竖穴，长 1.1、宽 0.4、深 0.45 米，方向 82°。墓坑内填土为灰色偏褐，夹杂大量细小烧土颗粒，土质松软。骨架已朽，葬式不明。随葬品仅有陶钵 1 件（图一二七；彩版二

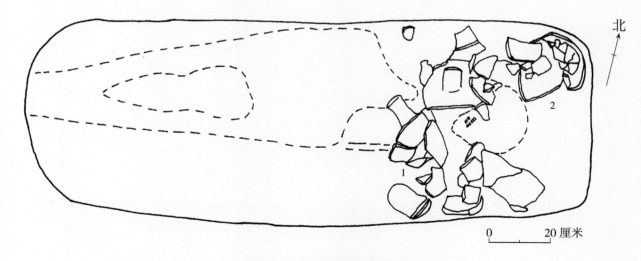

图一二五　M16 平面图

1. 陶釜　2. 陶盆

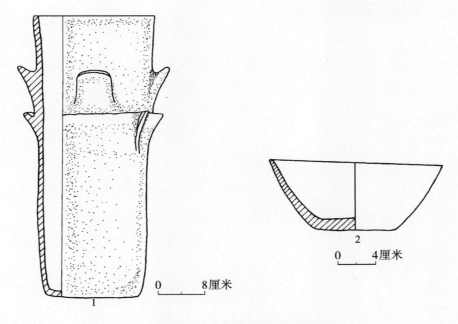

图一二六 M16 出土器物

1. 陶釜（M16:1） 2. 陶盆（M16:2）

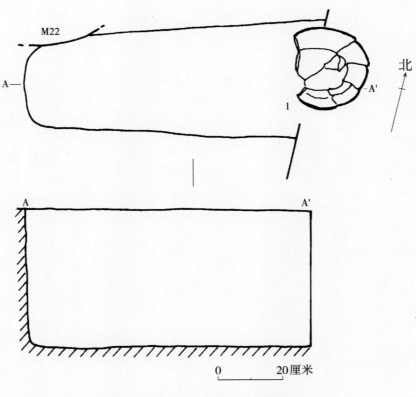

图一二七 M19 平、剖面图

1. 陶三足钵

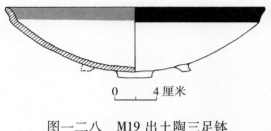

图一二八　M19 出土陶三足钵
（M19：1）

八：2）。

陶三足钵（M19：1），泥质红陶，轮制。圆唇，敞口，圜底，3 个矮扁足。口部以下有一周折棱，口沿外侧饰带状红衣。高 6.5、口径 25.5 厘米（图一二八）。

11、M22　位于 T1225 西部，开口于第 6 层下，其被 M11 打破，同时又打破 M19。长方形土坑竖穴，长 1.9、宽 0.41、深 0.37 米，方向 76°。墓坑内填灰褐夹细碎红烧土，沙质松软。骨架已朽，葬式不明。随葬品仅有陶豆 1 件，置于坑内东部（图一二九）。

陶豆（M22：1），泥质灰陶，轮制。圆唇，敛口，豆盘腹较浅。圈足外撇，足部残留有红色陶衣痕迹。高 9、口径 24.3、底径 11.5 厘米（图一三〇）。

12、M23　位于 T1225 西部，开口于第 6 层下，打破第 7a 层，它被 M10 打破，同时又打破 M36。长方形土坑竖穴，长 1.85、宽 0.5、深 0.56 米，方向 74°。墓坑内填土可分两层。上层黄土，土质较硬；下层略偏灰土，沙质松软。骨架已朽，坑内东部发现有牙齿若干，推测头向东北。随葬品 2 件，陶釜置于头部偏北，头下枕陶盆 1 件（图一三一；彩版二九：1）。

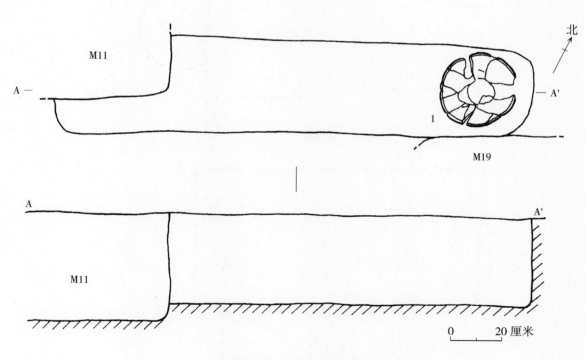

图一二九　M22 平面图

1. 陶豆

陶釜（M23：1），夹砂、蚌末灰褐陶，轮制，由上下两部分拼接而成。上半部直筒形，对称有4个鋬耳。下半部呈筒形，平底。在上下部结合处，贴附腰檐一周，檐部上翘，上有按窝。檐外有竖泥条，用来加固。高45、口径17、底径14厘米（图一三二：1）。

陶盆（M23：2），泥质黑灰陶，轮制。圆唇，敞口，斜弧腹，平底。高7.1、口径23.6、底径11厘米（图一三二：2）。

13、M28　位于T1225西部，开口于第6层下，被M11、M28打破，同时又打破M37、M38。长方形土坑竖穴，长1.4、宽0.48、深0.59米，方向80°。填土灰褐色，夹杂大量细黄斑点土和红烧土细颗粒，且有较多动物骨渣和细陶片，土质较松软。骨架已朽，葬式不明。随葬品只有一件陶釜，破碎后置于头部偏北（图一三三；彩版二九：2）。

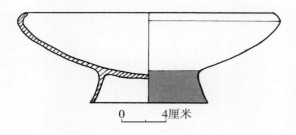

图一三〇　M22出土陶豆
（M22：1）

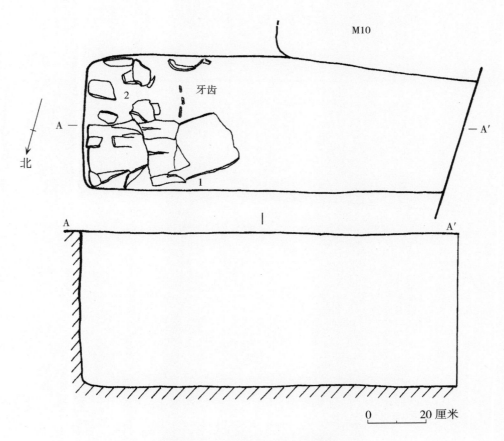

图一三一　M23平、剖面图

1. 陶釜　2. 陶盆

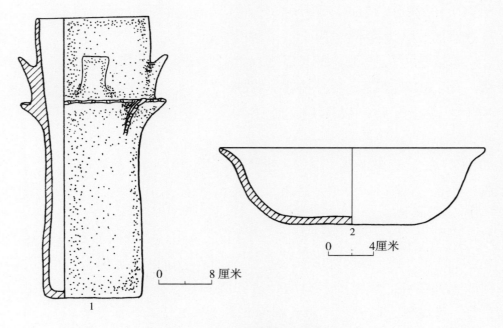

图一三二　M23 出土器物

1. 陶釜（M23：1）　2. 陶盆（M23：2）

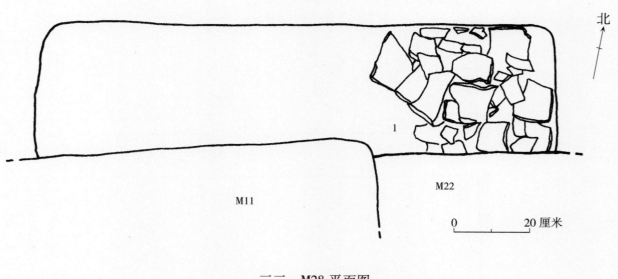

一三三　M28 平面图

1. 陶釜

　　陶釜（M28：1），夹砂、蚌末黄褐陶，由上、下两部分拼接而成。轮制，有腰檐，平底。上部直筒形，对称有 4 个方形錾耳；下半部器身略鼓，平底。上、下部结合处堆贴腰檐一周，腰檐上有按窝，腰檐外部有 4 个竖状泥条，用以加固。高 52.8、口径 19.7、底径 15.2 厘米（图一三四；彩版三〇：3）。

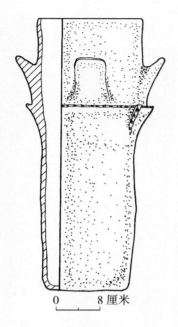

图一三四　M28 出土
陶釜（M28:1）

14、M29　位于 T1225 东部偏北，同时又被 M117 打破。长方形土坑竖穴，残长 0.85、宽 0.52、深 0.39 米，方向 76°。填土灰褐色，夹杂较多细黄斑点土和红烧土细颗粒，且有较多动物骨渣，土质较松软。骨架已朽，葬式不明。未发现随葬品。

15、M30　位于 T1225 中部偏西，开口于第 6 层下，东部少部分被 T1225 东隔梁所压，同时又被 M117、M22 打破。长方形土坑竖穴，长 1.9、宽 0.57、深 0.68 米，方向 82°。填灰黑色土，夹杂大量细黄斑点、烧土颗粒，并包含少量的动物骨渣，土质较松软。骨架已朽，葬式不明。随葬陶器 2 件，其中釜破碎后覆于坑内东部，六角形豆盘置于釜下（图一三五；彩版三一:1）。

陶釜（M30:1），由上、下两部分拼接而成，上半部夹砂灰褐陶，下半部夹砂红陶，轮制，有腰檐。上部直筒形，对称有 4 个方形鋬耳；下半部器身略鼓，平底。上、下部结合处堆贴腰檐一周，腰檐上有按窝，腰檐外部有 4 个竖状泥条，用以加固。高 52.2、口径 20.5、底径 15.4 厘米（图一三六:1）。

陶豆（M30:2），泥质灰陶，轮制。方圆唇，敞口，深腹。豆盘呈六角形，豆把缺失，豆盘底部与豆把相接的痕迹明显。残高 7.1、口径 22 厘米（图一三六:2；彩版三三:1）。

16、M45　位于 T1225 西北，部分为西壁所压。长方形土坑竖穴，清理长度 0.75、宽 0.51、深 0.49 米，方向 87°。填灰褐土，夹杂较多的细烧土颗粒与动物骨渣，土质较松软。骨架已朽，葬式不明。随葬陶器 2 件，釜破碎后覆于坑内东部，钵置于釜下（图一三六；彩版三一:2）。

陶釜（M45:1），夹砂、蚌末黄褐陶，轮制，由上下两部分拼接而成。上半部方唇，直口，对

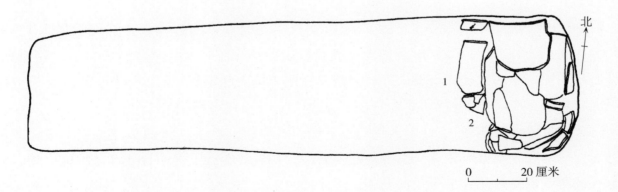

图一三五　M30 平面图

1. 陶釜　2. 陶豆

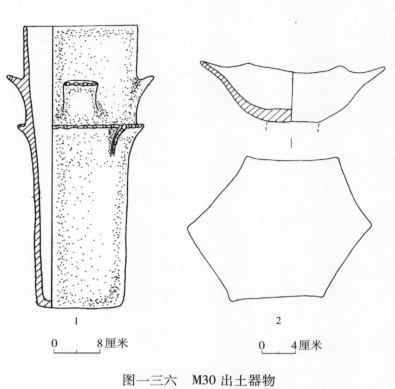

0 ____ 8厘米　　　　　0 ___ 4厘米

图一三六　M30 出土器物

1. 陶釜（M30:1）　2. 陶豆（M30:2）

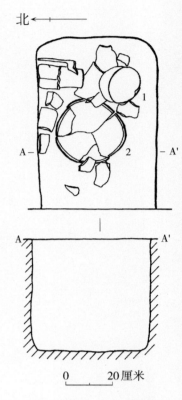

0 ____ 20厘米

图一三七　M45 平、剖面图

1. 陶釜　2. 陶三足钵

称有 4 个錾耳。下半部呈筒形，平底。在上下部相接处，贴附一周腰檐，檐上有按窝，檐下部有 4 个竖泥条，用来加固。高 37、口径 15.5、底径 12 厘米（图一三八:1）。

　　陶三足钵（M45:2），泥质红陶，轮制。尖圆唇，敛口，圜底。扁铲形三足。靠近口沿处，器表内外均饰一周红色陶衣。底中心有一小圆形凹槽。高 6.9、口径 24.4 厘米（图一三八:2；彩版三三:2）。

　　17、M46　位于 T1225 西北，部分为西壁所压。长方形土坑竖穴，清理长度 1.1、宽 0.52、深 0.47 米，方向 82°。填灰褐土，夹杂较多的细烧土颗粒与动物骨渣，土质较松软。骨架已朽，葬式不明。随葬陶器 2 件，釜破碎后覆于坑内的东、中部，钵置于东部釜下（图一三九、彩版三二:1）。

　　陶釜（M46:1），夹砂、蚌末黄褐陶，轮制，有腰檐。由上、下两部分拼接而成。上部直筒形，对称有 4 个方形錾耳；下半部器身略鼓，平底。上、下部结合处堆贴腰檐一周，腰檐上有按窝，腰檐外部有 4 个竖状泥条，用以加固。高 50.8、口径 17.7、底径 15 厘米（图一四○:1）。

　　陶三足钵（M46:2），泥质红陶，轮制。尖圆唇，敛口，圜底，矮三足。口沿内外均施

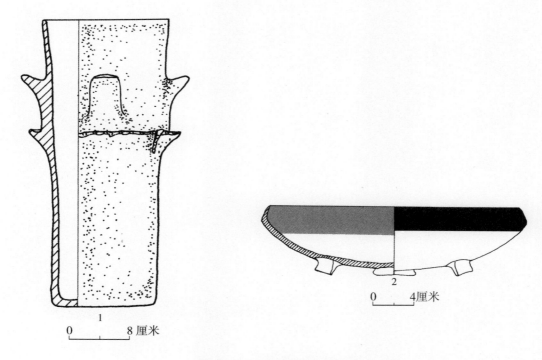

图一三八　M45 出土器物

1. 陶釜（M45:1）　 2. 陶三足钵（M45:2）

宽带红衣一周。高6.5、口径22.2厘米（图一四○:2；彩版三三:3）。

18、M85　位于 T1225 东北，开口于第 6 层下，打破第 7a 层。长方形土坑竖穴，长 1.9、宽 0.5、深 0.52 米，方向 86°。墓坑内填红褐色土，夹杂红烧土颗粒的块状土，底部为较纯净的黑灰色土，土质松软。骨架已朽，葬式不明。随葬陶器 2 件，1 件釜破碎后，覆于坑内东部，其下发现陶匜 1 件（图一四一；彩版三二:2）。

陶匜（M85:1），泥质红陶，轮制。方唇，侈口，斜腹内收，平底。一侧有较宽的流，另一侧唇上有连续 2 个三角形凸起。高 8、口径 23、底径 8 厘米（图一四二）。

陶釜（M85:2），夹细砂、蚌末灰褐陶，残甚，不可修复。

19、M86　位于 T1325 中部，开口于第 6 层下，打破第 7a 层，打破 M106。长方形土坑竖穴，长 1.65、宽 0.47、深 0.57 米，方向 85°。填土红褐色，夹杂红烧土颗粒的块状土，底部为较纯净的黑灰土，土质较松软。骨架已朽，东部钵内头骨明显，面朝东，下肢骨保存较好。随葬陶器 2 件，除钵外，还有釜 1 件，破碎后覆于头部（图一四三；彩版三四:1）。

陶釜（M86:1），夹砂、蚌末黄褐陶，轮制，由上下两部分拼接而成。上半部方唇，直口，对称有 4 个方形鋬。下半部筒形，平底。在上下部结合处，堆贴腰檐一周，檐上有按窝。檐下部有 4 个竖泥条，用来加固。高 37、口径 15.5、底径 12 厘米（图一四四:1）。

陶三足钵（M86:2），泥质红陶，轮制。尖圆唇，敛口，圜底。扁矮三足。在靠近口部

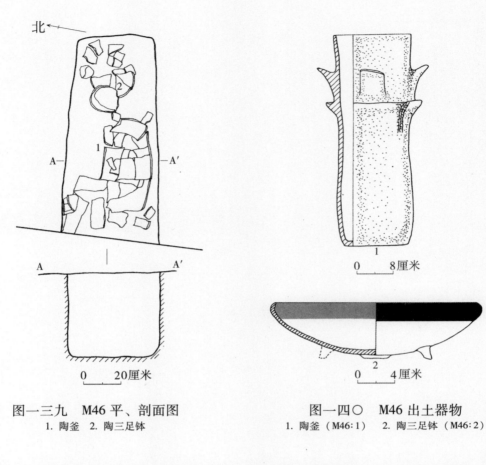

图一三九　M46 平、剖面图
1. 陶釜　2. 陶三足钵

图一四〇　M46 出土器物
1. 陶釜（M46：1）　2. 陶三足钵（M46：2）

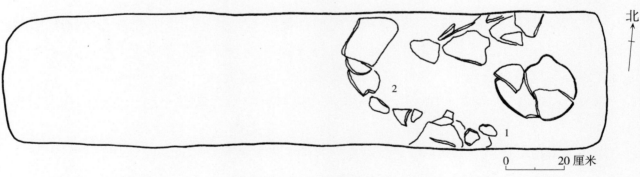

图一四一　M85 平面图
1. 陶匜　2. 陶釜

的器表内外饰一周较宽的红色陶衣。高 7.7、口径 24.5 厘米（图一四四：2）。

　　20、M87　位于 T1325 中部，部分压于西壁下，开口于第 6 层下，打破第 7a 层。长方形土坑竖穴，清理长度 0.77、宽 0.32、深 0.4 米，方向 84°。填土红褐色，夹杂红烧土颗粒的块状土，底部为较纯净的黑灰色土，土质较松软。骨架已朽，东部发现牙齿痕迹，故头向朝东。未见随葬品（彩版三四：2）。

21、M88 位于 T1325 中部，开口于第6层下，打破第7a层。长方形土坑竖穴，长1.9、宽0.63、深0.4米，方向74°。填土红褐色，夹杂灰黄色斑点土和红烧土颗粒的块状土，底部为较纯净的黑灰色土，土质较松软。骨架已朽，仅东部钵内头骨明显，头向朝东。随葬陶器2件，除钵外，釜1件破碎后覆于头骨北部（图一四五；彩版三五:1）。

陶釜（M88:1），夹砂、蚌末黄褐陶。轮制，有腰檐。由上、下两部分拼接而成。上部直筒形，对称有4个方形鋬耳；下半部直筒，平底。上、下部结合处堆贴锯齿状腰檐一周，腰檐上有按窝，腰檐外部有4个竖状泥条，用以加固。高55.8、口径19.87、底径15.5厘米（图一四六:1；彩版三七:3）。

陶盆（M88:2），夹砂灰陶，轮制。尖圆唇，敞

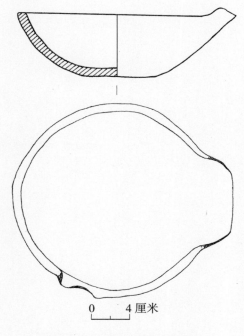

图一四二 M85 出土陶匜
（M85:1）

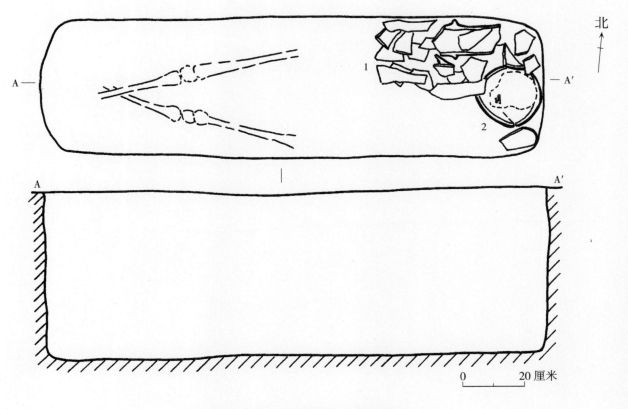

图一四三 M86 平、剖面图

1. 陶釜 2. 陶三足钵

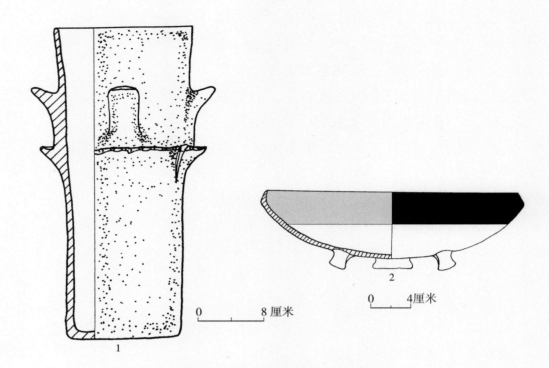

图一四四　M86 出土器物

1. 陶釜（M86:1）　　2. 陶三足钵（M86:2）

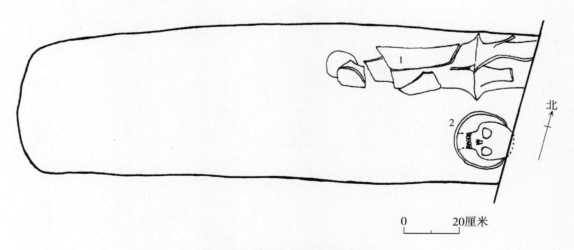

图一四五　M88 平面图

1. 陶釜　2. 陶盆

口，斜腹内收，平底。靠腹部对称有 2 个鋬耳。高 8、口径 20、底径 11 厘米（图一四六:2；彩版三七:1）。

22、M89　位于 T1325 西部，部分被压在西壁下。开口于第 6 层下，打破第 7a 层。长方形土坑竖穴，长 1.9、宽 0.6、深 0.6 米，方向 84°。填土红褐色，夹杂红烧土颗粒的块状

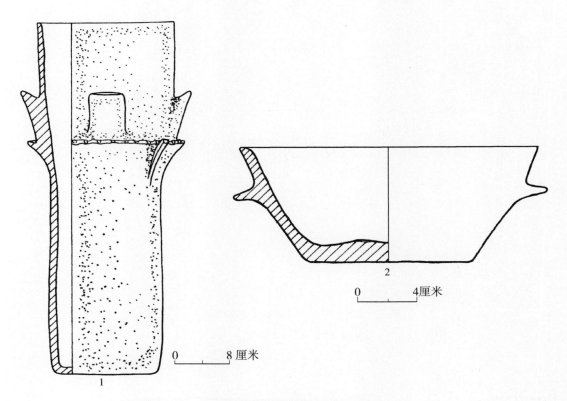

图一四六　M88 出土器物

1. 陶釜（M88:1）　2. 陶盆（M88:2）

图一四七　M89 平面图

1. 陶釜　2. 陶盆

土，底部为较纯净的黑灰土，土质较松软。骨架已朽，东部三足钵内牙痕明显。随葬陶器 2 件，除盆外，釜 1 件，破碎后覆于头部偏南（图一四七；彩版三六:1）。

陶釜（M89:1），夹砂、蚌末黄褐陶，轮制，由上下两部分拼接而成。上部呈直筒形，

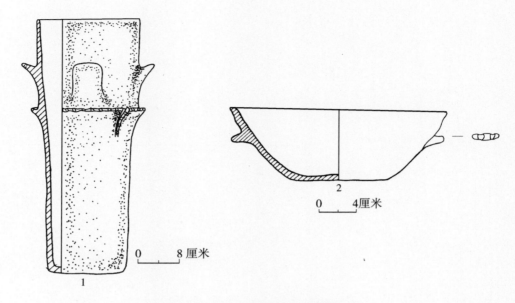

图一四八　M89 出土器物

1. 陶釜（M89：1）　　2. 陶盆（M89：2）

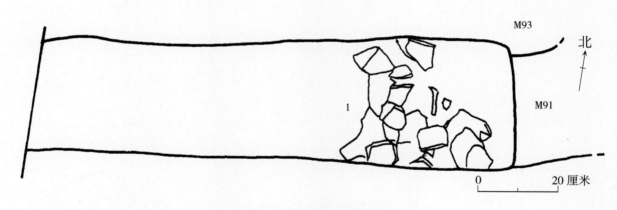

图一四九　M90 平面图

1. 陶釜

对称有 4 个鋬耳。下半部呈筒形，平底。在上下部交接处，堆贴腰檐一周，檐下有竖泥条，用来加固。高 53、口径 20、底径 15 厘米（图一四八：1）。

　　陶盆（M89：2），泥质红褐陶。圆唇，敞口，斜直腹，平底。靠近口沿部，对称装有 2 个鋬（图一四八：2）。

　　23、M90　位于 T1225 中部，开口于第 6 层下，打破第 7a 层，打破 M91、M93、M128。长方形土坑竖穴，长 1.2、宽 0.33、深 0.45 米，方向 79°。填红褐色土，夹杂红烧土颗粒的块状土，底部为较纯净的黑色土，土质较松软。骨架已朽，葬式不清。随葬品只有陶釜 1 件，破碎后覆于头部（图一四九；彩版三五：2）。

陶釜（M90:1），夹细砂、蚌末红陶，轮制，由上下两部分组成。上半部直筒形，对称有 4 个鋬耳。下半部为筒形，平底。在上下部结合处，堆贴腰檐一周，檐下贴 4 个竖泥条。用来加固。高 47、口径 19.5、底径 14 厘米（图一五〇）。

24、M91 位于 T1225 中部，开口于第 6 层下，打破第 7a 层，它被 M90、M93 所打破，又打破 M92。长方形土坑竖穴，残长 0.85、宽 0.6、深 0.6 米，方向 79°。填土红褐色，夹杂红烧土颗粒的块状土，底部为较纯净的黑灰土，土质较松软。骨架已朽，葬式不清。随葬陶器 2 件，盆、釜各 1 件，破碎后覆于东部（图一五一；彩版三六:1）。

陶盆（M91:1），泥质黑陶，轮制。圆唇，敞口，斜弧腹，平底。靠近口部有 2 个鸡冠状的抉。高 7.4、口径 23.6、底径 10 厘米（图一五二:2；彩版三七:2）。

陶釜（M91:2），由上、下两部分拼接而成。上半部夹砂灰褐陶，下半部夹砂红陶，轮制，有腰檐。上部直筒形，对称有 4 个方形鋬耳；下半部器身略鼓，平底。上、下部结合处堆贴腰檐一周，腰檐上有按窝，腰檐外部有 4 个竖状泥条，用以加固。高 53.7、口径 20.3、底径 16 厘米（图一五二:1）

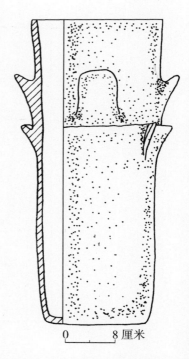

0      8 厘米

图一五〇 M90 出土陶釜
（M90:1）

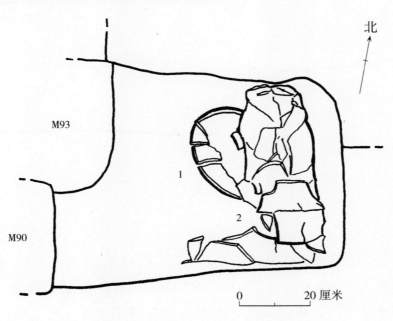

0      20 厘米

图一五一 M91 平面图
1. 陶盆 2. 陶釜

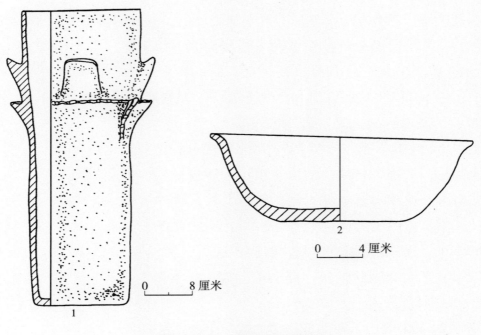

图一五二　M91 出土器物

1. 陶釜（M91:2）　2. 陶盆（M91:1）

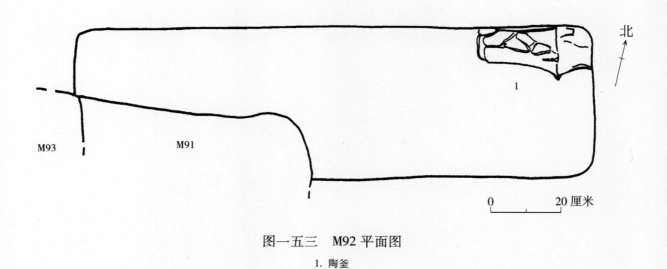

图一五三　M92 平面图

1. 陶釜

　　25、M92　位于 T1225 东部，开口于第 6 层下，打破第 7a 层，它被 M91、M93 所打破。长方形土坑竖穴，长 1.5、宽 0.45、深 0.55 米，方向 79°。填土灰褐色，夹杂大量烧土颗粒，土质较松软。骨架已朽，葬式不清。随葬品只有陶釜 1 件，置于坑内东北部（图一五三）。

　　陶釜（M92:1），夹砂黄褐陶，由上、下两部分拼接而成。轮制，有腰檐。上部直筒形，

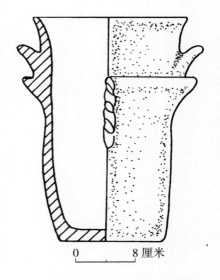

图一五四　M92 出土陶釜
（M92∶1）

对称有 4 个方形錾耳；下半部器身略鼓，平底。上、下部结合处堆贴腰檐一周，腰檐上有按窝，腰檐外部有 4 个竖状泥条，用以加固。高 31.8、口径 20.2、底径 14.9 厘米（图一五四）。

26、M93　位于 T1225 中部，它被 M90 所打破，同时又打破 M91、M92、M128。长方形土坑竖穴，残长 1.3、宽 0.4、深 0.55 米，方向 79°。填土灰褐色，夹杂大量烧土颗粒，土质较松软。骨架已朽，葬式不清。随葬品 2 件，其中陶豆 1 件，置于东部，釜 1 件，破碎后置于坑内中部（图一五五；彩版三八∶1）。

陶豆（M93∶1），泥质黑陶，轮制。圆方唇，敞口，上腹部直腹稍内斜，下腹部弧腹内收，上部饰 4 周凸弦纹。上腹部有两处断裂，两侧各有两组对钻孔，应当是修补所钻。圈足可分上下两层，上层喇叭形外撇，平均分布 3 组镂孔，每组镂孔由 3 个小孔组成；下层呈喇叭形圈足状，上饰 2 周凸弦纹。器表饰黑衣抹光。高 9.6、口径 14.6、底径 10 厘米（图一五六∶2；彩版三九∶2）。

陶釜（M93∶2），由上、下两部分拼接而成。上半部夹砂灰陶，下半部夹砂红陶，轮制，有腰檐。上部圆唇，侈口，对称有 4 个方形錾耳；下半部器身略斜内收，平底。上、下部结合处堆贴腰檐一周，腰檐上有按窝，腰檐外部有 4 个竖状泥条，用以加固。高 35.8、口径 24.6、底径 12.3 厘米（图一五六∶1；彩版三九∶1）。

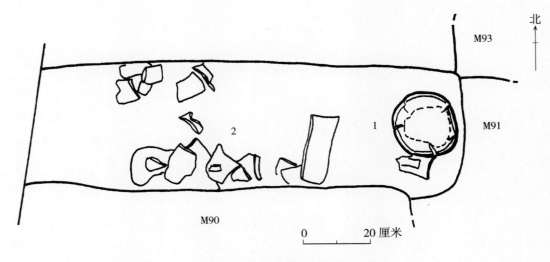

图一五五　M93 平面图
1. 陶豆　2. 陶釜

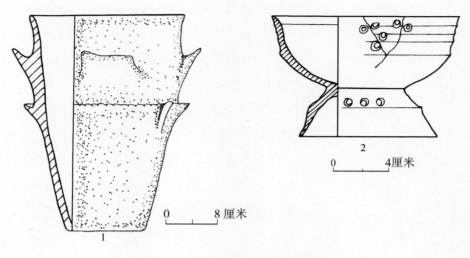

图一五六　M93 出土器物

1. 陶釜（M93:2）　 2. 陶豆（M93:1）

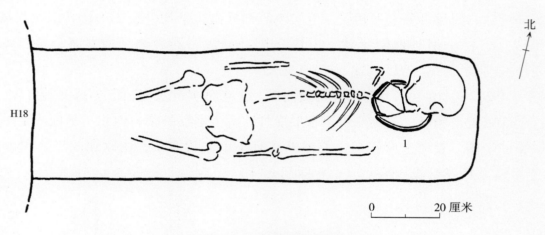

图一五七　M96 平面图

1. 陶豆

27、M94　位于 T1325 西南，部分为西壁所叠压，开口于第 6 层下，打破第 7a 层。长方形土坑竖穴，清理长度 0.8、宽 0.35、深 0.4 米，方向 72°。填土红褐色，夹杂零星红烧土颗粒的块状土，底部为较纯净的黑灰土，土质较松软。骨架已朽，葬式不清。未见随葬品（彩版三八:2）。

28、M96　位于 T1225 东部，大部分被压于东隔梁下，开口于第 6 层下，打破第 7a 层，西部被 H18 所打破。长方形土坑竖穴，残长 1.33、宽 0.4、深 0.25 米，方向 75°。填土灰黄色，土质较硬。东部陶钵内发现头骨，另外，上、下肢骨的骨痕较清楚，可以看出为仰身直肢。随葬品仅陶豆 1 件（图一五七；彩版四〇:1）。

陶豆（M96:1），泥质红陶，轮制。圆唇，敞口，腹较浅，弧腹内收，豆把缺失。残高6.2、口径20.7厘米（图一五八）。

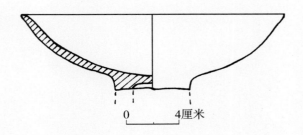

图一五八 M96出土陶豆
（M96:1）

29、M98 位于T1225东部，部分被压于东隔梁下，开口于第6层下，打破第7a层，被H17打破。长方形土坑竖穴，长2.15、宽0.55、深0.7米，方向86°。填土红褐色，夹杂大量烧土颗

图一五九 M98平面图
1. 陶豆

粒及黄斑点土，土质松软。骨架保存一般，头骨仅存痕迹，头向朝东。随葬品仅陶釜1件，破碎后覆于坑内中、西部（图一五九；彩版四○:2）。

陶釜（M98:1），由上、下两部分拼接而成。上半部为夹砂灰陶，下半部为夹砂红陶，轮制，有腰檐。上部方唇，直口，对称有4个方形鋬耳；下半部器身略斜，内收成平底。上、下部结合处堆贴腰檐一周，腰檐上有按窝，腰檐外部有4个竖状泥条，用以加固。高41.1、口径17.5、底径14.2厘米（图一六○）。

30、M111 位于T1225中部偏南，开口于第6层下，打破第7a层。长方形土坑竖穴，长1.75、宽0.3、深0.3米，方向86°。填土红褐色，夹杂红烧土颗粒的块状土，底部为较纯净的黑灰土，土质松软。骨架头仅残留痕迹，头向朝东。未见随葬品。

31、M118 位于T1225西部偏南，大部分被压于西壁下，开口于第6层下、打破第7a层。推测为长方形土坑竖穴，清理长度0.17、宽0.6、深0.7米，方向88°。填土灰褐色，夹杂红烧土颗粒的块状土，底部为较纯净的黑灰土，土质较松软。骨架已朽，葬式不明。随葬品只有陶釜1件（未取），破碎后覆于坑内东部。

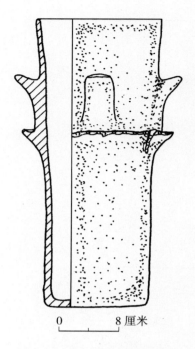

图一六〇　M98 出土陶釜
（M98∶1）

32、M124　位于 T1225 中部偏北，开口于第 6 层下，打破第 7a 层，同时打破 M123、M130、M131。长方形土坑竖穴，清理长度 1.78、宽 0.4、深 0.5 米，方向 88°。填土灰褐色，夹杂黑、黄斑点土，底部为较纯净的黑灰色软土，土质较松软。骨架已朽，葬式不明。未发现随葬品。

## 六、第 5 层下墓葬

1、M24　位于 T1225 中部，开口于第 5 层下，打破第 6 层，打破 M64、M66。不规则长条形土坑竖穴，长 1.22、宽 0.63、深 0.61 米，方向 68°。墓坑内填土偏灰色，夹杂较多的黄、黑色细土斑点和红烧土细粒，且有较多的陶片和动物骨渣，土质松软。骨架已朽，葬式不明。随葬陶釜 1 件，破碎后覆于坑内中部（图一六一；彩版四一∶1）。

陶釜（M24∶1），夹细砂、蚌末黄褐陶，残甚，不可修复。

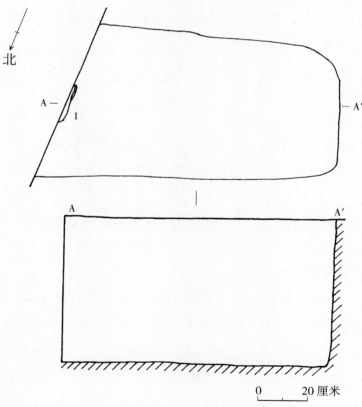

图一六一　M24 平、剖面图

1. 陶釜

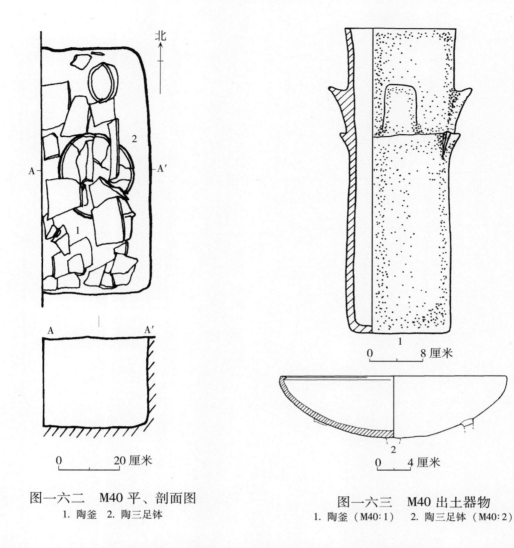

图一六二　M40 平、剖面图
1. 陶釜 2. 陶三足钵

图一六三　M40 出土器物
1. 陶釜（M40：1）　2. 陶三足钵（M40：2）

　　2、M40　位于 T1225 西部北隔梁下，大部分仍被压于 T1225 西壁下，开口于第 5 层下，并打破第 6 层、M110。推测为长方形土坑竖穴，清理长度 0.35、宽 0.75、深 0.29 米，方向 88°。墓坑内填灰色土，夹杂细黄斑点和细红烧土颗粒等，土质松软。骨架已朽，葬式不明。随葬陶器 2 件，釜破碎后横置于坑内东部，釜下部置三足钵 1 件（图一六二；彩版四一：2）。

　　陶釜（M40：1），夹细砂、蚌末黄褐陶，轮制，由上下两部分拼接组成。上半部方唇，口部微敛，筒形壁上有 4 个方形鋬耳。下半部筒形腹，平底。在上下部相接处，堆贴齿状腰檐一周，檐下有竖泥条，用来加固。高 48.4、口径 17.2、底径 15 厘米（图一六三：1）。

　　陶三足钵（M40：2），泥质灰褐陶，轮制。尖唇，敛口，浅腹，圜底，在圜底底部饰 4 周凹弦纹，三足已残。底部和足施红衣，大部分已脱落。残高 8.1、口径 27.1 厘米（图一六三：2；彩版四三：2、3）。

　　3、M82　位于 T1325 西北，开口于第 5 层下，打破第 6 层，并打破 M100。长方形土坑竖穴，长 1.82、宽 0.47、深 0.66 米，方向 82°。墓坑内填红褐土，夹杂细红烧土颗粒，土

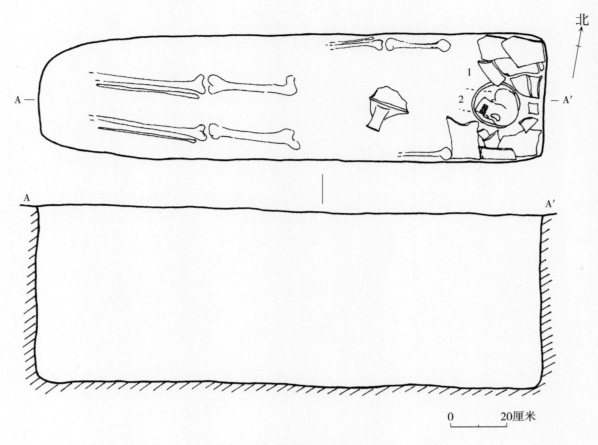

图一六四　M82 平、剖面图

1. 陶釜　2. 陶豆

质松软。骨架已朽，头骨及下肢骨保存较好，仰身直肢，面朝南。随葬陶器 2 件，釜破碎后覆于人头部及上身，人头骨下放置陶豆 1 件（图一六四；彩版四二：1）。

陶釜（M82:1），夹细砂、蚌末黄褐陶，轮制，由上、下两部分拼接而成。上部直筒形，对称有 4 个方形錾耳；下半部直筒形，腹部稍内收，平底。上、下部分结合处堆贴锯齿状腰檐一周，腰檐下部有 4 个竖状泥条，用以加固，泥条上有按窝。高 51.3、口径 17.5、底径 12.4 厘米（图一六五：1）。

陶豆（M82:2），泥质灰黑陶，轮制。尖圆唇，直口，弧腹内收，喇叭形圈足外撇，上部饰一道凸棱。圈足上平均分布 3 组镂孔，每组有 2 个小孔，孔径约 0.5 厘米。高 8、口径 14、底径 12.1 厘米（图一六五：2；彩版四三：1）。

4、M83　位于 T1325 中部偏北，开口于第 5 层下，打破第 6 层，打破 M105。长方形土坑竖穴，长 1.7、宽 0.52、深 0.7 米，方向 82°。墓坑内填红褐土，夹杂细红烧土颗粒，土质松软。骨架已朽，仅于东部钵内发现若干牙齿，推测头向朝东。随葬陶器 2 件，釜破碎后覆于人头部，头下枕着陶钵 1 件（图一六六；彩版四二：3）。

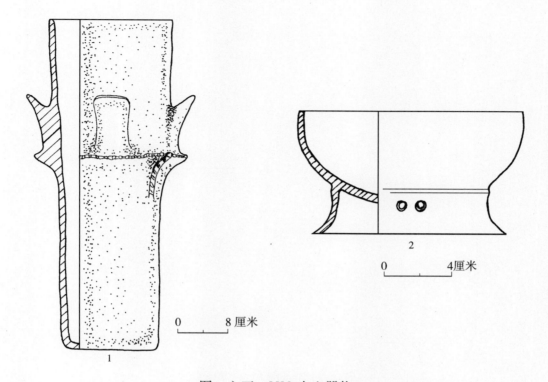

图一六五 M82 出土器物

1. 陶釜（M82:1） 2. 陶豆（M82:2）

图一六六 M83 平面图

1. 陶釜 2. 陶钵

陶釜（M83:1），夹细砂、蚌末灰褐陶，轮制，由上、下两部分拼接而成。上部已残，直筒形，对称有 4 个方形錾耳，表面磨光；下半部，腹部稍内收，平底。上、下部分结合处堆贴锯齿状腰檐一周，腰檐下部有 4 个竖状泥条，用以加固，泥条上有按窝。残高 50、底径 14 厘米（图一六七:1）。

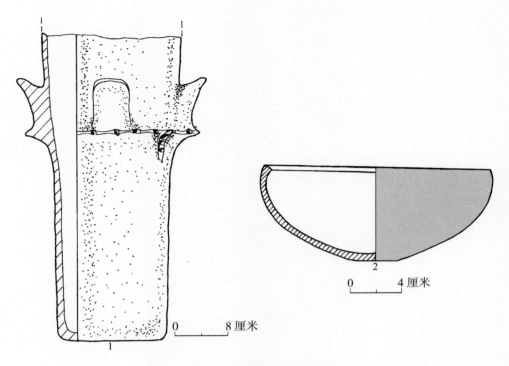

图一六七　M83 出土器物

1. 陶釜（M83:1）　2. 陶钵（M83:2）

　　陶钵（M83:2），泥质红陶，轮制。方唇，唇稍内斜，敛口，鼓腹内收，小平底。外壁施红色陶衣。高 7.4 ~ 7.9、口径 16.6、底径 3.5 厘米（图一六七:2；彩版四四:2）。

　　5、M84　位于 T1225 东部，开口于第 5 层下，打破第 6 层，并打破 M99。东半被压于东隔梁下。长方形土坑竖穴，长 2.1、宽 0.5、深 0.46 米，方向 80°。墓坑内填红褐色土，夹杂红烧土颗粒的块状土，底部为较纯净的黑灰色土，土质松软。骨架已朽，东部盆内发现头骨痕迹，推测头向朝东。随葬陶器 2 件，釜破碎后覆于人头部，头下枕着陶盆 1 件（图一六八；彩版四二:2）。

　　陶盆（M84:1），泥质红陶，轮制。方唇，唇稍内斜，敞口，弧腹，小凹圜底。外壁施红色陶衣。高 6.7、口径 19、底径 3.2 厘米（图一六九:2；彩版四四:1）。

　　陶釜（M84:2），夹细砂、蚌末灰褐陶，轮制，由上、下两部分拼接而成。上部方唇，口微敛，直筒形，对称有 4 个方形錾耳；下半部腹部略鼓，平底。在上、下部分结合处，堆贴锯齿状腰檐一周，腰檐下部有 4 个竖状泥条，用以加固，泥条上有按窝。高 49.6、口径 17.4、底径 15.5 厘米（图一六九:1）。

　　6、M110　位于 T1225 中部，开口于第 5 层下，打破第 6 层，被 M40 打破。长方形土坑竖穴，长 1.85、宽 0.45、深 0.75 米，方向 77°。填土红褐色，夹杂红烧土颗粒和黄土斑点的黏土，底部为较纯净的黑灰土，土质较松软。骨架已朽，东部有头骨朽痕，推测头向朝

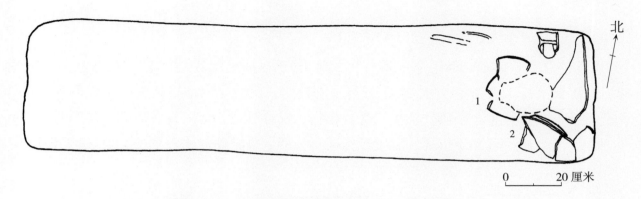

图一六八　M84 平面图

1. 陶钵　2. 陶釜

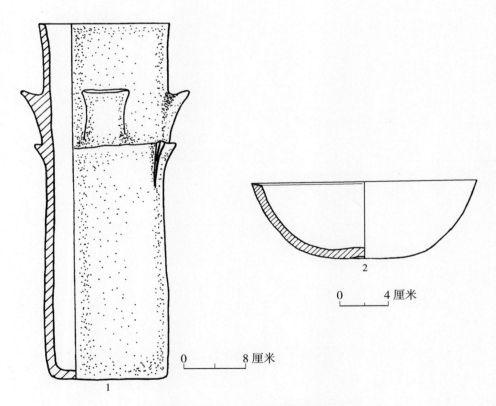

图一六九　M84 出土器物

1. 陶釜（M84∶2）　2. 陶盆（M84∶1）

东。未见随葬品。

7、M117　位于 T1225 西北部，开口于第 5 层下，打破第 6 层，同时打破 M29。长方形土坑竖穴，长 1.6、宽 0.55、深 0.4 米，方向 76°。填土灰青色，沙性且较纯净，土质松软，底部土质较硬。骨架已朽，葬式不明。未见随葬品。

## 七、第4层下墓葬

1、M1　　位于 T1225 西北部，开口于第 4 层下，打破第 5 层。长方形土坑竖穴，长 1.84、宽 0.84、深 0.27 米，方向 74°。墓坑填土较花，灰略显白，夹杂红烧土块的黏土、并有黑色和黄色的斑点土，土质较坚硬。骨架已朽，仅存骨渣，但可以看出其头向东北。随葬陶器 3 件，釜破碎后覆盖于头部，豆置于釜下，头部放罐 1 件（图一七〇、彩版四五∶1）。

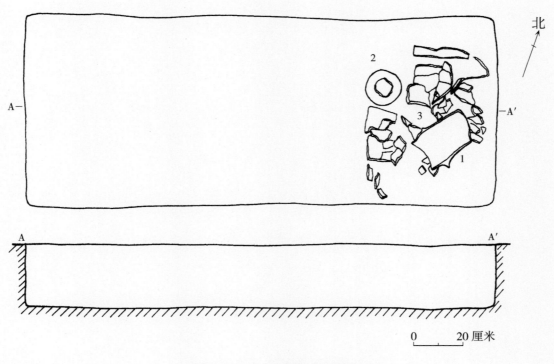

图一七〇　M1 平、剖面图
1. 陶釜　2. 陶罐　3. 陶豆

陶釜（M1∶1），夹细砂、蚌末灰褐陶，轮制，由上、下两部分拼接而成。上部方唇，直筒形，对称有 4 个方形鋬耳，表面磨光；下半部直筒形，腹部稍内收，平底。上、下部分结合处堆贴锯齿状腰檐一周，腰檐下部有 4 个竖状泥条，用以加固，泥条上有按窝。高 53.9、口径 19.6、底径 14.5 厘米（图一七一∶1）。

陶罐（M1∶2），夹砂红褐陶，轮制。口沿部分残损，束颈，颈部饰 5 周弦纹，弦纹下饰戳印纹一周，垂腹，平底，胎体较厚。高 14.8、口径 12.4 厘米（图一七一∶2）。

陶豆（M1∶3），泥质灰陶，轮制。圆唇内敛，斜腹略鼓，内收。上部豆盘如钵状，下附喇叭状矮圈足，圈足上对称有 4 个镂孔。外部施橙红色陶衣，部分已脱落。高 9.4、口径 17.6、底径 10 厘米（图一七一∶3；彩版四四∶3）。

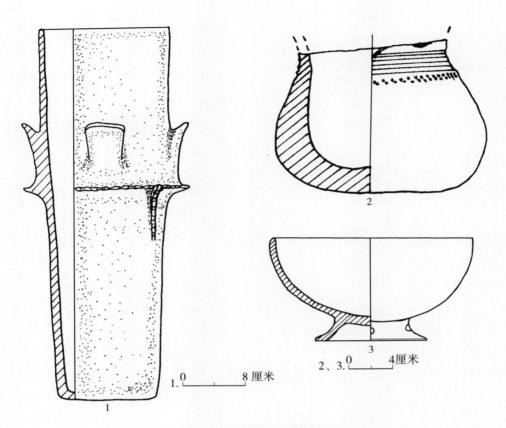

图一七一 M1 出土器物
1. 陶釜（M1:1） 2. 陶罐（M1:2） 3. 陶豆（M1:3）

2、M3 位于 T1225 中部偏西，开口于第 4 层下，打破 M16、第 5 层。不规则长方形土坑墓，长 1.85、宽 0.48～0.71、深 0.35 米，方向 65°。墓坑内填土土色灰中略带微红，底部有一层黑土，夹杂红烧土粒块状土，土质较坚硬。人骨架已朽，两条人腿骨仅剩骨渣。根据骨痕判断，头朝东北。随葬品只有陶釜 1 件，破碎后覆盖于上身及头部（图一七二）。

陶釜（M3:1），夹细砂、蚌末黄褐陶，轮制，由上、下两部分拼接而成。上部圆方唇，直筒形，对称有 4 个方形錾耳；下半部内收，平底，腹部略鼓。在上、下部分结合处，堆贴锯齿状腰檐一周，腰檐下部有 4 个竖状泥条，用以加固，泥条上有数道按窝。高 54.6、口径 17.3、底径 14.3 厘米（图一七三）。

3、M41 位于 T1225 西南，大部分仍被压于西壁下，开口于第 4 层下，打破第 5 层。推测形状应为长条形土坑竖穴，清理长度 0.15、宽 0.9、深 0.57 米，方向 88°。墓坑内填灰褐土，夹杂红烧土颗粒，土质较松软。未见人骨。随葬陶器 2 件，其中釜破碎于西壁内部，未取。豆 1 件，置于釜南部（图一七四；彩版四七:2）。

豆（M41:1），泥质橙红陶，轮制。尖圆唇，直口，圈足外撇，圈足上部有一周凸棱。口沿部有一圈带状红彩，圈足及腹下部施红衣。高 6.4、口径 14.9、底径 12.3 厘米（图一

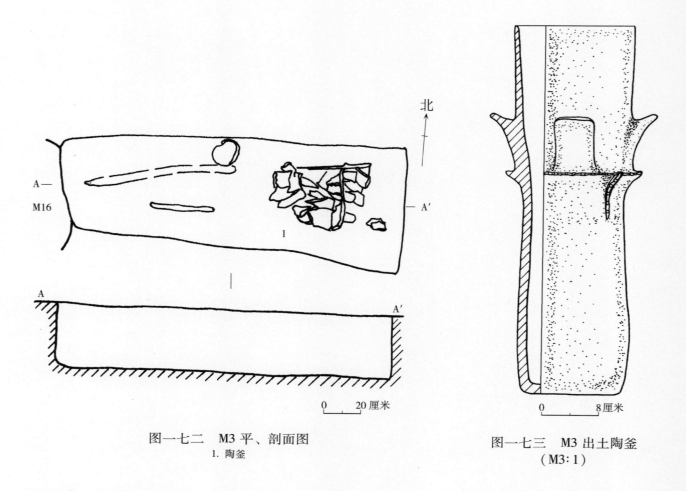

图一七二 M3 平、剖面图
1. 陶釜

图一七三 M3 出土陶釜
（M3∶1）

七五；彩版四七∶1）。

4、M80 位于T1325南部，开口于第4层下。长方形土坑竖穴，长1.9、宽0.45、深0.45米，方向88°。填土红褐色，夹杂红烧土粒，土质较硬。骨架痕迹较明显，头向北偏东，仰身直肢，面朝南。随葬陶器2件，豆侧立于人头南部，釜破碎后覆于骨架上半部（图一七六；彩版四五∶2、四六∶1）。

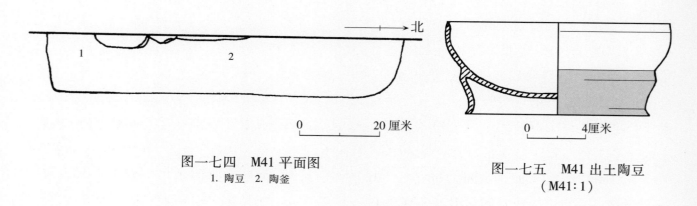

图一七四 M41 平面图
1. 陶豆 2. 陶釜

图一七五 M41 出土陶豆
（M41∶1）

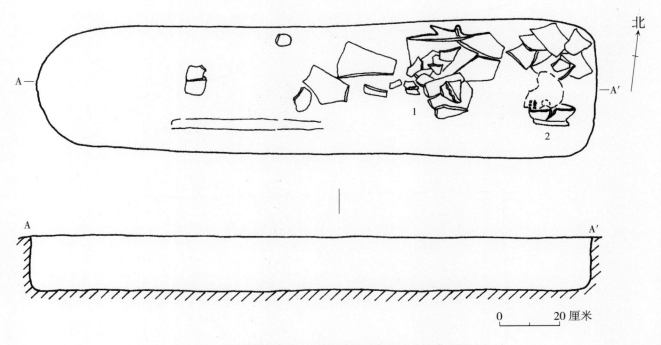

图一七六　M80 平、剖面图

1. 陶釜　2. 陶豆

陶釜（M80:1），夹砂、蚌末黄褐陶，轮制，由上、下两部分拼接而成。方唇，直口，直筒形，对称有 4 个方形鋬耳，表面磨光；下半部腹细长，内收成平底。在上、下部分结合处，堆贴锯齿状腰檐一周。腰檐下部另有 4 个竖状泥条，用以加固，泥条上有明显的按窝。高 53、口径 19.6、底径 13.5 厘米（图一七七；彩版四六:2）。

陶豆（M80:2），泥质橙红陶，不可修复。

5、M81　位于 T1325 北部，部分仍被压于北隔梁下，开口于第 4 层下。长条形土坑竖穴，清理长度 1.5、宽 0.3、深 0.65 米，方向 78°。墓坑内填土红褐色，夹杂黄斑点的黏土，并有较多的红烧土块和陶片，底部为灰褐土，土质较松软。骨架已朽，仅存一节肢骨，推测头向朝东。随葬品只有陶釜 1 件（图一七八）。

陶釜（M81:1），夹砂、蚌末灰褐陶，残甚，不可修复。

八、第 3 层下墓葬

1、M20　位于 T1424 西南部，开口于第 3 层下，打破红烧土

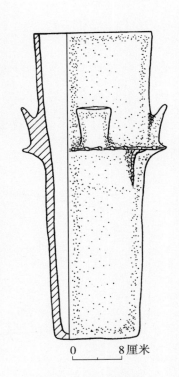

图一七七　M80 出土陶釜（M80:1）

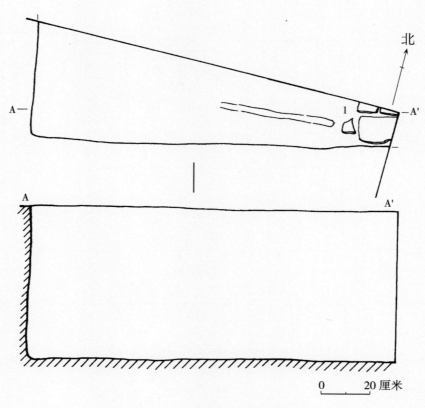

图一七八　M81 平、剖面图
1. 陶釜

层（第4层），打破M38。长方形土坑竖穴，长2.2、宽0.55、深0.75米，方向81°。墓坑内填土灰褐色，夹细碎红烧土，土质较松软。骨架已朽，葬式不明。随葬陶器2件，釜破碎后置于墓坑中部，豆置于坑内东北（图一七九）。

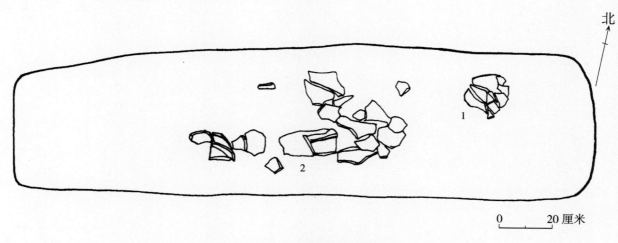

图一七九　M20 平面图
1. 陶豆　2. 陶釜

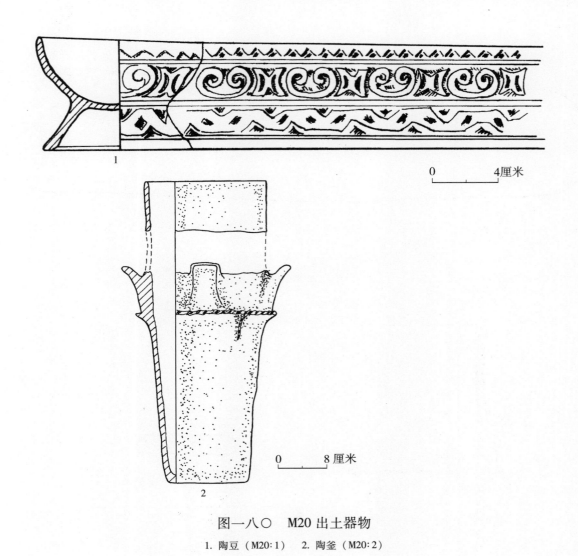

图一八〇 M20 出土器物

1. 陶豆（M20:1） 2. 陶釜（M20:2）

陶豆（M20:1），泥质红陶，轮制。微敛口，圆唇，喇叭口圈足。口沿外饰齿状纹，下部饰单面卷云纹一周，其间有 X 形纹饰。豆盘与圈足间饰以一周"几"字宽带纹。上下纹饰之间还饰有戳印、卷云、齿状纹。"几"字宽带纹上饰有白彩。高 4.8、口径 18.4 厘米（图一八〇:1；彩版四八:1）。

陶釜（M20:2），夹砂、蚌末灰褐陶，轮制，由上、下两部分拼接而成。上半部圆方唇，直口，直筒形。对称有 4 个方形鋬耳；下半部腹较深，内收成平底。在上、下部分结合处，堆贴锯齿状腰檐一周。腰檐下部另有 4 个竖状泥条，用以加固，泥条上有不太明显的按窝。高 50、口径 20、底径 12.6 厘米（图一八〇:2）。

2、M21 位于 T1424 东南部，开口于第 3 层下，打破红烧土层。长方形土坑竖穴，长 1.95、宽 0.4、深 0.3 米，方向 84°。墓坑内填灰褐土，夹杂红烧土粒，土质较松软。骨架已朽，仅见下部肢骨痕迹，葬式不明。随葬陶器 3 件，其中釜破碎后置于墓坑东、中部，豆

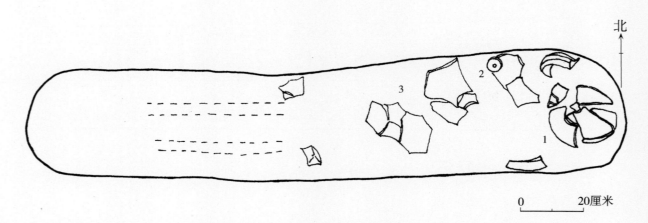

0　　　20厘米

图一八一　M21 平面图

1. 陶豆　2. 陶纺轮　3. 陶釜

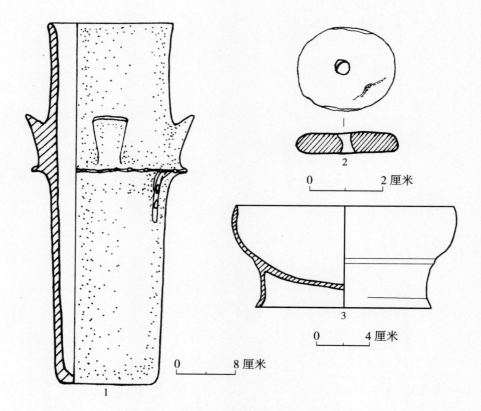

0　　2厘米

0　　　4厘米

0　　8厘米

图一八二　M21 出土器物

1. 陶釜（M21:3）　2. 陶纺轮（M21:2）　3. 陶豆（M21:1）

置于坑内东北，纺轮出土于坑内东北（图一八一、彩版四八:2）。

　　陶豆（M21:1），泥质红陶，轮制。圆唇，敛口，深腹，矮喇叭口外撇。高8、口径16.2、底径13.2厘米（图一八二:3）。

陶釜（M21:3），夹砂黄褐陶，轮制，由上、下两部分拼接而成。上半部圆唇，敞口，直筒形，对称有 4 个方形錾耳；下半部体稍斜，内收成平底。上、下部结合处堆贴锯齿状腰檐一周，檐较平。腰檐下部另有 4 个竖状泥条，用以加固，泥条上有不太明显的按窝。高 50.6、口径 16.8、底径 13.3 厘米（图一八二:1；彩版四八:3）。

陶纺轮（M21:2），泥质灰陶，磨制。饼状，用陶器残片磨制而成，中部钻孔。直径 7.2、厚 1.1 厘米（图一八二:2）。

## 九、第 2 层下墓葬

1、M13　位于 T1324 西部，开口于第 2 层下，打破第 3 层及红烧土层（第 4 层）。长方形土坑竖穴，长 1.48、宽 0.45、深 0.45 米，方向 85°。墓坑内填土灰褐色，富含有机质，夹红烧土粒，含水量较高，土质较松软。骨架已朽，依据璜、玦的出土位置推测，头向东北。随葬品 4 件，除头部 2 件玉器（璜、玦）以外，头部偏东南置陶罐 1 件，头部置陶钵 1

图一八三　M13 平、剖面图

1. 陶罐　2. 陶钵　3. 玉璜　4. 玉玦

件（图一八三；彩版四九:1）。

陶罐（M13:1），夹砂褐陶质，残甚，不可修复。

陶钵（M13:2），泥质红陶，轮制。胎体轻薄，尖圆唇，口微敛，弧腹内收，凹圜底。高5.1、口径12.6、底径5.6厘米（图一八四:1；彩版四九:2）。

玉璜（M13:3），玉质，鸡骨白色。体形细长，弯曲度较大，两端略宽。孔为一面钻。白化程度较高，不透光。长9.1、中宽1厘米（图一八四:3；彩版五〇:1、3）。

玉玦（M13:4），玉质，鸡骨白色。平面呈柱状，侧面呈C形。玦口内部及孔内打磨光滑，未见磨制痕迹。长1.9、上径1.4、下径1.3厘米（图一八四:2；彩版五〇:2、4）。

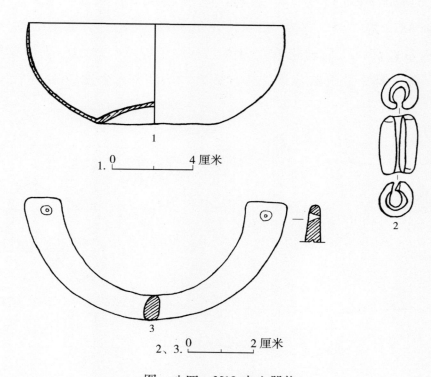

图一八四　M13 出土器物

1. 陶钵（M13:2）　2. 玉玦（M13:4）　3. 玉璜（M13:3）

2、M14　位于T1324东部，开口于第2层下，打破第3层、红烧土层、M15。长方形土坑竖穴，长1.65、宽0.42、深0.42米，方向70°。墓坑内填土灰褐色，富含有机质，夹杂红烧土块，含水量高，土质松软。骨架已朽，仅于墓坑中部存留两根肢骨痕迹，推测其头向东北。随葬陶器2件，钵破碎后覆盖于头部，罐置于釜下（图一八五；彩版五一:1）。

陶钵（M14:1），泥质红陶，残甚，不可修复。

陶罐（M14:2），泥质红陶，轮制。尖圆唇，口微敛，溜肩，肩部有4系，球形腹，小平底。高23、口径13.6、底径11厘米（图一八六；彩版五二:2）。

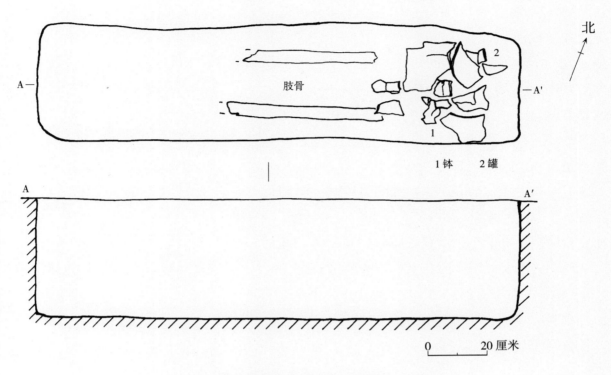

图一八五　M14 平、剖面图

1. 陶钵　2. 陶罐

3、M15　位于 T1324 东部，东半部分被压于 T1324 东隔梁下，开口于第 2 层下，打破第 3 层及红烧土层（第 4 层），同时被 M14 打破。长方形土坑竖穴，清理长度 0.53、宽 0.4、深 0.4 米，方向 80°。墓坑内填灰褐色土，富含有机质，夹杂红烧土块，含水量高，土

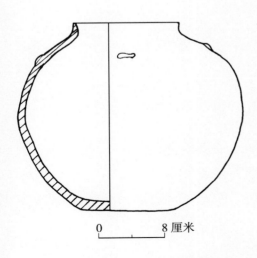

图一八六　M14 出土陶罐

（M14：2）

质松软。骨架已朽，豆内发现有头骨痕迹，头向东北。随葬品 2 件，除陶豆 1 件外，玉玦 1 件发现于豆内部（图一八七；彩版五一：2）。

陶豆（M15：1），泥质红陶，轮制。斜方唇，腹部较深，矮喇叭形圈足。口沿外侧饰两周凹弦纹，圈足上部饰数周凸弦纹，并且饰 5 组戳点纹，每组有 4 个戳点。通体施红衣，剥落较甚。高 9.8、口径 18.2、底径 12.2 厘米（图一八八：1；彩版五二：1）。

玉玦（M15：2），玉质，鸡骨白色。平面呈枣核形，一面略鼓，另一面平整。玦口与钻孔不甚规整，玦口处的线切割痕迹不明显。单面钻孔。长径 1.8、短径 1.3、厚 0.7 厘米（图一八八：2；彩版五二：3）。

4、M17　位于 T1424 西北部，西半部分被压于 T1324 东隔梁下，开口于第 2 层，打破第 3 层、红烧土层（第 4 层）及 M25。长方形土坑竖穴，清理长度 1.85、宽 0.4、深 0.3 米，方向 85°。墓坑内填红褐土，夹杂红烧土块，土质松软。骨架已朽，葬式不明。随葬品仅有 1 件三足钵（图一八九；彩版五三：1）。

陶三足钵（M17：1），泥质红陶，轮制。尖圆唇，敛口，圜底。底部有 3 个柱状小足，足较矮。裂缝左右两侧均有 1 个小钻孔，应是修补痕迹。高 6.8、口径 19 厘米（图一九〇；彩版五四：1、2）。

5、M18　位于 T1324 中部偏北，开口于第 2 层、打破第 3 层及红烧土层，东部被 H10 所打破。长方形土坑竖穴，长 1.03、宽 0.43、深 0.4

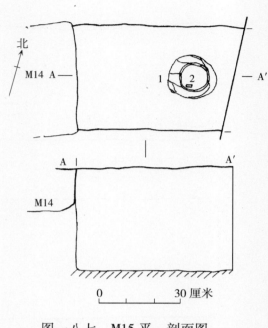

图一八七　M15 平、剖面图
1. 陶豆　2. 玉玦

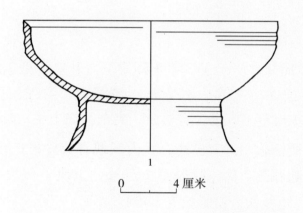

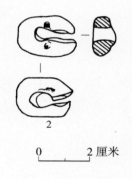

图一八八　M15 出土器物
1. 陶豆（M15：1）　2. 陶玦（M15：2）

米，方向 84°。墓坑内填土灰褐色，富含有机质，水份较高，夹杂红烧土粒，土质松软。骨架已朽，葬式不明。随葬品只有石斧 1 件（图一九一；彩版五三：2）。

石斧（M18：1），石质，磨制。舌形，双面刃，较厚重。磨制较为精细，砥钻而成。长 14.8、宽 5.6、厚 1.8 厘米（图一九二）。

6、M25　位于 T1424 东北部，开口于第 2 层下，打破红烧土层（第 4 层），西部被 M17 所打破。长方形土坑竖穴，长 1.85、宽 0.36、深 0.3 米，方向 84°。墓坑内填红褐色块状黏土，土质较松软。骨架已朽，葬式不明。仅于东部随葬陶罐 1 件。

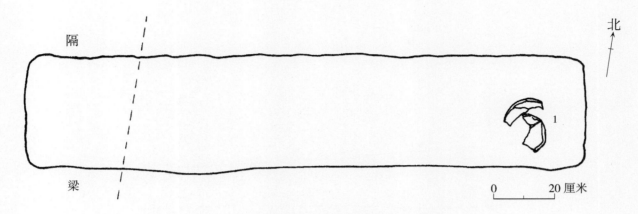

图一八九　M17 平面图

1. 陶三足钵

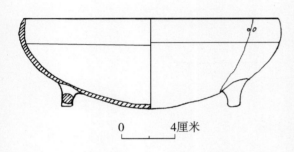

图一九〇　M17 出土陶三足钵
（M17：1）

陶罐（M25：1），夹砂灰陶，残甚，不可修复。

7、M26　位于 T1224 西部，开口于第 2 层下，打破红烧土层（第 4 层）。长方形土坑竖穴，长 1.46、宽 0.5、深 0.55 米，方向 88°。墓坑内填浅黑褐色土，夹杂块状黏土，土质松软。骨架已朽，葬式不明。随葬陶器 2 件，釜、豆皆置于坑内东部（图一九三）。

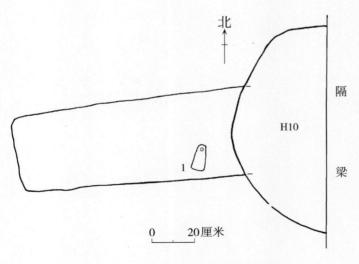

图一九一　M18 平面图

1. 石斧

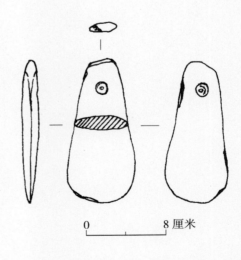

图一九二　M18 出土石斧
（M18：1）

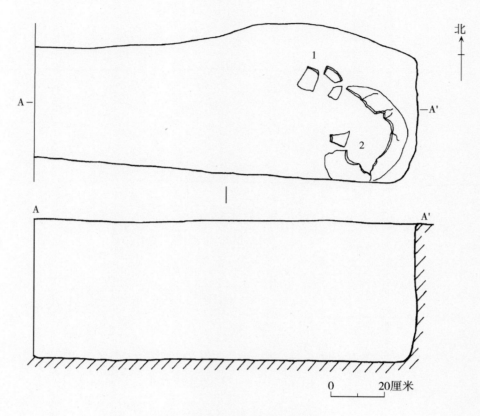

图一九三　M26 平、剖面图

1. 陶豆　2. 陶釜

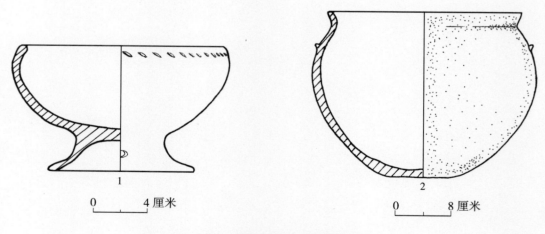

图一九四　M26 出土器物

1. 陶豆（M26∶1）　2. 陶釜（M26∶2）

　　陶豆（M26∶1），泥质红陶，轮制。圆唇，敛口，深腹，矮圈足外撇。口沿部外侧有一周戳印纹，圈足上均匀分布 3 个镂孔。高 9.8、口径 15 厘米（图一九四∶1）。

　　陶釜（M26∶2），夹砂灰褐陶，轮制。圆唇，侈口，短束颈，鼓腹内收。上肩部有对称

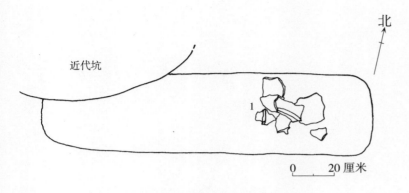

图一九五　M33 平面图
1. 陶釜

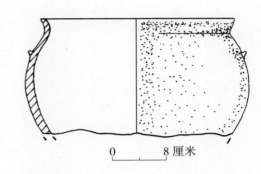

图一九六　M33 出土陶釜（M33∶1）

的鍪。高 24.5、口径 27.6、底径 10 厘米（图一九四∶2）。

8、M27　位于 T1224 中部，开口于第 2 层下，打破红烧土层（第 4 层）。长方形土坑竖穴，长 1.1、宽 0.5、深 0.5 米，方向 90°。墓坑内填浅黑褐色土，土质松软。骨架已朽，葬式不明。未见随葬品。

9、M33　位于 T1324 东部，开口于第 2 层下，打破红烧土层（第 4 层）、M60。长方形土坑竖穴，长 1.63、宽 0.41、深 0.35 米，方向 75°。填灰褐土，夹杂烧土颗粒，土质较松软。骨架已朽，葬式不明。随葬品只有陶釜 1 件，破碎后覆于坑内偏东处（图一九五）。

陶釜（M33∶1），夹砂灰陶，轮制。圆唇，侈口，短颈，圆鼓腹内收。上肩部有对称的鍪耳，下腹已残。口径 28、残高 17.6 厘米（图一九六）。

10、M39　位于 T1324 中部偏南，开口于第 2 层下，打破第 3 层及红烧土层（第 4 层）。长方形土坑竖穴，长 1.67、宽 0.5、深 0.42 米，方向 96°。填黄灰色干硬土，接近底部为黄灰色五花土，含有机质较多，土质较硬。骨架已朽，仅在坑内东部钵内保存牙齿和头骨痕迹，故推测墓主头向东略偏北。随葬陶器 2 件，釜破碎后覆于坑内，头部之下放置陶钵（图一九五；彩版五三∶3）。

陶钵（M39∶1），泥质灰陶，残甚，不可修复。

陶釜（M39∶2），由上、下两部分拼接而成。上半部夹砂灰陶，下半部夹砂红陶，轮制。圆唇，侈口，束颈，上部鼓起，内收成平底。上腹部对称有 4 个鍪耳，耳略上翘，耳上有 4 个按窝。高 27.1、口径 27.8～28.8、底径 12.2 厘米（图一九八；彩版五四∶3）。

11、M42　位于 T1325 西南。长方形土坑竖穴，长 1.65、宽 0.5、深 0.15 米，方向 88°。填土灰黄色，夹杂红烧土细颗粒，较松软，底部为灰色土，土质较松软。骨架已朽，葬式不明。随葬陶器 4 件，坑内东部置钵 1 件，其南部放置 1 件陶罐，器座靠于中部南壁，器座西部置 1 件陶罐（图一九九；彩版五五∶1）。

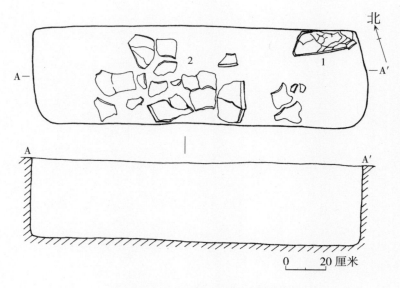

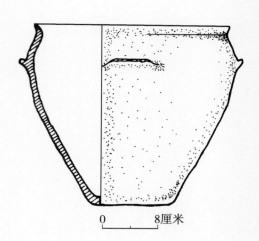

图一九七　M39 平、剖面图
1. 陶钵（M39：1）　2. 陶釜（M39：2）

图一九八　M39 出土陶釜
（M39：2）

陶钵（M42：1），泥质灰褐陶，残甚，不可修复。

陶罐（M42：2），泥质红陶，轮制。圆唇，宽折沿，束颈，垂腹，小平底。颈、上腹、下腹部各饰有一周戳印纹，胎体较厚。高 4.2、口径 4.1 厘米（图二〇〇：3；彩版五五：2）。

陶罐（M42：4），夹砂红陶，轮制。尖圆唇，侈口，束颈。上腹部饰一周弦纹，下腹略鼓，小平底，陶质较差。高 17.4、口径 10、底径 4 厘米（图二〇〇：2）。

陶器座（M42：3），夹砂灰褐陶，轮制。方唇，直口，靠近口部有一周宽沿，腰部对称有 2 个錾耳，耳上有按窝。喇叭形底，中空。高 9.4、口径 17.4、底径 21.5 厘米（图二〇〇：1；彩版五五：3）。

12、M43　位于 T1324 中部偏北，开口于第 2 层下，打破第 3 层，其东南、西北角分别被近代坑、H10 所打破。长方形土坑竖穴，长 1.6、宽 0.5、深 0.4 米，方向 87°。填灰褐色土，夹杂红烧土细颗粒，底部为灰色较纯净的土，土质较松软。骨架已朽，葬式不明。随葬陶器 2 件，坑内东部置盆 1 件，釜破碎后置于坑内东南（图二〇一；彩版五六：1）。

陶盆（M43：1），夹砂泥质红陶，轮制。圆唇，敞口，平底。残高 5.9、口径 20.6 厘米（图二〇二：1；彩版五八：1）。

陶釜（M43：2），夹砂黄褐陶，轮制。圆唇，口微侈，颈微束，鼓腹内收，底残。上腹部对称有 4 个錾耳，耳略上翘，耳上有 4 个按窝。高 27.1、口径 27.8 ~ 28.8、底径 12.2 厘米（图二〇二：2）。

13、M44　位于 T1325 中部偏北，开口于第 2 层下，打破第 3 层、红烧土层（第 4 层）及 M59。长方形土坑竖穴，长 2.2、宽 0.52、深 0.55 米，方向 88°。填灰褐色土，夹杂红烧

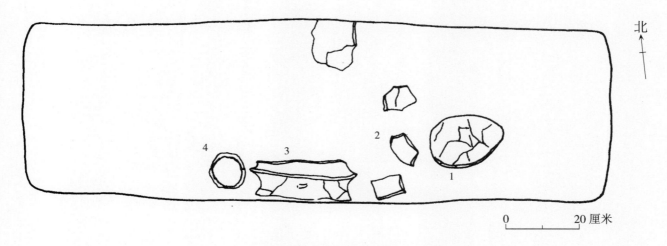

图一九九　M42 平面图

1. 陶钵　2、4. 陶罐　3. 陶器座

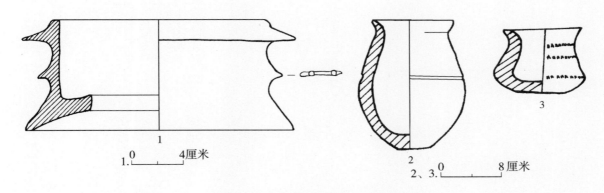

图二〇〇　M42 出土器物图

1. 陶器座（M42:3）　2、3. 陶罐（M42:4、M42:2）

土细颗粒，较松软，底部为灰色较纯净的软土。骨架已朽，葬式不明。随葬陶器 2 件，坑内东部置钵 1 件，釜破碎后置于坑内偏北部（图二〇三；彩版五六:2）。

陶豆（M44:1），泥质红陶，轮制。圆方唇，敛口，斜腹内收，豆把缺失。缺失部位经过打磨，器表施有红色陶衣。残高 7.6、口径 17.4 厘米（图二〇四:1）。

陶釜（M44:2），夹砂灰褐陶，轮制。直口，平檐，尖唇，唇外翻，圜底。腹部堆贴一周宽檐，檐较平。高 25.9、口径 25.4 厘米（图二〇四:2；彩版五八:2）。

14、M47　位于 T1225 东部，部分为东隔梁所压，开口于第 2 层下，打破第 3 层及红烧土层（第 4 层）。长方形土坑竖穴，长 1.74、宽 0.42、深 0.3 米，方向 73°。填灰褐色土，夹杂红烧土细颗粒，较松软，底部为灰色较纯净的软土。骨架已朽，葬式不明。随葬品 3 件，其中陶罐破碎后覆于坑内东部，陶钵置于罐略偏西处，钵内发现一件玉玦（图二〇五；

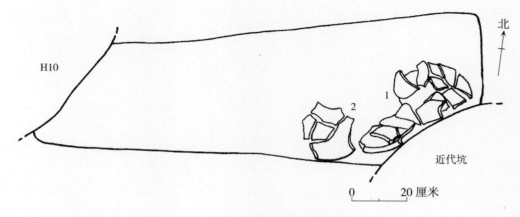

图二〇一　M43 平面图

1. 陶盆　2. 陶釜

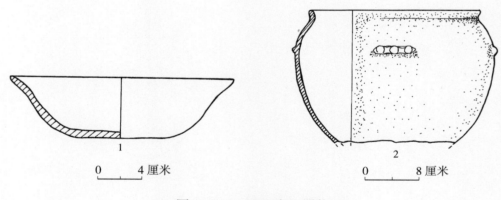

图二〇二　M43 出土器物

1. 陶盆（M43:1）　2. 陶釜（M43:2）

彩版五七:1）。

陶罐（M47:1），夹砂灰陶，轮制。尖圆唇，侈口，束颈，长筒形深腹，略鼓腹，下部内收成平底。高20.1、口径14.1、底径6.7厘米（图二〇六:1；彩版五八:3）。

陶钵（M47:2），夹砂褐陶，残甚，不可修复。

玉玦（M47:3），鸡骨白色。平面呈柱状，侧面呈C形。玦口内部及孔内打磨光滑。长1.7、上径1.2、下径1.1厘米（图二〇六:2；彩版五九:2）。

15、M48　位于T1325西南，开口于第2层下，打破第3层及红烧土层。长方形土坑竖穴，略显不规则。清理长度2.3、宽0.58、深0.32米，方向85°。填灰黄色土，夹杂大量细碎红烧土颗粒，底部为较纯净的灰色土，土质较松软。骨架已朽，葬式不明。随葬陶器2件，釜破碎后覆于坑内中部，盆置于坑内东部（图二〇七；彩版五七:2）。

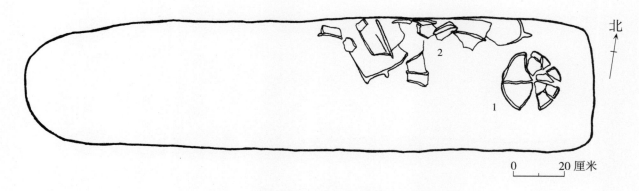

图二〇三　M44 平面图

1. 陶豆　2. 陶釜

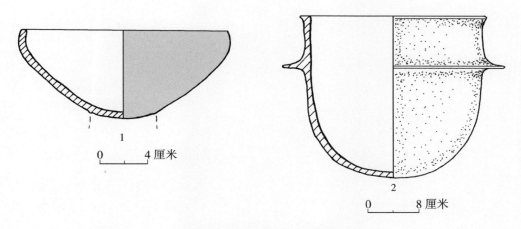

图二〇四　M44 出土器物

1. 陶豆（M44:1）　　2. 陶釜（M44:2）

陶釜（M48:1），夹砂、蚌末红陶，轮制。圆唇，侈口，溜肩，弧腹，圜底。肩上堆贴 4 个錾耳，錾上正面有按窝痕。残高 20、口径 25 厘米（图二〇八:1；彩版五九:3）。

陶盆（M48:2），夹砂、蚌末红陶，轮制。圆唇，直口，斜腹，平底。高 8～10、口径 22、底径 9.2 厘米（图二〇八:2；彩版五九:1）。

16、M49　位于 T1325 中部偏西南，开口于第 2 层下，打破第 3 层及红烧土层。长方形土坑竖穴，长 1.95、宽 0.58、深 0.35 米，方向 94°。填土灰黄色，夹杂细碎红烧土颗粒，底部为较纯净的灰色土，土质较松软。骨架已朽，仅于坑内东部出土牙齿痕迹，推测头向东略偏南。随葬品只有 1 件陶豆，置于牙痕南部（图二〇九）。

陶豆（M49:1），泥质灰陶，轮制。圆唇外翻，宽沿，沿表面戳印一圈叶脉纹。斜腹内收，豆把缺失，缺失部位经过打磨。外部上层施有白赭色陶衣，其余施红衣。残高 4.8、口径 18.4 厘米（图二一〇；彩版六〇）。

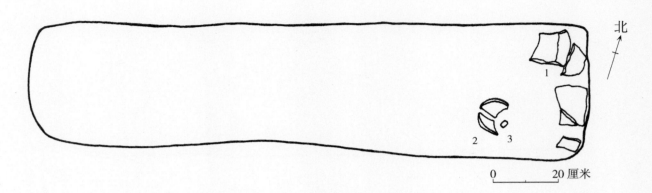

图二〇五　M47 平面图

1. 陶罐　2. 陶钵　3. 玉玦

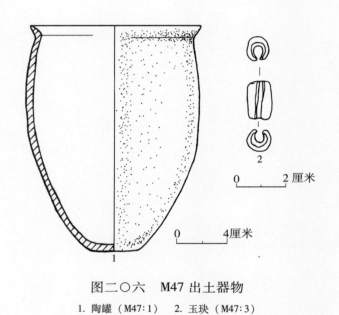

图二〇六　M47 出土器物

1. 陶罐（M47:1）　　2. 玉玦（M47:3）

17、M50　位于 T1225 东部，部分被东隔梁所压，开口于第 2 层下，打破第 3 层及红烧土层，并打破 M53。长方形土坑竖穴，长 2.1、宽 0.46、深 0.65 米，方向 76°。填灰褐色土，夹杂细碎红烧土颗粒，底部为较纯净的灰色土，土质较松软。骨架已朽，葬式不明。随葬品只有陶豆 1 件，置于坑内东部（图二一一）。

陶豆（M50:1），泥质红陶，轮制。圆唇，敛口，深腹，矮圈足外撇。高 8、口径 16.4、足径 9.8 厘米（图二一二）。

18、M51　位于 T1225 东北部，开口于第 2 层下，打破第 3 层及红烧土层。长方形土坑竖穴，长 2、宽 0.53、深 0.55 米，方向 79°。填土灰褐色，夹杂细碎红烧土颗粒，底部为较纯净的灰色土，土质较松软。骨架已朽，根据玦的出土位置，判断头向东北。随葬品 4 件，其中 2 件玉玦置于陶豆内，石斧 1 件，置于墓坑中南部（图二一三；彩版六一:1）。

陶豆（M51:1），泥质红陶，轮制。圆唇，敛口，腹较深，圈足外撇。器表施红衣，剥落较甚，足部有戳印纹。高 6、口径 16、底径 12 厘米（图二一四:1）。

玉玦　2 件。标本 M51:2，青绿色。锥形柱状，上、下侧面呈 C 形。上部台面较小，下部台面较大，玦口开口线较长。孔为由上至下的单面钻，内部钻痕明显。高 1.4、上径 1.4、

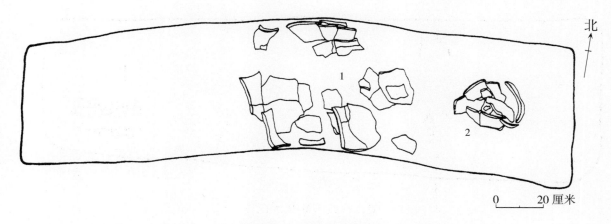

图二〇七　M48 平面图

1. 陶釜　2. 陶盆

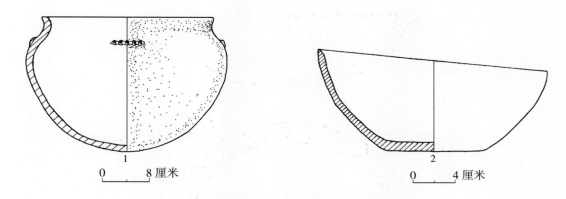

图二〇八　M48 出土器物

1. 陶釜（M48：1）　2. 陶盆（M48：2）

底径 1.9 厘米（图二一四：3）。另一件（M51：3）形制一致，较高。高 1.7、上径 1.3、底径 1.9 厘米（图二一四：4；彩版六一：2）。

石斧（M51：4），磨制。舌形，双面刃，较厚重。磨制较为精细，砥钻而成。长 14、宽 5.6、厚 2 厘米（图二一四：2）。

19、M53　位于 T1424 东部，开口于第 2 层下，打破红烧土层（第 4 层），被 M50 打破。长方形土坑竖穴，长 1.68、宽 0.54、深 0.6 米，方向 85°。墓坑内填灰褐色土，夹杂细碎红烧土颗粒、碎陶片和动物骨渣，土质较松软。骨架已朽，葬式不明。随葬陶器 2 件，釜破碎后置于墓坑东、中部，豆置于坑内东部（图二一五；彩版六二：1）。

陶釜（M53：1），由上、下两部分拼接而成。上半部夹砂灰陶，下半部夹砂红陶，轮制，有腰檐，平底。器形不规整，上部方唇，直筒，对称有 4 个方形鋬耳。表面磨光；下半部器身略斜，内收成平底。上、下部结合处堆贴腰檐一周，腰檐上有按窝，腰檐外部有 4 个竖状泥条，用以加固。高 51.9、口径 18、底径 13 厘米（图二一六：1）。

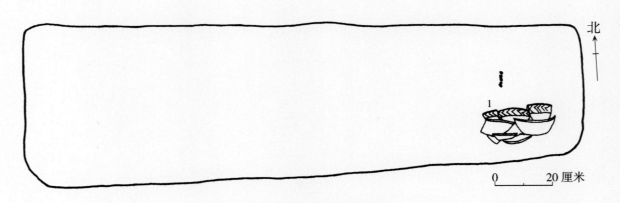

0 _____ 20 厘米

图二〇九　M49 平面图

1. 陶豆

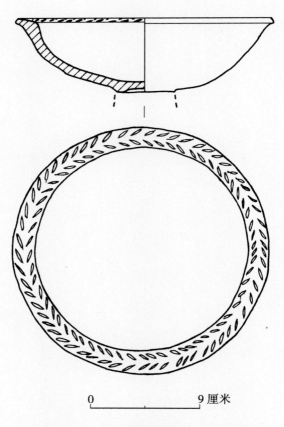

0 _____ 9 厘米

图二一〇　M49 出土陶豆（M49：1）

陶豆（M53：2），夹砂红陶，轮制。尖唇，敛口，豆盘较深，斜腹内收，喇叭形圈足外撇。高10.1、口径17.4、底径8.9厘米（图二一六：2；彩版六三：1）。

20、M54　位于 T1225 东北部，开口于第2层下，打破第3层及红烧土层。长方形土坑竖穴，长1.85、宽0.55、深0.5米，方向84°。墓坑内填灰褐色土，夹杂细碎红烧土颗粒，

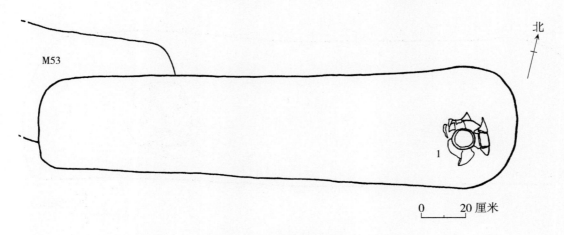

图二一一　　M50 平面图

1. 陶豆

墓底为较纯净的灰色土，土质较松软。骨
架已朽，根据坑内东部一对玉玦来看，墓
主头向应当朝东。随葬品 6 件，除头部出
土 2 件玉玦外，头部及坑内中部各放置陶
罐 1 件，头部附近出土 1 件陶豆，另有 1
件陶豆为中部罐所叠压（图二一七；彩版
六二：2）。

　　玉玦　2 件。标本 M54：3，青绿色。
平面呈柱状，侧面呈 C 形。表面有 3 周凸
棱旋转装饰。玦口开口线较长，孔部为由

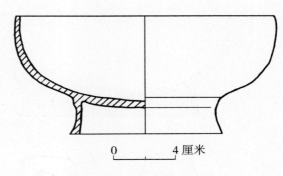

图二一二　　M50 出土陶豆
（M50：1）

上至下的单面钻，内部钻痕明显。高 1.9、上径 2、下径 1.9 厘米（图二一八：3）。另一件
（M13：4）较大，玦的开口处有明显的片状开口痕迹。高 2.1、上径 0.9、底径 1.9 厘米（图
二一八：4；彩版六四：2、3）。

　　陶豆（M54：2），泥质红陶，轮制。圆唇，敛口，腹较深，圈足外撇。器表施红衣，剥
落较甚。高 6.7、口径 15.3、底径 11.2 厘米（图二一八：1；彩版六四：1）。

　　陶罐（M54：1），泥质红陶，轮制。尖圆唇，口微侈，颈微束，圆鼓腹，小平底。高
7.4、口径 8、底径 4.8 厘米（图二一八：2）。

　　陶罐（M54：5），泥质灰陶，残甚，不可修复。

　　陶豆（M54：6），泥质红陶，轮制。尖唇，口微敛，深腹，足残，底部残留有接痕。残
高 8.6、口径 21 厘米（图二一八：5；彩版六三：2、3）。

　　21、M55　位于 T1325 东北部，开口于第 2 层下，打破第 3 层及红烧土层。长方形土坑

图二一三　M51 平面图

1. 陶豆　2、3. 玉玦　4. 石斧

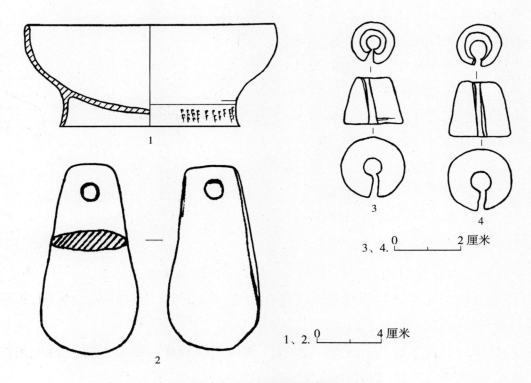

图二一四　M51 出土器物

1. 陶豆（M51：1）　2. 石斧（M51：4）　3、4. 玉玦（M51：2、M51：3）

竖穴，长 1.9、宽 0.49、深 0.45 米，方向 84°。墓坑内填灰黄色土，夹杂细碎红烧土颗粒，底部为较纯净灰色土，土质较松软。骨架已朽，葬式不明。随葬品 4 件，东部放置陶钵和釜各 1 件，坑中部出土石斧、陶罐各 1 件（图二一九；彩版六五：1）。

陶钵（M55：1），泥质红陶，轮制。尖圆唇，口微敛，尖圜底。高 6.8、口径 17.2 厘米

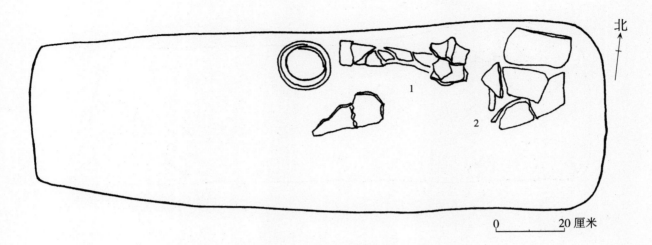

图二一五　M53 平面图

1. 陶釜　2. 陶豆

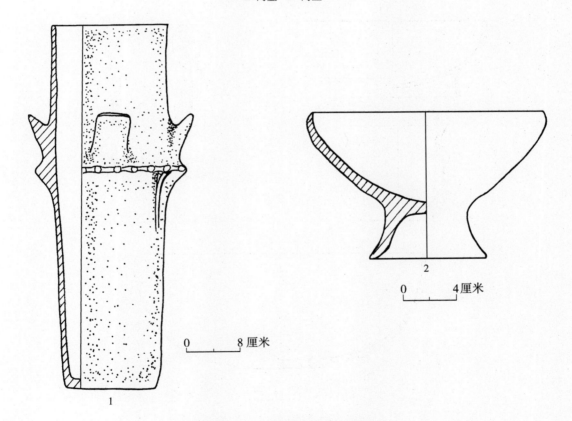

图二一六　M53 出土器物

1. 陶釜（M53:1）　2. 陶豆（M53:2）

（图二二〇:2；彩版六六:1）。

　　石斧（M55:2），磨制，管钻孔。舌形，体较厚重。双面刃，磨制精细。长 18.4、宽 7.2、厚 1.2 厘米（图二二〇:4；彩版六七:1）。

图二一七　M54 平面图

1、5. 陶罐　2、6. 陶豆　3、4. 玉玦

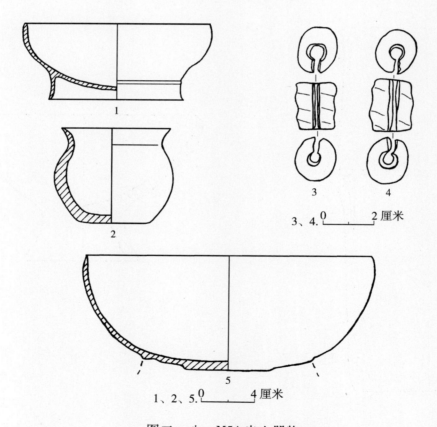

图二一八　M54 出土器物

1、5. 陶豆（M54∶2、M54∶6）　2. 陶罐（M54∶1）　3、4. 玉玦（M54∶3、M54∶4）

　　陶罐（M55∶3），夹砂红褐陶，轮制。圆唇，侈口，高领，球腹，平底。肩部上饰戳印纹一周，下部戳印连续倒三角纹。高 8.9、口径 6.6、底径 4.5 厘米（图二二〇∶3；彩版六六∶2、3）。

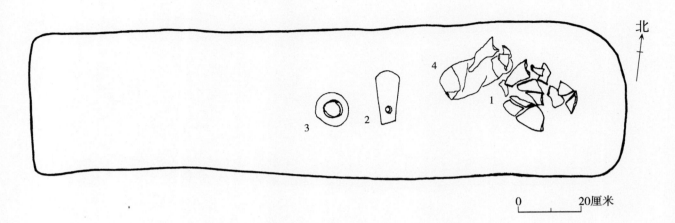

图二一九　M55 平面图

1. 陶钵　2. 石斧　3. 陶罐　4. 陶釜

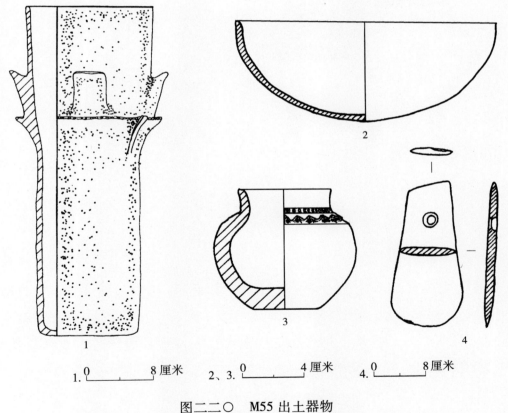

图二二〇　M55 出土器物

1. 陶釜（M55：4）　2. 陶钵（M55：1）　3. 陶罐（M55：3）　4. 石斧（M55：2）

　　陶釜（M55：4），夹砂、蚌末灰褐陶，轮制。由上下两部分拼接而成，器形不规整。上部圆方唇，直筒形，对称有 4 个方形鋬耳；下半部器身略斜内收，平底。上、下部结合处堆贴腰檐一周，腰檐上有按窝，腰檐外部有 4 个竖状泥条，用以加固。高 47.2、口径 17.4、

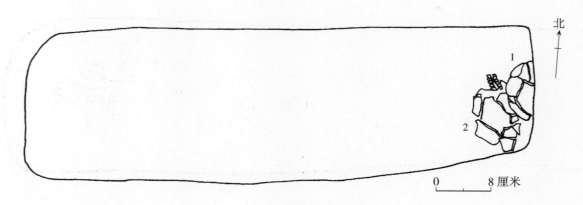

图二二一　M57 平面图

1. 陶鼎　2. 陶豆

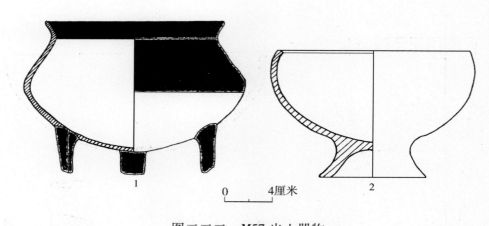

图二二二　M57 出土器物

1. 陶鼎（M57：1）　2. 陶豆（M57：2）

底径 12 厘米（图二二〇：1；彩版六七：4）。

22、M57　位于 T1225 东北部，部分被压在东隔梁下，开口于第 2 层下，打破第 3 层及红烧土层。长方形土坑竖穴，长 1.85、宽 0.56、深 0.5 米，方向 72°。填土灰褐色，夹杂少量烧土颗粒，土质较松软。骨架已朽，在坑内东部豆中发现牙齿痕迹，故判断其头向东北。随葬品除陶豆 1 件外，其东上部被 1 件陶鼎叠压（图二二一；彩版六五：2）。

陶鼎（M57：1），泥质红陶，轮制。圆唇，侈口，束颈，鼓腹，圜底。3 个扁方足。口沿内外及上腹部、足部均施红色陶衣。高 14.2、口径 15.5 厘米（图二二二：1）。

陶豆（M57：2），泥质红陶，轮制。圆方唇，敛口，鼓腹，小矮圈足外撇。高 10.6、口径 14.8、底径 8.5 厘米（图二二二：2；彩版六七：2）。

23、M58　位于 T1225 东北部，小部分被压在东隔梁下，开口于第 2 层下，打破第 3 层及红烧土层。长方形土坑竖穴，长 2.1、宽 0.55、深 0.45 米，方向 80°。填灰褐色土，夹杂

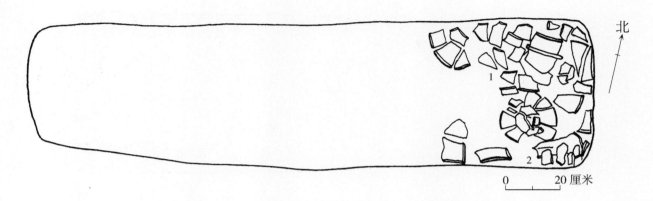

图二二三　M58 平面图

1. 陶釜　2. 陶豆

大量细碎红烧土颗粒，并有动物骨渣，土质较松软。骨架已朽，在坑内东南部豆中发现牙齿痕迹，故判断其头向朝东。随葬陶豆、釜各 1 件，釜破碎后置于墓坑东部（图二二三）。

陶釜（M58:1），夹砂、蚌末灰褐陶，残甚。残高 17.2、口径 29.6 厘米（图二二四）。

24、M59　位于 T1225 北部，开口于第 2 层下，打破第 3 层及红烧土层，被 M44 打破。长方形土坑竖穴，长 2.1、宽 0.56、深 0.7 米，方向 90°。填土灰褐色，夹杂少量烧土颗粒，土质较松软。骨架已朽，在坑内东部豆中发现头骨痕迹，故判断其头向朝东。随葬陶豆釜各 1 件，破碎后置于头部（图二二五；彩版六五:3）。

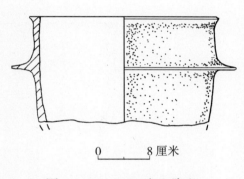

图二二四　M58 出土陶釜

（M58:1）

陶釜（M59:1），夹砂、蚌末灰褐陶，轮制。尖唇，直口，唇外翻，平檐，腰腹部堆贴一周宽檐，圜底。高 32.4、口径 20.7 厘米（图二二六:1；彩版六七:3）。

陶豆（M59:2），泥质灰陶，轮制。圆唇，敞口，斜腹内收，圈足外撇，下部残。残高 8.2、口径 15.4 厘米（图二二六:2）。

25、M60　位于 T1324 中部，开口于第 2 层下，打破第 3 层及红烧土层（第 4 层），被 M33 打破。长方形土坑竖穴，长 2、宽 0.47、深 0.3 米，方向 86°。填土灰褐色，夹杂少量烧土颗粒，土质较松软。骨架已朽，在坑内东部钵附近发现牙齿痕迹，故判断其头向朝东。随葬品只有陶钵 1 件（图二二七）。

陶钵（M60:1），泥质灰陶，残甚，不可修复。

26、M61　位于 T1225 中部，部分被叠压在东部隔梁下，开口于第 2 层下，打破第 3 层

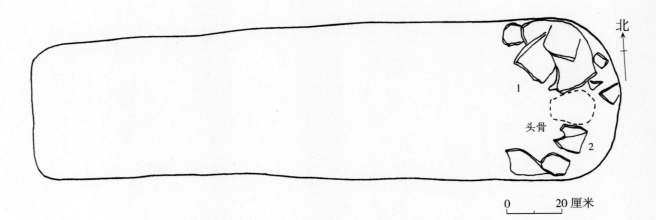

图二二五　M59 平面图

1. 陶釜　2. 陶豆

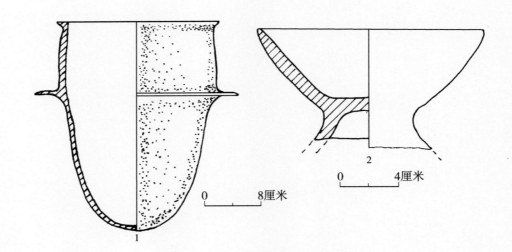

图二二六　M59 出土器物

1. 陶釜（M59:1）　2. 陶豆（M59:2）

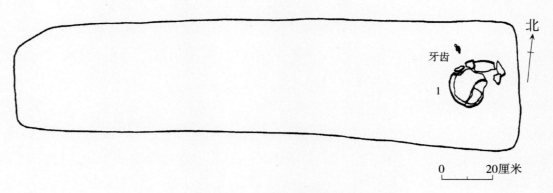

图二二七　M60 平面图

1. 陶钵

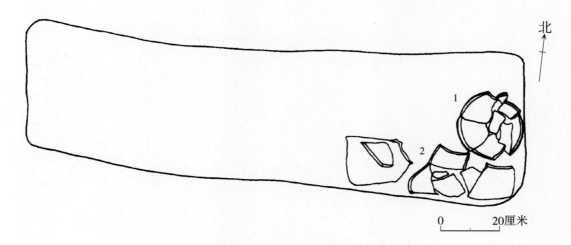

图二二八 M61 平面图

1. 陶钵 2. 陶釜

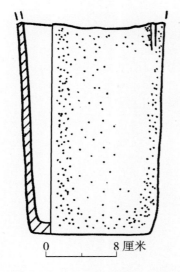

图二二九 M61 出土陶釜

（M61:2）

及红烧土层（第4层），打破M62。长方形土坑竖穴，长1.7、宽0.47、深0.9米，方向82°。填土灰褐色，夹杂烧土颗粒，土质较松软。骨架已朽，葬式不明。随葬陶器2件，钵1件置于坑内东部，釜1件破碎后，铺于坑内东南（图二二八）。

陶钵（M61:1），泥质灰褐陶，残甚，不可修复。

陶釜（M61:2），夹砂、蚌末灰褐陶，残甚，仅存下部筒身。残高23.2、底径11厘米（图二二九）。

27、M62 位于T1325西部，部分被叠压于西壁下，开口于第2层下，打破第3层和红烧土层，被M61打破。长方形土坑竖穴，长2、宽0.47、深0.5米，方向79°。填灰黄色土，夹杂细碎红烧土颗粒，底部为较纯净的灰色土，土质较松软。骨架已朽，葬式不明。随葬陶器3件，1件釜破碎后，铺于坑内东南；鼎、豆各1件，置于坑内东部（图二三〇；彩版六八:1）。

陶釜（M62:1），夹砂、蚌末灰褐陶，残甚，不可修复。

陶鼎（M62:2），泥质红陶，轮制。方唇，唇上饰斜点纹，口微侈，鼓腹，圜底。3个扁方足。足两侧有刻划的点纹，正面饰上下排列的戳点纹，施红色陶衣，部分已脱落。高15.2、口径15.5厘米（图二三一:1；彩版六八:3）。

陶豆（M62:3），泥质红陶，轮制。圆唇，敛口，深腹，矮圈足外撇。器表施红衣，剥落较甚，圈足上有3周凹戳印纹。高6.2、口径15.4、底径12.6厘米（图二三一:2；彩版

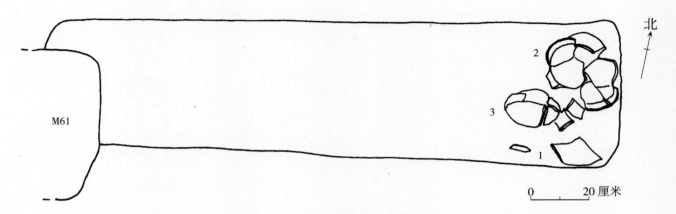

图二三〇　M62 平面图

1. 陶釜　2. 陶鼎　3. 陶豆

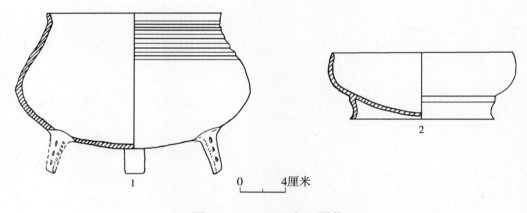

图二三一　M62 出土器物

1. 陶鼎（M62∶2）　2. 陶豆（M62∶3）

六八∶2）。

28、M63　位于 T1425 西北部，开口于第 2 层下，打破红烧土层，打破 M72。长方形土坑竖穴，长 2.2、宽 0.5、深 0.75 米，方向 90°。填灰褐色土，夹杂细碎红烧土颗粒，底部为较纯净的灰色土，土质较松软。骨架已朽，葬式不明。随葬陶器 2 件，其中 1 件釜破碎后，铺于坑内东部；盆 1 件，置于东部釜下（图二三二；彩版六九∶1）。

陶盆（M63∶1），泥质夹蚌末红陶，轮制。圆唇，敞口，斜弧腹，平底。外壁施红色陶衣。高 8.2、口径 23.1、底径 8.2 厘米（图二三三∶2）。

陶釜（M63∶2），夹粗砂、蚌末红陶，素面，轮制。器身不规整，由上下两部分拼接而成。上部圆唇，侈口，鼓腹，有 2 个对称小鋬。下部斜腹内收，平底略内凹。在上、下部结合处，堆贴锯齿状腰檐一周，檐上翘。高 21.9、口径 25.8～26.8、底径 11.3 厘米（图二三三∶1；彩版七〇∶3）。

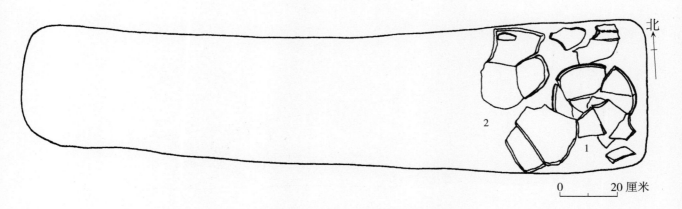

图二三二　M63 平面图

1. 陶钵　2. 陶盆

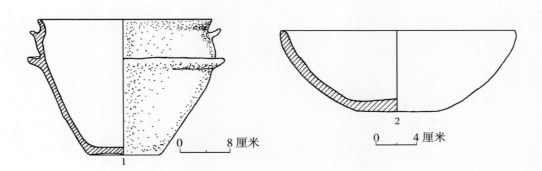

图二三三　M63 出土器物

1. 陶釜（M63：2）　2. 陶盆（M63：1）

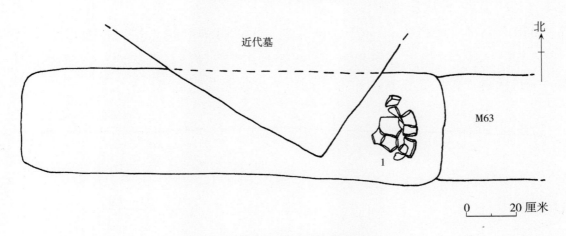

图二三四　M72 平面图

1. 陶钵

29、M72　位于 T1425 西北部，开口于第 2 层下，打破红烧土层（第 4 层），被 M63 打破。长方形土坑竖穴，长 1.7、宽 0.42、深 0.5 米，方向 90°。填灰褐色土，夹杂细碎红烧

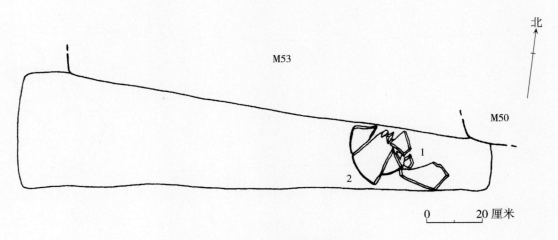

图二三五　M77 平面图

1. 陶釜　2. 陶钵

土颗粒，底部为较纯净的灰色土，土质较松软。骨架已朽，葬式不明。随葬陶钵 1 件，置于坑内东部（图二三四）。

陶钵（M72:1），泥质灰陶，残甚，不可修复。

30、M77　位于 T1225 东部，开口于第 2 层下，被 M53、M55 打破。长方形土坑竖穴，长 1.7、宽 0.42、深 0.6 米，方向 85°。填土灰黄色，土质坚硬，结构紧密。骨架已朽，葬式不明。随葬陶釜、钵各 1 件，置于坑内东部（图二三五）。

陶釜（M77:1），夹砂、蚌末灰褐陶，残甚，不可修复。

陶钵（M77:2），泥质灰褐陶，残甚，不可修复。

31、M78　位于 T1225 东部，开口于第 2 层下，打破红烧土层。长方形土坑竖穴，长 1.95、宽 0.45、深 0.45 米，方向 83°。填灰黄土，土质较硬。骨架已朽，葬式不明。随葬陶器座、三足钵各 1 件，置于坑内东部（图二三六；彩版六九:3）。

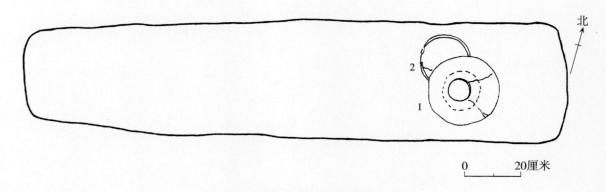

图二三六　M78 平面图

1. 陶器座　2. 陶三足钵

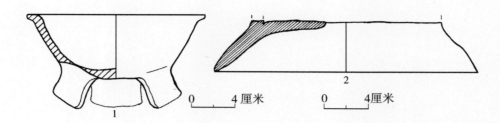

图二三七 M78 出土器物

1. 陶三足钵（M78：2） 2. 陶器座（M78：1）

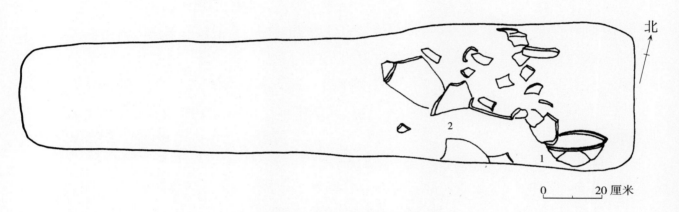

图二三八 M79 平面图

1. 陶钵 2. 陶釜

陶器座（M78：1），夹砂黑褐陶，轮制。上部残失，下部喇叭形圈足，中空，圈足靠近底部内壁有一圈宽檐。残高 4.9、底径 24.3 厘米（图二三七：2；彩版七〇：1）。

陶三足钵（M78：2），泥质灰陶，轮制。圆唇，敞口，平底，宽扁足，三足外撇。高 8.8、口径 16.7 厘米（图二三七：1；彩版七〇：2）。

32、M79 位于 T1225 东北部，开口于第 2 层下，打破红烧土层（第 4 层）。长方形土坑竖穴，长 1.95、宽 0.49、深 0.6 米，方向 79°。填土灰褐色，夹杂红烧土粒，土质较硬。骨架已朽，葬式不明。随葬陶器 2 件，其中钵置于坑内东部，釜破碎后覆于钵上（图二三八）。

陶钵（M79：1），泥质褐陶，残甚，不可修复。

陶釜（M79：2），夹砂、蚌末灰褐陶，下部已残，仅存上半部，轮制。方唇，直筒形腹，腹上对称有 4 个方形鋬耳。下部堆贴一周腰檐。残高 24、口径 19.3 厘米（图二三九）。

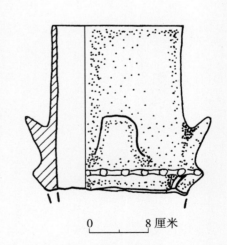

图二三九 M79 出土陶釜
（M79：2）

# 第二节　汉代墓葬

## 一、M4

位于 T1424 中部偏西北，开口于第 2 层下，为长方形竖穴土坑木椁墓。墓坑内填五花土，坑长 3.3、宽 3.1、深 2.8 米，方向正南北。葬具为木质棺椁。其中椁长 2.8、宽 2.1 米，由于腐朽严重，其高度与内棺情况不清。内棺应该在椁内偏东南部。人骨架两具，位于墓内中部偏西北，保存情况较差。但可以看出，两具骨架并排而置，头向均朝南。椁底部有 9 条横木，间距约 0.3 米，应为椁板下枕木遗存。墓内器物保存较好，在西侧棺外边箱内，放置釉陶器一组，铜洗、铁剑则位于头部边箱附近。另外，东侧骨架头部还出土一件琉璃蝉形玲（图二四〇）。M4 出土陶、釉陶、铜、铁、琉璃质随葬品共 16 件，详述如下：

1、陶器

釜　1 件（M4:8）。泥质灰陶，轮制。尖圆唇，侈口，溜肩，肩部饰弦纹，鼓腹内收，圜底。高 16.8、口径 18、最大腹径 27.6 厘米（图二四一:4）。

罐　3 件。其中标本 M4:15、M4:17 形制相同，灰色硬陶，器体轮制，耳部为手制后贴附。直口，圆唇，束直颈，溜肩；肩下部对称饰两耳，肩至腹部饰窄弦纹，鼓腹内收至平底。高 10.6、口径 8.8、最大腹径 14.2、底径 7.2 厘米（图二四一:1、2）。

另一件（M4:18）泥质灰陶，器体轮制，耳部为手制后贴附。尖圆唇，侈口，折沿，束直颈，斜直肩。肩上部对称有两耳，肩至腹部饰窄弦纹，斜腹内收。高 9.6、口径 8、最大腹径 10.6、底径 8.1 厘米（图二四一:3）。

灶　1 件（M4:10、13、14）。泥质灰陶，灶体为手制，甑、釜等部件为轮制而成。平面呈舟形，靠灶门一端较宽，烟囱处窄尖；灶门呈方圆形，直通灶内火膛。在灶面上，前置一小锅，后部大火眼上置有一釜，釜上又置一甑，甑腹部饰有弦纹，甑底部镂空有箅孔。灶后部有烟囱，与灶内火膛相通。高 24.8、长 38、最宽 22.8 厘米（图二四一:6）。

2、釉陶器

壶　3 件。标本 M4:4，釉陶，轮制。尖圆唇，平沿，敞口，束直颈，颈下部饰水波纹。斜直肩，肩上部两侧饰耳，耳部刻划叶脉纹。沿耳上下各有一周凸弦纹，腹部有一周凸弦纹，斜直腹内收至圈足。口至腹部施青釉，釉面剥落严重。器表内外有明显的轮制痕迹。高 36.8、口径 13.2、最大腹径 28.8、底径 14.4 厘米（图二四二:1）。

标本 M4:6，釉陶，轮制。圆唇，平沿，侈口，束直颈，颈下部饰水波纹。斜直肩，肩

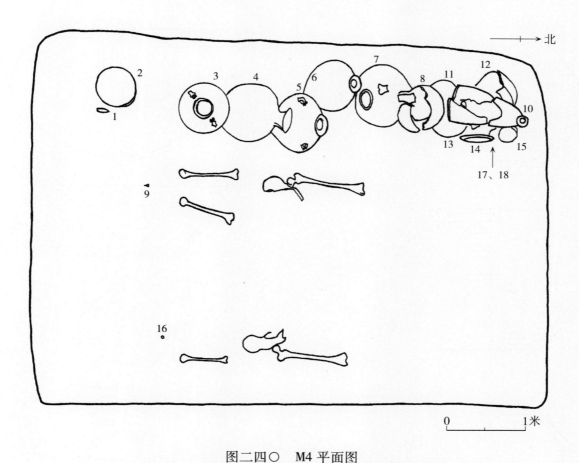

图二四〇　M4 平面图

1. 铁剑　2. 陶瓿　3、5、11. 釉陶瓿　4、6、7. 釉陶壶　8. 陶釜　9. 琉璃蝉　10、13、14. 陶灶
12. 铜洗　15、17、18. 陶罐　16. 铜钱

部饰两耳，沿耳部有两周弦纹，斜腹收至圈足。青釉施于腹部之上，器表内外有明显的轮制痕迹。高 25.2、口径 12.8、最大腹径 20.4、底径 10.8 厘米（图二四二:2；彩版七一:3）。

标本 M4:7，釉陶，轮制。尖唇，平沿，敞口，束直颈，颈下部饰水波纹。斜直肩，肩部饰两耳，耳上部有横 S 状贴饰，耳下部有衔环状贴饰，整体为抽象的兽面。沿耳部饰两周弦纹，鼓腹，斜腹收至圈足。青釉施于腹部之上，器表内外有明显的轮制痕迹。高 30.8、口径 14.4、最大腹径 25.64、底径 14.8 厘米（图二四二:4）。

瓿　3 件。标本 M4:11，釉陶，轮制。尖圆唇，敛口，双唇较厚，斜直肩，肩部对饰两耳。耳正面为一人面像，耳上、下有两周弦纹。腹部以上施青釉，下腹部内收至平底。器内外有明显的轮制痕迹。高 23.2、口径 8、最大腹径 27.8、底径 15.2 厘米（图二四二:6；彩版七一:2）。

标本 M4:5，釉陶，轮制。尖圆唇，敛口，双唇较厚，斜直肩，肩部对饰两耳。耳正面压印一人面像，耳上、下有两周弦纹。腹部以上施青釉，下腹部内收至平底。器内外有明显

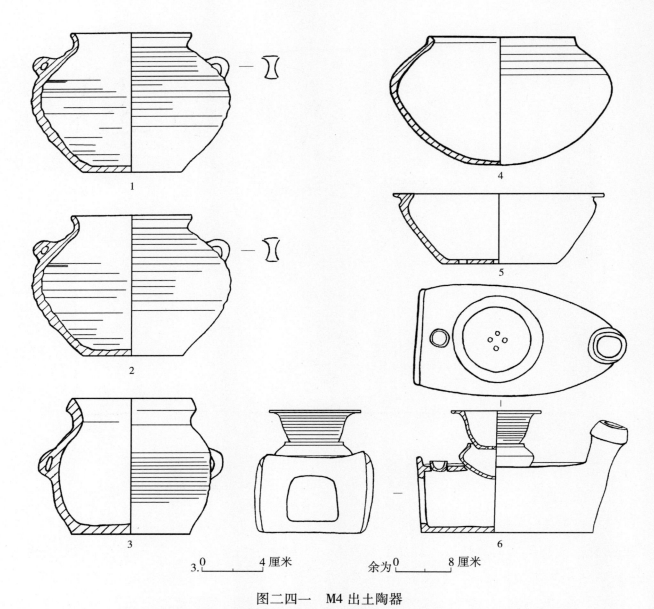

图二四一　M4 出土陶器

1~3. 罐（M4:15、M4:17、M4:18）　4. 釜（M4:8）　5. 甑（M4:2）　6. 灶（M4:10、13、14）

的轮制痕迹。高 22.8、口径 7.8、最大腹径 28、底径 13.6 厘米（图二四二：3）。

标本 M4:3，釉陶，轮制。尖圆唇，敛口，双唇较厚，斜直肩，肩部对饰两耳。耳正面压印一人面像，耳上、下有两周弦纹。下腹部内收至平底。腹部以上施青釉，釉面剥落严重，器内外有明显的轮制痕迹。高 29.6、口径 8.8、最大腹径 28.4、底径 13.2 厘米（图二四二：5）。

3、铜器

铜洗　1 件（M4:2）。敞口，宽檐外折，尖唇，腹部略鼓，圜底。胎壁较薄，出土时锈蚀严重。通高 9.6、口径 20.8 厘米。

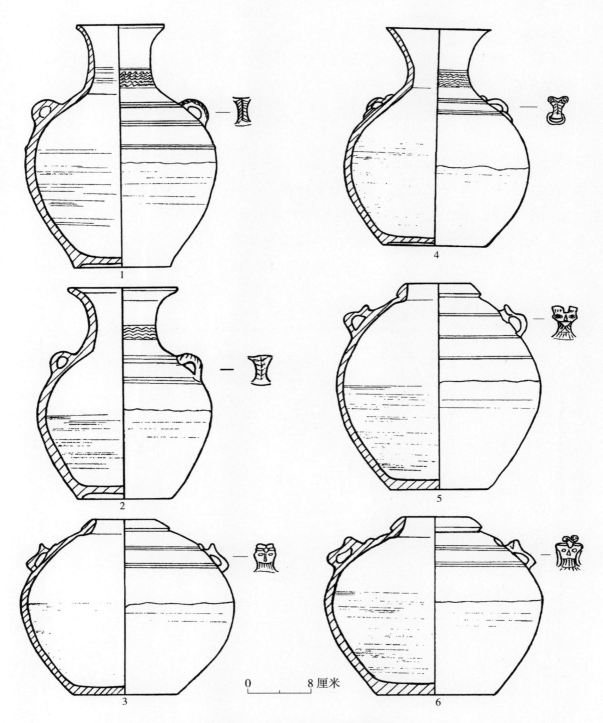

图二四二　M4 出土釉陶器

1、2、4. 壶（M4:4、M4:6、M4:7）　　3、5、6. 瓿（M4:5、M4:3、M4:11）

钱币　1 枚（M4:16）。锈蚀不可辨。直径2.5厘米。

4、铁器

铁剑　1 件（M4:1）。锈蚀残断。

### 5、琉璃器

蝉　1 件（M4∶9）。白色，内有细微的气泡，蝉身扁平，棱角分明。眼睛用一圈凹弧线表示，两翅平直。长 2.4、宽 1.1 厘米。

## 二、M5

位于 T1424 中部偏西南，开口于第 2 层下，为长方形竖穴土坑木椁墓。墓坑长 3.55、宽 2.6、深 2.85 米，方向正南北。葬具为木质棺椁。其中椁长 3.1、宽 2.45 米，由于腐朽严重，其高度不清。内棺仅存底板，朽痕显示为双棺东西并排放置，整体偏东南。人骨架腐朽严重，头向、葬式不清。西北、西侧棺外放置釉陶器，铁剑、铜镜等装饰品则置于棺内（图二四三；彩版七一∶1）。M5 出土陶、釉陶、铜、铁、漆、琉璃、玉质随葬品共 26 件，

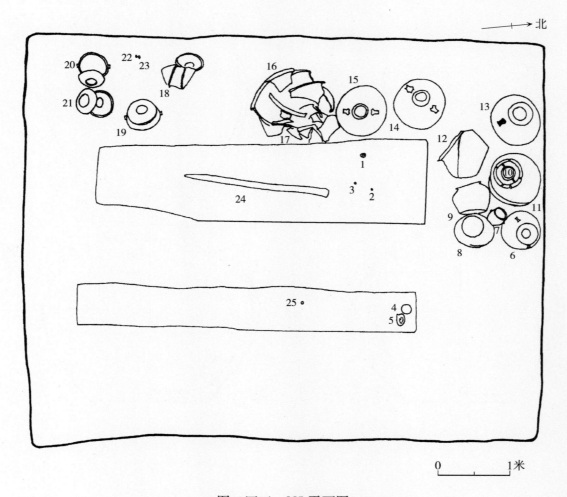

图二四三　M5 平面图

1 琉璃璧　2、3. 铜扣　4. 铜镜　5. 漆耳杯　6、8、11、13. 釉陶壶　7、9、10、12、26. 陶罐　14、15. 釉陶瓿

16. 陶甑　17. 陶釜　18～21. 陶盒　22、23. 铜钱　24. 铁剑　25. 玉珠

详述如下：

1、陶器

罐　5件。标本 M5：7，泥质灰陶。侈口，折沿，圆唇，鼓腹，最大径在上腹部，平底。肩上有两耳，腹部装饰弦纹，通高9.92、口径9.8、最大腹径12.6、底径7.4厘米（图二四四：2）。

标本 M5：10，泥质灰陶。口微侈，直沿，圆唇，鼓腹，平底。腹上部饰弦纹，肩部对称有两耳。通高9.2、口径8.2、最大腹径13、底径8.2厘米（图二四四：1）。

标本 M5：12，泥质灰陶，敛口，折沿，尖唇，鼓腹，最大径在上部，平底。肩上有两个桥形耳，上饰叶脉纹，腹部有弦纹，通高19、口径12.4、最大腹径22、底径12厘米（图二四四：7）。

标本 M5：9、M5：26 的形制、尺寸与标本 M5：12 相同。

盒　4件。其中3件形制相同（M5：18、M5：19、M5：20）。泥质红陶。尖唇，沿内子母口，与上部盒盖相扣合。口部对称饰方形耳，斜直腹，平底，通体有明显的轮制痕迹。通高14、其中盖高5、口径17.2、底径9厘米（图二四四：5）。

标本 M5：21，泥质红陶。尖唇，沿内为子母口，与上部盒盖相扣合。口部对称饰方形耳，斜直腹，平底。通体有明显的轮制痕迹。通高14.2、口径16.8、底径8.2厘米（图二四四：4）。

甑　1件（M5：16）。泥质灰陶。敞口，平沿，方唇，斜弧腹，平底。底部有孔，腹部饰弦纹。通高20.6、口径45.4、底径16.8厘米（图二四四：3）。

釜　1件（M5：17）。泥质红陶。直口，斜沿尖唇，折肩，深弧腹，圜底。通高25.4、口径21.2、最大径35.2厘米（图二四四：6）。

2、釉陶器

壶　4件。标本 M5：6，釉陶，轮制。圆唇，平沿，侈口，束颈，颈下部饰水波纹。斜直肩，肩上部两侧有耳，耳部刻划叶脉纹。沿耳上下各有一周凸弦纹，腹部有一周凸棱弦纹。青釉由口部饰至腹部，斜直腹内收，平底微凹。高28.2、口径13.2、最大腹径24、底径12厘米（图二四五：1）。

标本 M5：8，釉陶，轮制。尖唇，平沿，侈口，束颈，颈下部饰水波纹。斜直肩，肩上部两侧有耳，耳部刻划叶脉纹。沿耳上下各有一周凸弦纹，腹部有一周凸棱弦纹，青釉由口部饰至腹部，斜直腹内收，平底微凹。器表内外有明显的轮制痕迹。高25.6、口径12.2、最大腹径20.8、底径12厘米（图二四五：2）。

标本 M5：11，釉陶，轮制。圆唇，平沿，侈口，束颈，颈下部饰水波纹。斜直肩，肩上部两侧有耳，耳部刻划叶脉纹。沿耳上下各有一周凸弦纹，腹部有一周凸棱弦纹，青釉由口

部饰至腹部，斜直腹内收，平底微凹。器表内外有明显的轮制痕迹。高 36.4、口径 13.6、
最大腹径 27.2、底径 14.2 厘米（图二四五：3）。

标本 M5:13，釉陶，轮制。尖圆唇，平沿，侈口，束颈，颈下部饰水波纹。斜直肩，肩
上部两侧有耳，耳部刻划叶脉纹。沿耳上下各有一周凸弦纹，腹部有一周凸棱弦纹。青釉由

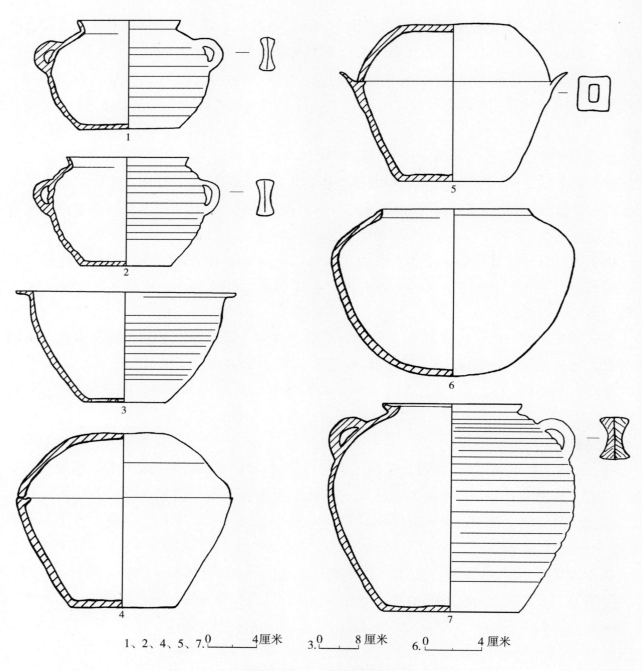

1、2、4、5、7. 0———4厘米　　　3. 0——8厘米　　6. 0——4厘米

图二四四　M5 出土陶器

1、2、7 罐（M5:10、M5:7、M5:12）　　3. 甑（M5:16）　　4、5. 盒（M5:21、M5:18）　　6. 釜（M5:17）

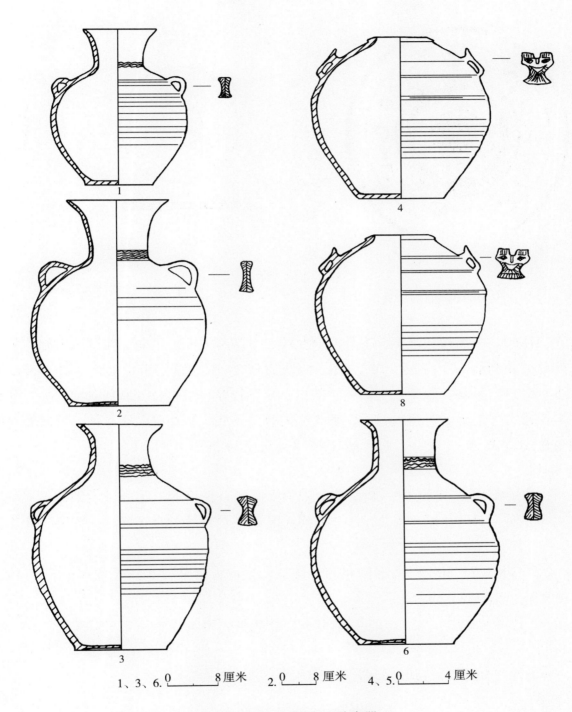

1、3、6. 0——8厘米　2. 0——8厘米　4、5. 0——4厘米

图二四五　M5 出土釉陶器

1～3、6. 壶（M5∶6、M5∶8、M5∶11、M5∶13）　4、5. 瓿（M5∶14、M5∶15）

口部饰至腹部，斜直腹内收，平底微凹。器表釉面剥落严重，器表内外有明显的轮制痕迹。高 36、口径 13.8、最大腹径 28.8、底径 14.4 厘米（图二四五∶6）。

瓿　2件。标本 M5∶14，釉陶，轮制。尖圆唇，敛口，双唇较厚，斜直肩。肩部对饰两

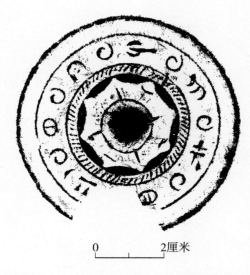

图二四六　M5 出土铜镜（M5:4）拓片

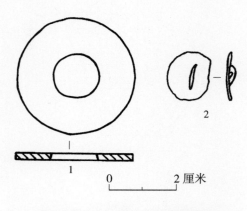

图二四七　M5 出土随葬器物
1. 琉璃璧（M5:1）　2. 铜扣（M5:2）

耳，耳正面压印一人面像，耳上、下有两周弦纹，下腹部内收，平底。腹部以上施青釉，器内外有明显的轮制痕迹。高 28、口径 8.2、最大腹径 29.6、底径 13.8 厘米（图二四五:4）。

标本 M5:15，釉陶，轮制。尖圆唇，敛口，双唇较厚，斜直肩。肩部对饰两耳，耳正面压印一人面像，耳上、下有两周弦纹，下腹部内收，平底。腹部以上施青釉，器内外有明显的轮制痕迹。高 28.4、口径 9、最大腹径 28.8、底径 14 厘米（图二四五:5）。

3、铜器

镜　1件（M5:4）。出土时一角已残。圆形，圆钮，钮座饰外连弧纹。两周圈带内有 7 字铭文，为"见□日月，心勿忘"，每个字都间隔一个卷云纹。直径 6.5、厚 0.6 厘米（图二四六）。

扣　2件（M5:2、M5:3）。形制相同。圆形，素面，后部仅有一个钮座。长 1.45、厚 0.1 厘米（图二四七:2）。

钱币　2枚（M5:22、M5:23）。形制相同。皆锈蚀不可辨。直径 2.5 厘米。

4、铁器

铁剑　1件（M5:24）。锈蚀残断。

5、漆器

耳杯　1件（M5:5）。木胎已朽，仅存漆皮痕迹，上部有朱漆图案，未能提取。长约 8、宽约 5.7 厘米。

6、琉璃器

琉璃璧　1件（M5:1）。圆形，白色，内有细小气泡，通体光素。内径 1.2、外径 3.2、厚 0.1 厘米（图二四七:1）。

**7、玉器**

珠 1件（M5:25）。圆形，白色，不甚规整。径0.9、孔径0.3厘米。

# 第三节 宋代墓葬

## 一、M69

位于T1225东南，压在东隔梁下，开口于第2层下。长方形土坑竖穴，填五花土，坑长2.2、宽0.72、深0.7米，方向34°。坑内置棺，棺木已朽，棺底部南北各有两垛垫棺砖。北部垫砖上以及附近出土青瓷碗2件、银簪1件，铜钱散铺于棺底（图二四八；彩版七二:1）。

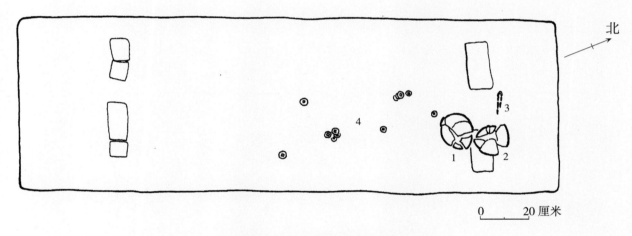

北

0　　　20厘米

图二四八 M69平面图

1、2. 瓷碗 3. 银簪 4. 铜钱

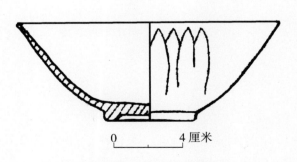

0　　　4厘米

图二四九 M69出土瓷碗
（M69:1）

瓷碗 2件（M69:1、M69:2），形制相同。敞口，斜腹内收，平底，圈足。青釉细开片，釉未及底，器壁饰莲瓣纹。通高6.2、口径16.2、底径5.4厘米（图二四九）

银簪 1件（M69:3）。长条形，已朽断。

另有铜质钱币若干，钱文锈蚀不可辨。

## 二、M70

位于 T1225 东南，开口于第 2 层下。

长方形土坑竖穴，填五花土，坑长 2.28、宽 0.88、深 0.72 米，方向 25°。坑内置棺，棺木已朽，棺底部有 4 块垫棺砖。北部垫砖东北侧出土 2 件青瓷碗，对扣放置，铜钱散铺于棺底偏西南处（图二五〇；彩版七二:2）。

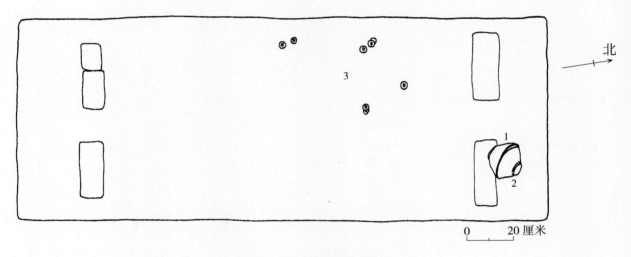

图二五〇　M70 平面图

1、2. 瓷碗　3. 铜钱

瓷碗　2 件（M70:1、M70:2），形制相同。敞口，斜腹内收，平底，圈足。青釉，釉未及底，器壁饰莲瓣纹。通高 6、口径16.2、底径 5.6 厘米（图二五一）。

另有铜质钱币 20 枚，其中 5 枚尚可辨识。其中元丰通宝 2 枚，绍定通宝、淳佑元宝、景定元宝各 1 枚。

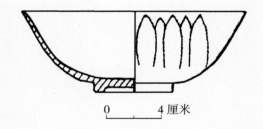

图二五一　M70 出土瓷碗

（M70:1）

## 三、M71

位于 T1225 中部偏东南，开口于第 2 层下。长方形土坑竖穴，填五花土，坑长 2.1、宽0.9、深 0.75 米，方向 46°。坑内置棺，棺木已朽，棺底部有 4 块条形青砖。北部垫砖附近出土 2 件青瓷碗，铜钱集中于棺底中部（图二五二；彩版七二:3）。

瓷碗　2 件（M71:1、M71:2），形制相同。敞口，斜腹内收，平底，矮圈足。青釉，釉

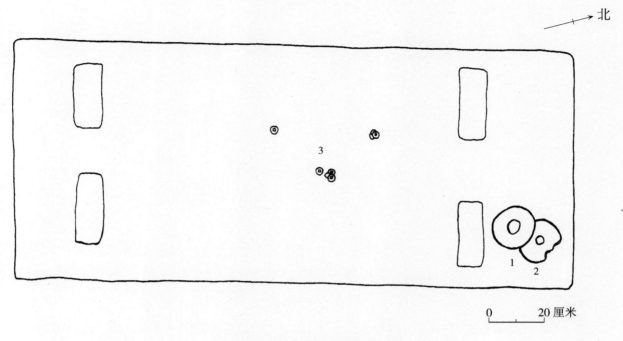

图二五二 M71 平面图

1、2. 瓷碗 3. 铜钱

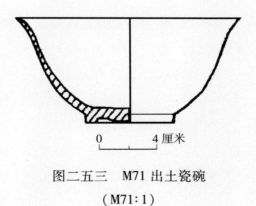

图二五三 M71 出土瓷碗

（M71∶1）

未及底，器壁饰莲瓣纹。通高6.6、口径15.5、底径5.4厘米（图二五三）。

另有铜质钱币若干，钱文锈蚀不可辨。

# 第五章　结　语

## 第一节　遗址地理位置的特殊性

祁头山遗址地处长江三角洲的太湖平原北侧紧邻长江，是目前发掘马家浜文化时期遗址中接近长江的一处大型遗址。长江三角洲东部地区在距今 7000 年左右，由于海平面的上升速度的减慢，使得江水入海的落差增大；另一方面地处古长江口的江阴，长江携带泥沙在江阴——张家港一线太湖平原北侧临江地区存留低山丘陵的阻隔淤积成陆。而与之相反的，现与江阴一江之隔的靖江直到元、明时期，还仅是长江入海口的一座孤岛。江阴至张家港一线，紧临长江沿岸发现多处相当于马家浜文化时期的早期文化遗址①。

祁头山遗址所在的马家浜时期的海岸线大致北起连云港东，经灌云→灌南→阜宁羊寨→盐城龙岗→大岗→东台南，南至海安沙洲，折西经泰县→泰州→扬州一线；三角洲南部海岸线为镇江→江阴→张家港→常熟→太仓→上海外岗→沙岗一线②（图二五四）。

祁头山遗址虽然发现时已遭严重破坏，但保存面积有近 3 万平方米，文化层厚达 3.5 米，层位关系丰富而复杂。毫无疑问，这是马家浜文化时期最靠近长江的一处重要遗存。祁头山所在地区是这一时期文化遗存的重要分布区，自西向东，集中了圩墩、潘家塘、青墩、祁头山、许庄、东山村等诸多遗址。崧泽文化时期，这一区域又有乌墩、笠帽顶、新岗、南楼等一批遗存。及至良渚文化时期，这里又先后形成了两个文化区域中心，一为高城墩遗址，一为寺墩遗址。

之所以产生上述的局面，和江阴所在区域的地形似乎有着十分密切的关系。自常州西部龙虎塘镇到江阴云亭镇一带，地势明显高于沪宁线以南地区，而且此区域内分布有众多的台型高地。在古代自然水利和灌溉的状况下，已经掌握水稻种植技术的马家浜时期的居民，自然会选择这样的高地来生活与进行农业生产。

①　高蒙河：《长江下游考古地理》，第二章《遗址分布》，第 40~41 页，复旦大学出版社，2005 年。
②　同①，第四章《水路环境》，第 196~197 页。

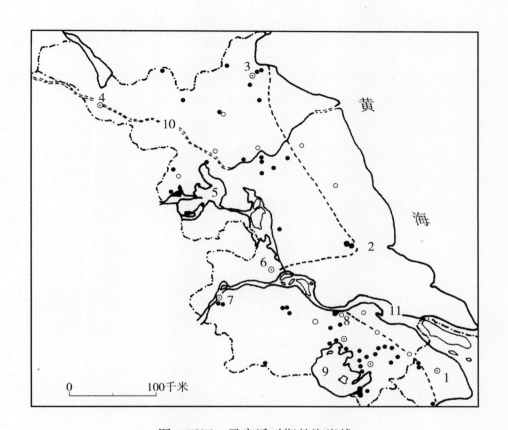

图二五四　马家浜时期的海岸线

1. 上海　2. 海安　3. 连云港　4. 徐州　5. 洪泽湖　6. 扬州　7. 南京　8. 江阴　9. 太湖
10. 废黄河　11. 长江（采自《长江下游考古地理》图57）

# 第二节　墓葬特点及分期

## 一、各层位墓葬的特点

　　祁头山遗址所发现的新石器时代灰坑、灶坑、房址等遗迹现象，分布在第10层以下及第3层以上的各层当中。遗迹总体数量很少，出土器物多零碎。祁头山地层堆积较厚，但各层堆积都较薄，地层中所含可供准确分期断代的器物也极少。而所发掘揭露的遗迹现象主要以第10a层到第2层间相互叠压、打破的一百余座新石器时代墓葬为主，出土器物也多集中在墓葬当中。墓葬中的器物绝大部分保存完整，墓葬开口层位清晰。从各层间叠压、打破的墓葬中，器物具有明显的变化特征。故我们将以此为重点，对祁头山遗址各层墓葬、器物特点进行总结，并且对各层间的墓葬、器物进行比对、分析，作为祁头山新石器时代文化分期的主要依据。

1、第 10a 层下墓葬

第 10a 层下为发现墓葬的最早层位，表明第 10 层下墓葬是祁头山遗址现阶段发现的最早的墓葬群体。第 10a 层为黑色土，厚 2～5 厘米，分布较均匀。其下为黄灰色土的第 10b 层，第 10b 层厚度均匀，为 25 厘米。第 10a 层下共发现墓葬 8 座，均打破第 10b 层，分布于 T1225、T1325 两座探方当中。其中 4 座分布于 T1225 中部或中部偏北，4 座分布于 T1325 偏北或中部偏西北。同层墓葬中，位于 T1325 中部偏北的 M134 同时打破偏西北的 M135、M136 两座墓葬，M135 打破 M136，M129 打破 M133（图二五五）。

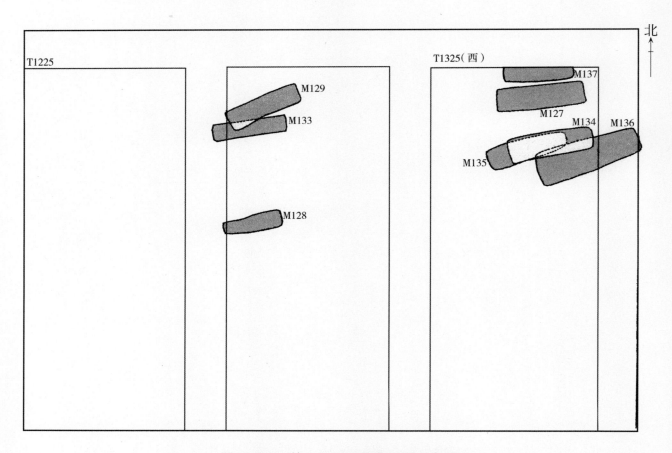

图二五五　第 10a 层下墓葬平面示意图

第 10a 层下墓葬的墓坑，均为长方形竖穴土坑墓，长 1.62～2.2、宽 0.35～0.72、深 0.28～0.95 米。其中墓坑的长度一般依据墓主的高度而稍有扩大，墓坑的宽度皆窄小。

M127、M135 等有保存较好骨殖，说明第 10a 层下墓葬的葬式以头向东北的俯身直肢葬为主。比较特殊的是，墓主的葬式与炊器、食器关系密切。例如，M128 死者俯身，面部朝下，直接置于一件泥质红陶豆盘（M128:2）当中。此外，在随葬器物的墓葬当中，墓主的头部均覆盖有破碎后的陶釜或陶罐碎片，其中 M137 覆盖于头部的陶罐可能有放置粮食的作用，因而替代陶釜放置于死者头部。由此可见，在此时期内，用实用器具随葬和以食为天的思想在葬俗中体现明显。

在这一时期，随葬品在墓葬中反映出量少而均的特点。一般的墓中随葬 1 至 2 件器物，有随葬品的墓葬占该层墓葬的 85.7%。器形主要为釜和敲去豆柄的豆盘。有些墓葬的随葬品明显具有象征性意义，如 M135、M136，虽然墓中出土陶釜残片，但数量较少，不足以拼对成完整的器物。较为例外的是 M134，墓中除出土有陶釜（M134:1）外，墓主颈部还出土了作为项饰的玉璜（M134:3）一件，胸部横置一件长条形骨器（M134:2）。但从其墓葬规模及随葬陶器来看，M134 与其他墓葬的性质并不存在太多差异。

第 10a 层下墓葬的随葬品，数量最多的是四鋬腰檐筒形平底釜。釜身多呈直筒形，腰檐上折。以腰檐为界，上部釜身表面多涂有朱红色陶衣，而下部未见涂抹。依据釜身的长短，可将该时期的釜分成两类。一类釜的筒身上、下等粗，筒身较长，腰檐外部贴饰有 4 个竖状用以加固腰檐的泥条，例如 M127、M129、M134 等墓出土陶釜。另一类釜的筒身上部宽大，至底部变窄，上、下呈倒梯形，筒身矮短，腰檐折棱较前者不明显，外部未见贴饰竖状泥条，腰檐内红彩明显。第二类釜仅见于 M128（M128:1）。豆完整者仅出土 2 件，豆座及柄皆已被人为敲去。其中 M128 中出土豆（M128:2）的柄尚存一段，可看出为高直柄。M137 出土豆盘（M137:1），外部仍留有涂抹红衣的装饰痕迹。器物外侧涂抹红衣是马家浜时期的主要装饰手法。而人为敲去豆盘下部的豆柄及座的这一做法，少见与之同时期的其他遗址当中，其中当含有特定的文化及宗教含义。

在第 10a 层下墓葬的随葬品以陶器为主，其中最具有文化特征的是四鋬腰檐筒形平底釜，其次就是人为敲去豆座及柄而随葬的豆盘，其他陶器仅见残陶罐一件（M137:2）。生产工具、装饰品仅见 M134 中的骨器（M134:2）、玉璜（M134:3）各一件。

2、第 9a 层下墓葬

在第 10a 层上覆盖有厚 15~20 厘米的黄色黏土，为第 9b 层，而第 9a 层直接叠压于第 9b 层之上，均为厚 2~5 厘米的黑色土。第 9a 层下发现墓葬 13 座，均打破第 9b 层，有些墓葬还打破第 10a 层、第 10b 层及第 10a 层下墓葬。第 9a 下墓葬共发现 13 座，分布于 T1225 及 T1325 两座探方当中。其中 10 座分布于 T1225 西部、中部、东部及东北，3 座分布于 T1325 中部或中部偏西。同层墓葬中，位于 T1225 西部的 M73 打破 M76，M74 打破 M75，M76 同时又打破 M74、M75。T1325 中部偏西的 M120 打破 M122，M123 打破 M130、M131，M130 打破 M131（图二五六）。

第 9a 层下的墓葬均为长方形竖穴土坑墓，长 1.7~2.1、宽 0.35~0.61、深 0.3~1.1 米，与第 10a 层下墓葬类似。其中墓坑的深度较第 10a 层下墓葬有所加深，墓坑的宽度仍比

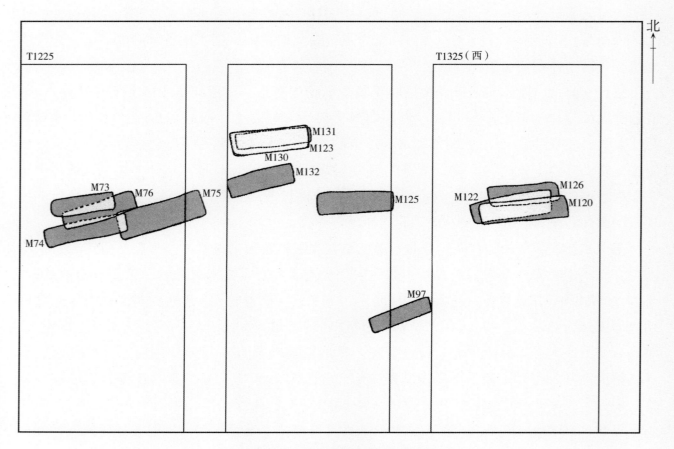

图二五六　第 9a 层下墓葬平面示意图

较窄小。

　　第 9a 层下墓葬中骨架保存较差，其中 M73、M75、M76、M97、M120、M125、M126 等墓葬中仅存留直肢、头向东北的骨殖朽痕。M120 中头骨面朝下置于钵内，说明俯身葬仍是盛行的葬式。随葬品放置情况与第 10a 层下墓葬略有相异，一方面，保留了在毁器后将器物碎片覆盖于死者头及上身部；另一方面，新出现将毁器后的碎片置于墓主头部一侧（如 M123、M132）、下肢（如 M76）之上，或将器物碎片前后分离，放置于墓主头、腹两处（如 M120）。

　　此时期的随葬品在数量上承接第 9a 层下墓葬特点，一般墓中随葬 1 至 2 件器物，有随葬器物的墓葬占该层墓葬的 76.9%。其中随葬一件釜的墓葬占绝大多数，随葬两件器物则以釜、钵或盆为组合。而以残破陶片象征完整随葬品的随葬方式依然存在（如 M76）。

　　第 9a 层下墓葬出土的随葬品全为陶器，四鋬腰檐筒形平底釜仍是该层墓葬器物组合的主体。新器形诸如平底钵、三足钵出现在该层墓葬中，取代第 10a 层下墓中釜和豆盘的器物组合形式。随葬品中，以四鋬腰檐筒形平底釜为主要器形。第 10a 层下墓葬出土的两类釜在此时期内依然存在。矮筒、上宽、底窄的平底釜仅一件（M74:1），檐上两錾与第 10a 层下 M128 四錾釜略有区别。四錾腰檐筒形平底釜仍然是主流器形，但檐下贴饰的竖状泥条由 8 个竖状泥条分成 4 组的新装饰方法，见于 M97 的釜（M97:1）。该层 M132 出土一件鼓腹双耳平底釜（M132:1），为第 9a 层下墓葬出现的新器形。该层墓葬中未发现陶豆，取而代之的是平底钵与三足钵。平底钵分为两类，一类弧深腹、带錾钵见于 M74（M74:2），另一类敞口斜直腹钵见于 M120（M120:2）、M126（M126:1）两座墓葬。三足钵一件，仅见于 M125（M125:2）。折敛口，折沿内外均饰有红衣，腹部较深，腹中部原有三足，已残失，仅留足根痕迹，很可能是人为敲去。此外，M97 中出土陶纺轮（M97:2）一件。

　　3、第 8a 层下墓葬

　　第 9a 层上叠压厚 1～2 厘米的一层黄色黏土，为第 8b 层。第 8b 层上部，覆盖有厚 2～5 厘米的黑土层，为第 8a 层。第 8a 层下发现墓葬 6 座，均打破第 9b 层，有些墓葬还打破第 9a 层、第 9b 层、第 9a 层下墓葬。墓葬分布于 T1225 及 T1325 两座探方当中。4 座分布于 T1325 西部及北部，2 座分布于 T1225 东部及东部偏北。同层墓葬中，未发现有相互打破关系。

　　第 8a 层下墓葬的墓坑，除 M107 墓坑西部略显不规则外，均为长方形竖穴土坑墓。长 1.8～1.95、宽 0.3～0.6、深 0.35～0.77 米（图二五七）。

　　该层墓葬中骨架保存较差，6 座墓葬当中，仅 M109 内存留俯身直肢、头向东北的骨架。其他墓葬如 M106、M113，在墓坑东部的钵、盆内发现有头骨朽痕，表明墓主为头向东北俯身的葬式。随葬的陶制品被毁器后，将部分器物碎片覆盖于死者头部的仍见于 M112，而 M106 的陶釜碎片更置于墓主头部、腹部、脚部。将此类器物敲碎后，碎片均匀地撒置于墓坑内，应当具有特定的含义。

　　第 8a 层下墓葬中有随葬品的仅有 M106、M113 两座，占该层墓葬的 33.3%。随葬陶器各两件，以四錾腰檐筒形平底釜、三足钵或盆构成器物组合。四錾腰檐筒形平底釜与第 9a 层下、第 10a 层下墓葬所出筒形平底釜相比，筒身下部有所增高，所占比例高于筒身上部。腰檐由上翘逐渐变平。三足钵见于 M113（M113:1），除钵的沿内外饰有红衣外，内、外绘饰放射状植物纹，腹部较斜直，腹较浅，三足已残失，从足根痕迹来看，足置于腹近底部。此外，陶盆（M106:1）与前期同类器形相比，于腹上部增加有一对錾耳。

　　4、第 7a 层下墓葬

　　第 7 层分为第 7a、第 7b 两层。第 7a 层为黑色土，厚 0～5 厘米；第 7b 层为灰色土，厚 0～25 厘米，其中第 7b 层直接叠压于第 8a 层之上。第 7a 层下是祁头山遗址新石器时期墓葬第一个高峰时期，共发现墓葬 27 座。墓葬均打破第 7b 层灰色土，有个别较深墓葬还打破第 8a 层下、9a 层下及 9a 层下墓葬。墓葬分布于 T1225 及 T1325 两座探方当中。其中 4 座分布

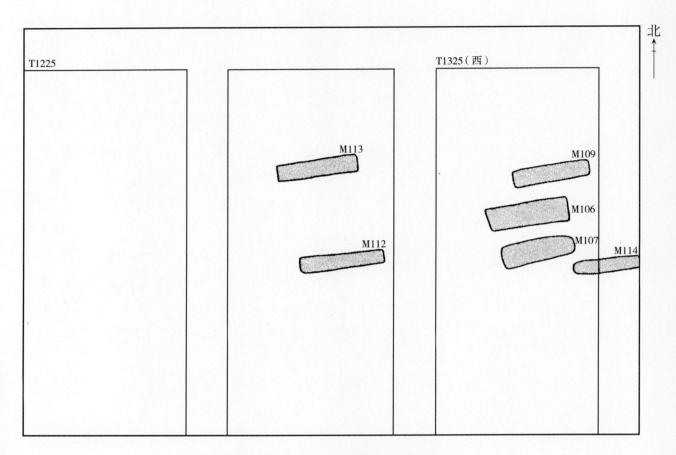

图二五七　第8a层下墓葬平面示意图

于 T1325 中、北及西北部，23 座分布于 T1225 内。同层墓葬中，M31 打破 M66，M37 同时打破 M38、M52、M66，M64 打破 M66，M65 打破 M67、M68，M67 打破 M68，M99 打破 M101，M100 打破 M103，M104 打破 M103，M110 打破 M66，M115 打破 M116（图二五八）。

　　第7a层下墓葬的墓坑，多为长方形竖穴土坑墓，仅 M101 在墓坑西端略显弯曲。墓坑长 0.9～2.05、宽 0.3～0.6、深 0.15～0.75 米。

　　该层墓葬的骨架保存较差，27 座墓葬当中，仅 M100 内存留俯身直肢、头向东北的肢骨痕迹。M32、M35、M37、M108、M115、M119 在墓坑东部所置钵、盆内，发现有头骨及牙齿朽痕，表明墓主头向东北。随葬陶制品中，将部分器物毁器后，碎片覆盖于死者头部的做法仍较普遍，同时，用陶片覆盖墓主上半身的方式也开始占有一定比例，而并非个别现象。

　　第7a层下墓葬中出土有随葬品墓葬，占该层墓葬的 59.26%。随葬陶器 1～3 件，以四鋬腰檐筒形平底釜与三足钵、盆及豆盘为器物组合。四鋬腰檐筒形平底釜与第8a层下墓葬中所出筒形平底釜一致，皆筒身下部所占比例大于筒身上部，其中少量如 M100:2、M101:2 两件筒形釜，口部已略显外敞。筒形釜腰檐渐平，从 M35:1 釜可以看出，原筒形釜上部与

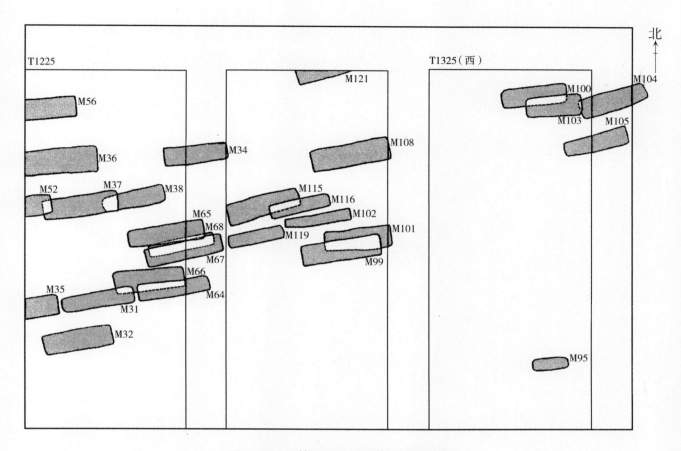

图二五八　第 7a 层下墓葬平面示意图

腰檐间形成的深槽由于腰檐从上翘渐变成平檐，已近消失。三足钵与筒形釜的组合不是器物组合的主流，但三足钵的足部在该层墓葬内未见人为敲去，而是保存完整器形。器物组合的主体仍以筒形釜与盆、豆盘为主，在第 10a 层下墓葬特征而在第 8a 层下、第 9a 层下墓葬中未见的以高柄豆豆盘随葬现象，在该层中大量出现，其与盆成为组合主体。第 7a 层下墓葬中出土豆盘，口部较敞，盘腹壁较直。盆以直壁略弧腹平底和带錾平底盆为主，前者依然数量较多。豆盘及盆内外上装饰红衣的方法依然较为普遍。M37 中出土一件钵状豆的豆盘较特殊，该豆柄部已被敲去，陶质为烧成火候较高的泥质橙红陶，口沿外部施红衣，其余部位均以磨光处理，钵身还有为修补破裂而打钻的小孔。小型陶器在该层始现，但仅见于 M52 的一件陶杯（M52：2）。

5、第 6 层下墓葬

第 6 层下是祁头山遗址新石器时期墓葬的第二高峰时期。开口于第 6 层下的墓葬共发现 32 座，均打破第 7a 层及第 7b 两层。个别墓坑较深者，打破第 7a 层下、第 9a 层下及第 10a 层下墓葬。墓葬分布于 T1224、T1225 及 T1325 三座探方当中。4 座分布于 T1224 东、东北及东南部，23 座分布于 T1225 内，5 座分部在 T1325 中、西部。同层墓葬中，M10 打破

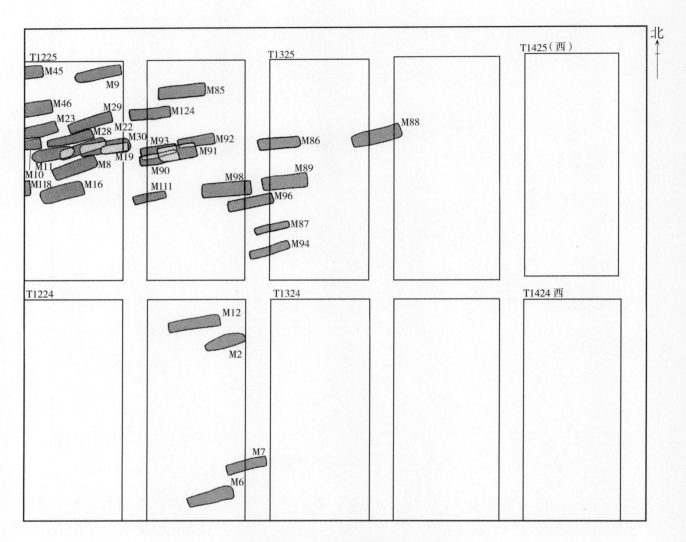

图二五九　第 6 层下墓葬平面示意图

M23，M11 打破 M22，M22 打破 M19，M90 同时打破 M91、M93，M93 同时打破 M92、M91（图二五九）。

　　第 6 层下墓葬的墓坑，除少量被打破，墓坑残缺外，大部分为长方形竖穴土坑墓。其中 M2 在墓坑西端略显弯曲，成不规则形状；M6 墓坑中部略有内凹；M11、M12 墓坑一端或两端，因放置随葬品而将两端开挖成圆弧形。墓坑长 1.2～2.1、宽 0.24～0.67、深 0.2～0.86 米。

　　第 6 层下墓葬中骨架保存较差，32 座墓葬当中，存留骨殖痕迹的墓葬仅有 M16、M86、M96 三座，从骨殖朽痕辨别出，墓主皆俯身直肢，头向东北，面部置于钵、盆或豆盘内。如 M9、M23、M87、M88、M89、M93、M111 等墓内，在墓坑东部或所置钵、盆内，发现有头骨及牙齿朽痕，表明这些墓葬均为东北向。毁器的葬俗变化明显，以釜整体随葬的葬俗始现。例如 M16、M23、M28、M30、M45、M85、M90 等，仍是将毁器后的碎片覆置在墓主的头部；而 M2、M11、M12、M46、M85、M93、M98 等，则是将毁器后的碎片置于墓主骨架上半身及下半身。该层墓葬中如 M9、M10、M86、M88、M89、M91、M92 等，随葬陶釜虽已破损，而碎片完整，推测原先应随葬完整陶器，后因填土下压而破碎。此类随葬完整陶釜的墓葬，在该层中已占有相当大的比例。

该层墓葬有随葬品者，占该层墓葬的 78.1%。随葬陶器 1 至 2 件，以四鋬腰檐筒形平底釜与三足钵、盆、匜、豆及豆盘为器物组合。四鋬腰檐筒形平底釜与第 7a 层下墓葬所出筒形平底釜相比，筒身下部所占比例更多，在筒径相等的情况下，筒形平底釜下腹部更显瘦高。筒形平底釜上径普遍大于下腹直径，随着筒径上大下小趋势的明显，釜上口部外侈已较普遍。筒形釜上部与腰檐间形成的深槽已彻底消失。M93 中筒形釜（M93:1）上部大敞口，斜直腹，小平底，四鋬宽而短，与主流筒形平底釜有别。M92 中的小型筒形平底釜（M92:1）似有明器特征。圜底釜在该层中始见，例如标本 M10:2，三足钵已经成为与筒形釜的组合主体。第 6 层下墓葬中，三足钵足部大部分保存完整，位于腹部以下。敞口直腹盆与带鋬平底盆依然存在，M23 出土一件敞口深弧腹大平底盆，不见于前层墓葬当中。随葬于头部的豆，在本层不仅有高柄豆敲去豆座及柄的豆盘，新出现一类大浅盘矮圈足豆（M22:1），另一件弦纹喇叭状圈足豆（M93:2）的下部也得以保留。装饰方面，多见在钵、豆上装饰红衣，其中三足钵折沿内外饰红衣，高柄豆器表施红衣，矮圈足豆的红衣饰于矮圈足。此外，弦纹喇叭状圈足豆（M93:2）的器表涂黑色陶衣，磨光，较特殊。

6、第 5 层下墓葬

开口第 5 层下的墓葬共发现 7 座，均打破第 6 层，个别墓坑较深的墓葬同时打破第 6 层与第 7a 层下墓葬。第 5 层下的墓葬分布在 T1225、T1325 当中，其中 5 座位于 T1225 内，2 座位于 T1325 当中。同层墓葬间，M24 打破 M110（图二六〇）。

第 5 层下墓葬的墓坑，除少量被打破因而墓坑残缺外，大部分为长方形竖穴土坑墓。墓坑长 1.22～2.1、宽 0.45～0.75、深 0.29～0.75 米。

第 5 层下的 7 座墓葬中，仅 M82 内发现有较清晰的骨殖，其余墓葬如 M83、M84，在墓坑东部所置钵、盆内，发现零星的牙齿痕迹。M82 墓主的头骨枕于墓坑东部所置豆盘内，面朝上，墓坑中、西部发现有肢骨痕迹，推测葬式为仰身直肢。其余墓葬从牙痕判断，头向皆为东北。随葬的陶制品中，将陶釜毁器后、碎片覆盖于死者头部的做法仍然存在。

该层有随葬品的墓葬，占该层墓葬的 57.1%。随葬陶器均为 2 件，以四鋬腰檐筒形平底釜与三足钵、盆、豆为器物组合。四鋬腰檐筒形平底釜，筒形平底釜上径普遍大于下腹直径，下部增高趋势明显，上口沿部均作外侈状。筒形釜四鋬长度有所增加，且鋬有下移至腰檐，并有与之相接的趋势，如 M82 的筒形釜（M82:1）。三足钵由折敛口发展成微敛口，足

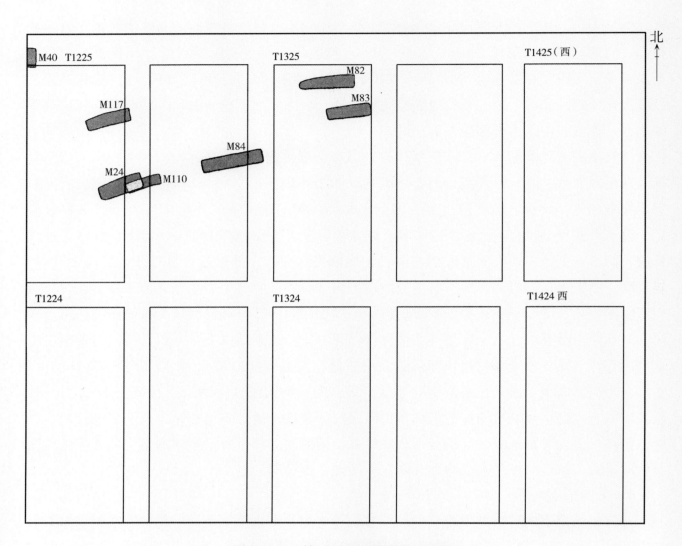

图二六〇　　第 5 层下墓葬平面示意图

部残失。盆、钵承接前层样式，并以抹光红衣作为主要装饰手法。该层中始见矮圈足碗形豆（M82:2），泥质灰黑陶，外部抹光，足部有钻孔装饰。

7、第 4 层下墓葬

第 4 层为红烧土块层。由大小不等的烧土块平铺而成。开口于第 4 层下墓葬共发现 5 座，均打破第 5 层，个别墓坑较深的墓葬打破第 6 层下墓葬。第 4 层下墓葬分布在 T1225、T1325 当中，其中 3 座位于 T1225 内，2 座位于 T1325 南部和北部。同层墓葬间，未发现有相互打破关系（图二六一）。

第 4 层下墓葬的墓坑，除少量被打破，墓坑残缺外，大部分为长方形竖穴土坑墓。其中 M80 西端因放置随葬品，故而将两端开挖成圆弧形。墓坑长 1.5 ~ 1.9、宽 0.45 ~ 0.9、深 0.27 ~ 0.65 米。

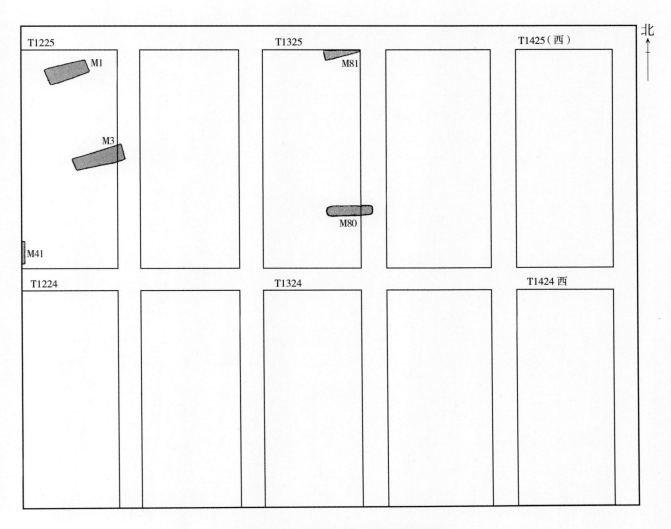

图二六一　第 4 层下墓葬平面示意图

　　第 4 层下 5 座墓葬中，仅 M3、M80 西部内发现有部分下肢骨痕迹，其中 M80 墓坑东部侧置的矮圈足碗形豆内，发现有面向豆盘的头骨朽痕，由此推测，M80 葬式应为侧面直肢。随葬品中，将陶釜毁器后，碎片覆盖于死者头部及上半身。

　　第 4 层下发现的 5 座墓葬中，皆有随葬品发现。随葬器物 1～3 件，以四鋬腰檐筒形平底釜与豆为器物组合。筒形平底釜的上径普遍大于下腹直径，下部增高趋势明显，上口沿部均作外侈状，底径变小，部分筒形釜的四鋬与腰檐已经相接。盆、钵未见于第 4 层下墓葬，而形成以矮圈足碗形豆及矮圈足钵状豆与筒形釜组合的新样式。该层出土的矮圈足碗形豆，以橙红陶陶质为主，口沿及圈足上有红衣，如 M41∶1。新出现的矮圈足钵状豆仅有一件（M1∶3），喇叭状圈足甚矮，外部饰抹光橙红陶衣。

　　8、第 3 层下墓葬

　　第 3 层下墓葬仅发现 2 座，其位于红烧土块层（第 4 层）之上，并打破红烧土层，以及第 7a 层下墓葬。两墓分别位于 T1424 的东南和西南部，两墓间未发现有相互打破关系（图二六二）。

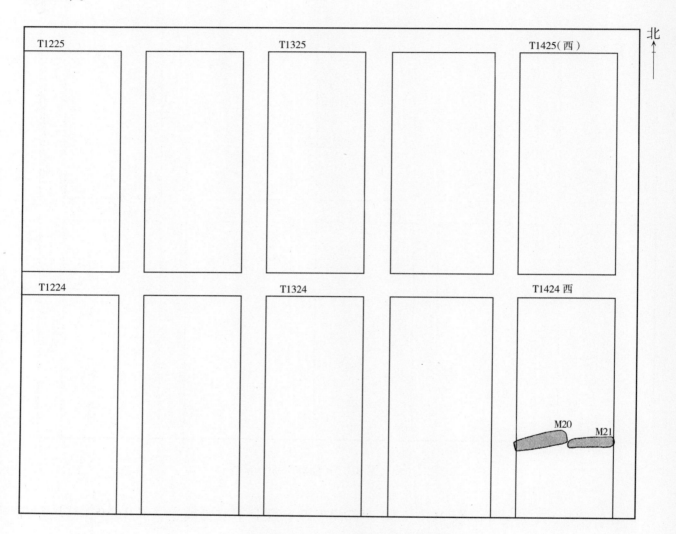

図二六二　第 3 层下墓葬平面示意图

　　第 3 层下墓葬为长方形竖穴土坑墓。墓坑长 1. 95 ~ 2. 2、宽 0. 4 ~ 0. 55、深 0. 3 ~ 0. 75 米。

　　两墓中仅于 M21 墓坑西部发现下肢骨痕，且墓坑东部放置有陶豆，由此推测，M21 为头向东北的直肢葬。M21 将陶釜毁器后，碎片覆盖于死者的头部至腹部。而 M20 陶釜碎片覆盖于死者的腹部及下身。

　　第 3 层下两座墓葬中，M21 有随葬品 3 件，M20 有随葬品 2 件。器物组合仍然是四錾腰檐筒形平底釜和豆。筒形平底釜口沿部均外侈，上径普遍大于下腹直径，底径变小，下部已演变为瘦高直挺。豆除矮圈足碗形豆以外，M20 出土小型陶豆，通体戳印、堆塑白彩几何纹式，装饰手法极为特殊。

9、第 2 层下墓葬

第 2 层下是祁头山遗址新石器时期墓葬的又一集中时期。开口于第 2 层下新石器时期墓葬共发现 32 座，均打破第 3 层，个别墓坑较深者，打破红烧土层。墓葬分布于 T1224、T1225 及 T1324、T1325、T1424、T1425 六座探方当中。3 座分布于 T1224 内，11 座分布于 T1225 内，8 座分布于 T1324 内，6 座分布在 T1325 内，2 座分布在 T1424 内，2 座分布在 T1425 内。同层墓葬中，M14 打破 M15，M17 打破 M25，M50 打破 M53，M55 打破 M77，M61 打破 M62，M63 打破 M72（图二六三）。

第 2 层下墓葬的墓坑除少量被打破、墓坑残缺外，大部分为长方形竖穴土坑墓。其中

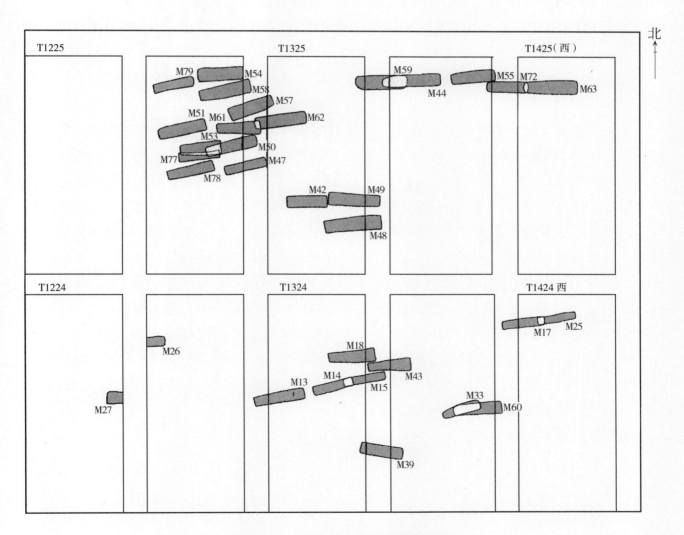

图二六三　第 2 层下墓葬平面示意图

M48、M61、M63 在墓坑一端略显弯曲，成不规则形状；M26、M54、M59 墓坑一端或两端，因放置随葬品，故而将两端开挖成圆弧形。墓坑长 1.46~2.3、宽 0.36~0.52、深 0.15~0.9 米。

第 2 层下墓葬中骨架保存较差，33 座墓葬当中，存留骨殖痕迹的墓葬仅有 M14 一座。从骨殖朽痕看出，墓主直肢、头向东北，面部置于钵、盆或豆盘内。如 M49、M57、M58、M59、M60 等墓内，在墓坑东部或所置钵、盆内，发现有头骨或牙齿朽痕，这表明，该层墓葬头向均为东北向。毁器葬的葬俗仍然盛行，但以釜、罐、鼎等大型陶器整体随葬的葬俗，在个别墓葬中依然存在，如 M26、M55、M62、M30、M45、M85、M90 等。毁器后的碎片多覆置在墓主头部，而 M39、M42、M44、M48、M53、M54、M98 等，则是将毁器后的碎片置于墓主骨架胸部、下半身或身侧。

该层墓葬随葬品类型多样，数量较多，每座墓葬皆出土有随葬品（不包括未发掘完全的墓葬），随葬器物 1 至 6 件不等。第 2 层下墓葬中陶器组合多样，主要以大型罐、釜、鼎类与钵、盆、豆及豆盘组合，在较多墓葬陶器组合中增加了小型陶罐。例如 M55 中的釜、钵、罐组合，出现了鼎与豆的新型组合关系。随葬陶质品中，以大型陶罐、四錾宽腰檐圜底釜、四錾小平底深腹釜、鼎为主，四錾腰檐筒形平底釜所占比例不多。四錾腰檐筒形平底釜与第 3 层下墓葬中所出筒形平底釜相比，筒形釜四錾与腰檐已分离，四錾长度变短，筒身下部仍然是瘦高直挺。另一类筒形平底釜，上、下呈倒状梯形，筒身矮短，上腹部帖錾耳，见于 M39（M39∶2）、M63（M63∶2）。该层出土圜底釜，类型丰富。一类深腹，圜底较尖（如 M59∶1）；另一类浅鼓腹，圜底（如 M44∶2）。豆以矮圈足碗形豆为主，表面施红衣，多剥落较多。矮圈足也有增高趋势，如 M15∶1，不仅圈足较前者增高不少，口沿也由原先的敛口变为直口，外表增饰弦纹。人为敲去豆盘下部的豆柄及豆座的随葬形式，依然见于该层，如 M44、M49，而圈足较矮者未见使用此类做法。高三足器诸如鼎、三足钵等始见，鼎外表均抹红衣。鼎口沿及足根有戳印纹饰，装饰手法与同层的少量豆的圈足部（M51∶1）、罐肩部（M55∶3）装饰手法一致。M42、M78 中出土的两件器座亦未见于前层墓葬。

第 2 层下墓葬中，玉石器出土较多。玉器以装饰性的璜、玦为主，出土于墓坑东部所置盘、钵及豆附近。璜置于墓坑中部，当是颈项位置。玦对饰两侧，或位于钵、盘内。石器仅见舌形石斧一类，出土时平置于墓坑中部。

现将各层墓葬随葬品的种类及数量统计如下：

| 层位 | 墓葬数量 | 陶器① | 石器 | 玉器 | 骨器 | 总计 | 均值（件） |
|---|---|---|---|---|---|---|---|
| 第 10a 层下 | 8 | 8 | 0 | 1 | 1 | 10 | 0.8 |
| 第 9a 层下 | 13 | 15 | 0 | 0 | 0 | 15 | 1.15 |
| 第 8a 层下 | 6 | 5 | 0 | 0 | 0 | 5 | 0.83 |
| 第 7a 层下 | 27 | 24 | 1 | 0 | 0 | 25 | 0.92 |
| 第 6 层下 | 32 | 41 | 0 | 0 | 0 | 41 | 1.28 |
| 第 5 层下 | 7 | 8 | 0 | 0 | 0 | 8 | 1.14 |
| 第 4 层下 | 5 | 9 | 0 | 0 | 0 | 9 | 1.8 |
| 第 3 层下 | 2 | 5 | 0 | 0 | 0 | 5 | 2.5 |
| 第 2 层下 | 32 | 57 | 3 | 8 | 0 | 68 | 2.12 |

## 二、墓葬区的分布与地层堆积的关系

在祁头山遗址墓葬中，除单位墓葬间存在的叠压、打破关系以外，各层墓葬数量的变化规律，特别是墓葬集中区域层与层间的堆积厚度、质地的差异，也是我们所关注的。

我们从以上对各层墓葬情况的叙述与总结中看到，第 10a 层下至第 6 层下是墓葬区营建到使用的第一个高峰阶段。第 10a 层至第 7a 层，层与层间较薄，且差异明显，人为主动堆积的形态明显②。我们推测不外乎两种可能性。第一种可能即是由于地下水位的不断抬升，严重影响到祁头山当时先民的生产、生活，并影响到墓区内新墓葬的挖建，为了使死者死后能置于一个相对干燥的环境当中，从而人为堆积相对更高的墓葬区域，来埋葬死者。第二种可能是该墓地使用率太高，已满足不了人口不断增长的需要，需要人为堆积来增加墓地的使用率。两类原因，或许兼而有之。

相比较第 6 层至第 10a 层下墓葬集中情况，第 3 至第 5 层下墓葬较少，处于该区墓葬营建相对滞后的阶段。其中含大量红烧土块的第 4 层堆积，由于在该层的层面上发现有较多无规律并打破该层类似柱洞遗存，而红烧土块的第 4 层堆积范围尚不清楚，我们只能推测其有可能承担有一定意义上的祭祀功能③。但也不排除由于地下水位的连续升高，使得人们必须使用更加耐潮防湿的红烧土块作为活动面。

---

① 陶器数量包括未修复的器物。

② 该遗址的地层堆积情况表明，第 7a 层明显是为开口于第 6 层下墓葬而铺设，第 6 层下墓葬应属于第 10a 层至第 7a 层范畴。

③ 湖南澧县城头山遗址，大溪文化地层中也发现有类似的祭祀区域，见湖南省文物考古研究所：《澧县城头山——新石器时代遗址发掘报告》，文物出版社，2007 年。

　　第 2 层下是墓葬区使用的第二个高峰期，但因第 2 层即已是现代扰乱层，对于第 2 层下墓葬的划分及第 2 层下与第 3 层下墓葬的比较应当慎重。因为在年代存在断层的前提下，同一层位下墓葬间可能存于不同时期，因为晚期墓葬的开口层位可能已被更晚期的层位所扰乱，所以该遗址的最晚期层位墓葬，极有可能存在着大年代的跨度。经过对第 2 层下与第 3 层下新石器墓葬的对比发现，年代大体一致，少量墓葬略显不同。这说明，第 2 层下的确存在着年代上的差异。鉴于此，我们就要在对该遗址经过具体分期研究的基础上，参考第 3 层下墓葬做以类型学比较，才能较为准确地把握第 2 层下墓葬间的关系。

　　以下为祁头山墓葬各层墓葬比例表：

| 开口层位 | 数量（座） | 所占比例（%） |
|---|---|---|
| 第 2 层下 | 32 | 24.2 |
| 第 3 层下 | 2 | 1.51 |
| 第 4 层下 | 5 | 24.2 |
| 第 5 层下 | 7 | 3.8 |
| 第 6 层下 | 32 | 24.2 |
| 第 7a 层下 | 27 | 20.4 |
| 第 8a 层下 | 6 | 4.5 |
| 第 9a 层下 | 13 | 9.8 |
| 第 10a 层下 | 8 | 6 |

　　在前文我们分析了墓葬区发展的大体趋势（见第四章），下面将对祁头山遗址墓葬区内相同层位的墓葬进行观察，并结合不同层位间墓葬集中区的变化，用来理清祁头山遗址墓葬区的发展历程。

　　1. 祁头山第 10a 层下墓葬集中分为两区：第一区域位于 T1225 中部偏北，一共 3 座，M129、M133 稍偏北，M128 偏于探方中部，3 座墓葬排列于西北—东南轴线之上。T1325 西北集中 5 座墓葬，同样位于西北—东南轴线之上。该层墓向皆为东北—西南向，T1225 与 T1325 南部未发现墓葬迹象，本层墓葬南缘为 M128 至 M136[①]。第 10a 层下墓葬中，M129 打破 M133，M134 同时打破 M135、M136，M135 打破 M136。从层位学来分析 M133、M136 相对早于 M129、M134、M135。

　　第 10a 层下墓葬集中区域分布比例如下：

――――――――――

　　① 由于北部已被取土所破坏，墓葬区北缘尚不清楚，以下各层墓葬皆同，不再赘述。

| 墓葬所在区域 | T1225 东 | T1325 西 |
|---|---|---|
| 数量（座） | 3 | 5 |
| 所占比例（%） | 37.5 | 62.5 |

2. 第 9a 层下墓葬集中分为三个相对集中区域：M75、M74、M73、M76 四座墓葬集中 T1225 中部到西部，M97、M125、M132、M130、M131、M123 六座墓葬呈西北—东南走向，分部在 T1225 东北到东，另外，M126、M122、M120 三座墓葬集中在 T1325 西部。墓向皆呈东北—西南向，排列于西南—东北纵向轴线之上，该层 T1225 西部开始成为墓葬区域，表示墓葬区始由东北向西南扩张。该层的墓葬，西部集中区 M73 打破 M74，M76 同时打破 M74、M75，M75 又被 M74 打破，故 M75 年代相对较早。M131 被 M123、M130 打破，M126 同时被 M122、M120 打破，同样年代相对较早。

第 9a 层下墓葬集中区域分布比例如下：

| 墓葬所在区域 | T1225 西 | T1225 东 | T1325 西 |
|---|---|---|---|
| 数量（座） | 4 | 6 | 3 |
| 所占比例（%） | 30.8 | 46.1 | 23.1 |

3. 第 8a 层下墓葬分为两片区域。一为 T1225 东北、东部各一座，第二部分是 T1325 西部到中部，西南—东北向依次排列四座。墓葬间无叠压打破关系，墓向东北—西南。与第 9a、第 10a 层下墓葬分布相比，第 8a 层下墓葬有整体南扩的趋势，如 M114 已跨入探方的中部，M107、M112 也接近于所在探方的中部。

第 8a 层下墓葬集中区域分布比例如下：

| 墓葬所在区域 | T1225 东 | T1325 西 |
|---|---|---|
| 数量（座） | 2 | 4 |
| 所占比例（%） | 33.3 | 66.7 |

4. 第 7a 层下墓葬区由东北向西南呈条形扩展，墓葬群的主体集中在 T1225 的西部，T1225 东部次之，T1325 西部墓葬明显减少，仅 M95 一座偏于 T1325 西南。在第 7a 层下墓葬打破关系的墓葬中，我们可以得到相对较早的墓葬是 M38、M68、M66、M115、M101、M100、M104，共有 7 座。

第7a层下墓葬集中区域分布比例如下：

| 墓葬所在区域 | T1225 西 | T1225 东 | T1325 西 |
|---|---|---|---|
| 数量（座） | 14 | 8 | 5 |
| 所占比例（%） | 51.8 | 29.7 | 18.5 |

5. 第 6 层下墓葬区承接第 7a 层下墓葬由东北向西南扩展的趋势，T1325 西及 T1225 东部内墓葬也同时向南延伸。而在南部 T1224 东部内，同样分布着东北—西南向 4 座墓葬。第 6 层下墓葬的集中区较第 7a 层下向西，位于 T1225 中部及西部，有多座尚未被完全揭露，该层墓葬的主体可能还要向西。第 6 层下墓葬中存在打破关系以 M30、M93 相对较早。

第 6 层下墓葬集中区域分布比例如下：

| 墓葬所在区域 | T1225 西 | T1225 东 | T1325 西 | T1224 东 |
|---|---|---|---|---|
| 数量（座） | 14 | 9 | 5 | 4 |
| 所占比例（%） | 43.7 | 29.2 | 15.6 | 12.5 |

6. 第 5 层下墓葬呈东北—西南向分布，以 M24、M110、M84、M83 为南缘，东部仅存 M82、M83 两座，T1225 西北隔梁下有叠压墓葬，说明其西缘与北缘尚未揭露。

第 5 层下墓葬集中区域分布比例如下：

| 墓葬所在区域 | T1225 西 | T1225 东 | T1325 西 |
|---|---|---|---|
| 数量（座） | 4 | 1 | 2 |
| 所占比例（%） | 57.1 | 14.3 | 28.6 |

7. 第 4 层下墓葬除 M80 为东西向、另一座 M41 尚未揭露外，其余三座墓葬皆呈东北—西南向分布。

第 4 层下墓葬集中区域分布比例如下：

| 墓葬所在区域 | T1225 西 | T1325 西 |
|---|---|---|
| 数量（座） | 3 | 2 |
| 所占比例（%） | 60 | 40 |

8. 第 3 层下仅于 T1424（西）中分布两座，皆呈东北—西南向，两座墓葬前后紧连。

9. 第 2 层下墓葬集中分为南北两大区，北区又可细分为三组。北区第一组为 T1225 东北至 T1325 西北，一共 12 座，呈块状分布。第二组集中在 T1325 西南，有 M42、M48、M49 三座墓。第三组横贯 T1325 北部至 T1425 西北，为条状分布的 5 座墓葬。在整个祁头山遗址发掘区域的南部，在第 2 层下分布有连续、集中的墓葬，故称之为南区。南区墓葬呈东北—西南向条状分布，其中仅 M39 为东南—西北向。M26、M27 位于 T1224 内，符合南区墓葬的发展趋势，应属于南区墓葬在西部的延伸。两区墓葬中，根据打破关系，北部以 M77、M62、M59、M72 相对较早，南区以 M15、M60、M25 相对较早。

第 2 层下墓葬集中区域分布比例如下：

| 墓葬所在区域 | T1225 | T1325 西 | T1325 东 | T1425 西 | T1224 | T1324 西 | T1324 东 | T1424 西 |
| --- | --- | --- | --- | --- | --- | --- | --- | --- |
| 数量（座） | 11 | 5 | 3 | 1 | 2 | 6 | 2 | 2 |
| 所占比例（%） | 34.4 | 15.6 | 9.4 | 3.1 | 6.2 | 18.8 | 6.2 | 6.2 |

综上所述，该墓地的使用、发展是与史前人类的发展紧密相连的。第 10a 层下墓葬为墓地的早期营建阶段，主要集中在 T1325 的西北与 T1225 东北部。早期墓葬多呈东北—西南向，现仅存两纵排，而东北部是否有墓葬已不可知。第 9a 层下墓葬，一方面仍继续使用 T1325 与 T1225 内墓地，另一方面，墓地开始向由东北向西南发展、延伸。第 8a 层下墓葬重新营建在 T1325（西）与 T1225 内，墓葬的整体趋势向南。到了第 7a 层下，墓地向由东北向西南发展的趋势更加明显，同时，T1325 的西北区域开始使用，与 M95 独立于 T1325 的西南，明显是为避开第 8a 层下的墓葬。随着 T1225 南部墓葬大量增加，我们发现，存在打破关系的墓葬多是略靠西者打破略靠东者。这说明第 7a 层下墓葬区内，早期墓葬位于东部，晚期墓葬略偏西，墓地的发展方向是由东北向西南发展，这同样与墓群的走向一致。

第 6 层下墓葬开始分成南北两区，北部墓区仍然延续前层墓葬的发展方向，在东北部避开了第 7a 层下墓葬的 T1325 西北区，同时向东南、东北两方向略有发展。在南部墓葬中，虽然 T1224 至 T1324 北隔梁间似有一道界线将南、北墓区划分，但由于南部墓葬相对零星、分散，尚不能看出两墓区的具体界线。在第 5 层下，第 6 层下墓葬所避开的 T1325 西北部，又开始埋入新的墓葬。在第 5 层下，位于 T1225（东）的墓葬皆略偏南，与第 6 层下墓葬隔开一定距离。第 4 层下墓葬分布在 T1225、T1325 两方内，与第 5 层下间隔分布，未见打破，说明第 5 层与第 4 层间时间延续紧密。第 3 层下墓葬开始重新使用南部作为墓葬区，至第 2 层下南部，墓葬已呈条状，由东北向西南发展，而 T1224 至 T1324 北隔梁成为南北墓葬区的主要分界线。其中北区第 2 层下墓葬，集中分布于 T1225 东北，避免破坏 T1225（西）内第

4 层下的墓葬，而墓葬集中向东北、东南以及南部墓葬区营建，墓葬营建重点已由原先的北区转向南区。

　　总体来看，墓地的营建与使用始于第 10a 层下 T1325 的西北与 T1225 东北部。随着时间的推移，墓地由东北向西南、进而向东南扩展。墓葬在埋入时，考虑对于层位相近前代墓葬的保护，而改选周围其他地域。但层位间隔较大的墓葬间，叠压、打破关系较为普遍。当墓葬区原有的墓地已满足不了更多新墓葬埋入时，新开辟出南区墓地，与北部原有墓地同时使用，此在最晚时期表现得尤为突出。

## 三、墓葬的分期

### 1、分期依据

　　祁头山 132 座新石器时代墓葬，绝大多数的开口层较为清晰，且墓葬间的叠压、打破关系清楚，器物组合情况由早至晚的变化明显。因此，对开口层位清晰、打破关系明显的墓葬的器物组合及主体器物的类型学研究，是我们进行分期的主要依据（参见附表五）。

　　通过对各层器物组合与各类器物的观察，我们选取贯穿整个遗址墓葬的主流器形——釜为主要器形，并发现它与豆、钵、盆等器形存在着规律性的演变。现将从晚到早不同层间墓葬的打破关系罗列如下（前者表示层位，后者为墓葬号，→表示打破）：

②M48→④M80　　　　②M78→⑦aM99

③M20→⑦M38

④M3→⑥M16

⑤M24 ┬→⑦aM64　　　⑤M82 → ⑦aM100　　⑤M83 → ⑦aM105　　⑤M84 → ⑦aM99
　　　└→⑦aM66

⑤M117→⑥M29

⑥M10→⑦aM52　　⑥M16┬→⑦aM31　　⑥M23 → ⑦aM36　　⑥M28┬→⑦aM37
　　　　　　　　　　　　└→⑦aM35　　　　　　　　　　　　　　└→⑦aM38

⑥M86→⑧aM106　　　⑥M90┬→⑩aM128　　⑥M124┬→⑨aM123
　　　　　　　　　　⑥M93┘　　　　　　　　├→⑨aM130
　　　　　　　　　　　　　　　　　　　　　└→⑨aM131

⑦aM104→⑩aM127　　⑦aM108→⑧aM113　　⑦aM115→⑩aM128

⑦aM116┬→⑨aM125
　　　　└→⑩aM128

⑦aM119→⑩aM128

⑧aM106 ┬→⑨aM120
　　　　 └→⑨aM125

⑨aM126→⑩aM136

而在同层器物间发现的某些违反发展规律的情况，更需要同层内存在叠压、打破关系墓葬随葬品的排比、修正。我们按层位，将同层间墓葬的打破关系罗列如下（→表示打破，后者为墓葬号）：

第 2 层下：

M14→M15　　M17→M25　　M50→M53→M77　　M55→M77　　M61→M62　　M63→M72

M44→M59

第 6 层下：

M10→M23　　M11→M22→M19　　M90 ——→ M91
　　　　　　　　　　　　　　　　　　　　↑
　　　　　　　　　　　　　　　　　└——→M93→M92

第 7a 层下：

M3 ——→M38　　M64→M66　　M65 ——→M67　　M104→M103→M100　　M115→M116　　M99→M101
　├——→M52　　　　　　　　　├——→↓
　└——→M66　　　　　　　　└——→M68

第 9a 层下：

M73→M76　　M76 ——→M74　　M120→M122　　M123 ——→M130
　　　　　　　　├——→↓　　　　　　　　　　├——→↓
　　　　　　　　└——→M75　　　　　　　　└——→M131

第 10a 层下：

　M134 ——→M135
　　　├——→↓
　　　└——→M136

首先我们按照地层关系，由早至晚将各层墓葬单位中的陶器进行排比，做出陶器发展序列。其次，以层与层间存在叠压、打破关系的单位墓葬进行修正。最后划分出各类陶器的型、式变化，并进行期别划分。

2、部分陶器的排列

我们首先对釜进行排列首选，进而再对豆、三足钵、盆、钵五类器形进行排列，找出其发展特征，划分出型、式。

（1）釜　祁头山墓葬中一共出土釜73件，其中完整的48件，陶釜数量占墓葬出土陶器总数量的34.9%。根据釜平底与圜底的不同，可分为 A、B 两大型（参见表一）。

表一　　　　　　　　　　　　　祁头山墓葬出土陶釜型式表

| 器型　　　层位 | A 型 | | | B 型 | |
|---|---|---|---|---|---|
| | Aa 型 | Ab 型 | Ac 型 | Ba 型 | Bb 型 |
| 第 10a 层下 | Aa I 式<br>（M127:1） | Ab I 式<br>（M128:1） | | | |
| 第 9a 层下 | Aa I 式<br>（M125:1） | Ab I 式<br>（M74:1） | Ac I 式<br>（M132:1） | | |
| 第 8a 层下 | AaⅡ式（M113:2） | | | | |
| 第 7a 层下 | AaⅡ式（M108:2） | | | | |
| 第 6 层下 | AaⅢ式（M88:1） | AbⅡ式（M93:1） | | Ba I 式（M10:2） | |

**续表**

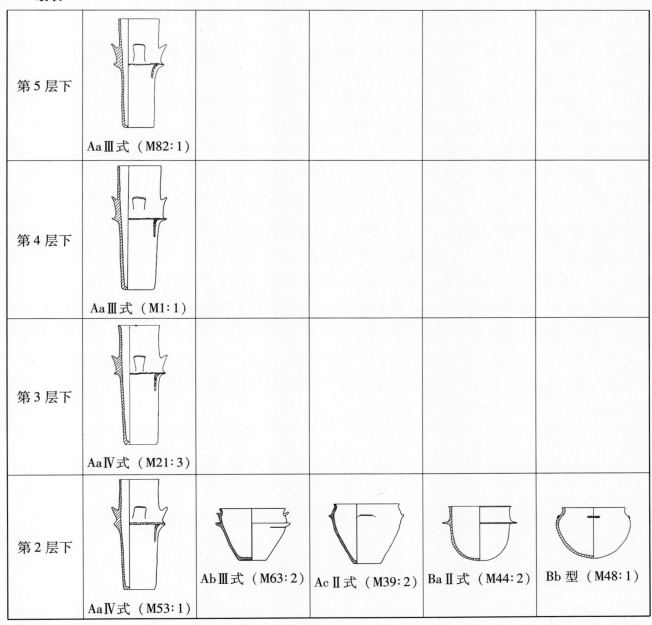

| 第 5 层下 | AaⅢ式（M82:1） | | | | |
| --- | --- | --- | --- | --- | --- |
| 第 4 层下 | AaⅢ式（M1:1） | | | | |
| 第 3 层下 | AaⅣ式（M21:3） | | | | |
| 第 2 层下 | AaⅣ式（M53:1） | AbⅢ式（M63:2） | AcⅡ式（M39:2） | BaⅡ式（M44:2） | Bb 型（M48:1） |

　　**A 型釜**　以平底釜为主，占釜总数量的 75.3%。上部与下部以一周凸起的腰檐相隔开，腰檐上部安有四长条形鋬耳。以筒身的长、宽比例，可划分成 3 个亚型。

　　**Aa 型釜**　是祁头山遗址主要的釜类，共 49 件，占釜总数量的 67.1%。以各层单位墓葬中所出的 Aa 型釜来看，最明显的特征表现在筒径、上下段所占器体的比例、中部腰檐及口部的变化上。

　　Aa 型釜的早期特点为釜上、下部分皆为直筒状，粗壮、矮胖，直口，上、下部结合处腰檐上翘，腰檐与上腹间有明显的凹槽。第 10a 层下 M127、M128、M134 出土的釜，第 9a

层下 M73、M97、M120、M122、M123、M125、M126 出土的与 A 型釜符合，可以定为 Aa 型Ⅲ式，共 10 件，占釜总数量的 13.7%。

第 8a 层下墓葬中筒形釜与 Aa 形Ⅲ式釜相比，筒身下部有所增高，连接上、下釜身的腰檐也由上翘逐渐向平折发展，例如 M113、M106。第 7a 层下的 M108 打破第 8a 层下的 M113，两座墓都出土有筒形釜，将其相比较，形制并不存在明显的差异，故两者时代也应较为接近。根据 Aa 型釜的发展趋势，将此类釜定为 Aa 型Ⅱ式，共 12 件，占釜总数量的 16.4%。

第 4 层下至第 6 层下墓葬中筒形釜变化较多。随着筒身下部所占比例更多，釜的下腹部更显瘦高，釜上径普遍大于下腹直径，口部外侈逐渐普遍起来，釜上部与腰檐间形成的深槽已彻底消失。随着釜四鋬的加长，鋬根部与筒身腰檐间的距离逐渐缩小，如第 5 层下墓葬中 M82 釜（M82:1），鋬手已与腰檐相接。第 4 层下至第 6 层下墓葬中，Aa 型釜的发展变化紧密相连，形制无明显的特征性变化，故定为 Aa 型Ⅲ式，共 21 件，占釜总数量的 28.7%。

第 2、3 层下墓葬中釜承接 Aa 型Ⅲ式釜的大体样式，釜的口沿部已均作外侈状，上径普遍大于下腹直径，下部演变为直挺状。如 M53 釜（M53:1），四鋬开始变短，与腰檐分离。此阶段内各种类型陶釜已大量出现，Aa 型釜的数量已大幅下减。此阶段是 Aa 型釜的最后发展阶段，我们将其定为 Aa 型ⅢⅤ式，共 6 件，占釜总数量的 8.22%。

现将祁头山墓葬中的 Aa 型釜归类如下：

| Aa Ⅰ 式 | Aa Ⅱ 式 | Aa Ⅲ 式 | Aa Ⅳ 式 |
|---|---|---|---|
| 第 10a 层下 M127:1　M129:1　M134:1　M73:1　第 8a 层下　M97:1　M120:1　M122:1　M123:1　M125:1　M126:2 | 第 8a 层下 M106:2　M113:2　第 7a 层下 M31:1　M35:1　M36:1　M52:1　M56:1　M100:2　M101:2　M103:1　M108:2　M115:1 | 第 6 层下 M9:1　M11:2　M16:1　M23:1　M28:1　M30:1　M45:1　M46:1　M86:1　M88:1　M89:1　M90:1　M91:2　M98:1　第 5 层下 M40:1　M82:1　M83:1　M84:2　第 4 层下 M1:1　M3:1　M80:1 | 第 3 层下 M21:3　M20:3　第 2 层下 M53:1　M55:4　M61:2　M79:1 |

Ab 型釜　数量较少，共 4 件，占釜总数量的 5.48% 。Ab 型釜皆作筒身上部宽大、底部较窄的倒梯形。根据釜筒高度及腰檐的变化，可划分为 3 式。

Ab Ⅰ 式　2 件，占釜总数量的 2.74% 。见于第 9a、第 10a 层下墓葬当中。此式 Ab 型釜，矮筒，上宽底窄，腹部较浅，腰檐下未贴饰竖状泥条，如 M128 所出之釜（M128:1）。

Ab Ⅱ 式　1 件（M93:1），见于第 6 层下，占釜总数量的 1.37% 。同 Ab Ⅰ 式釜相比较，下身高度增加，腰檐下部贴饰起加固作用的竖状泥条。从整体器形来看，它更接近于 Aa 型釜。Ab Ⅱ 式见于 Aa Ⅲ 式盛行的第 6 层下墓葬当中，应是受 Aa 型的影响。

Ab 型 Ⅲ 式釜　1 件（M63:2），见于第 2 层下。类似 Ab Ⅰ 式釜（M74:1），但其为斜直腹，腰檐上折明显，肩部外鼓。

现将祁头山墓葬中 Ab 型釜归类如下：

| Ab Ⅰ 式 | Ab Ⅱ 式 | Ab Ⅲ 式 |
|---|---|---|
| 第 10a 层下 M128:1<br>第 9a 层下 M74:1 | 第 6 层下 M93:1 | 第 2 层下 M63:2 |

Ac 型釜　2 件，占釜总数量的 2.74% 。根据釜口沿及下腹的变化，可分为 2 式。

Ac Ⅰ 式　1 件（M132:1），见于第 9a 层下。敛口，鼓腹收至小平底，鼓腹上有一周腰檐，以凸棱腰檐象征 4 个鋬手，腰檐上对饰环形纽。

Ac Ⅱ 式　1 件（M39:2），见于第 2 层下。束颈，侈口，鼓肩，斜直腹内收至平底。

现将祁头山墓葬中 Ac 型釜归类如下：

| Ac Ⅰ 式 | Ac Ⅱ 式 |
|---|---|
| 第 9a 层下 M74:1 | 第 2 层下 M39:2 |

B 型釜　4 件，以圜底为代表，占釜总数量的 5.48% 。根据釜身及腰檐的变化可分为 2 个亚型。

Ba 型　根据釜身与釜径的比例及口部变化，可分为 2 式。

Ba Ⅰ 式　2 件，占釜总数量的 2.74% 。见于第 6 层下 M10（M10:2）釜、第 2 层下 M59（M59:1）釜。器物平折沿，唇外翻，宽腰檐，深腹，圜底较尖。

Ba Ⅱ 式　2 件，占釜总数量的 2.74% 。以第 2 层下 M44 釜（M44:2）为代表，器物直口，腹较 Ba Ⅰ 式腹浅。

现将祁头山墓葬中 Ba 型釜归类如下：

| Ba Ⅰ 型 | Ba Ⅱ 型 |
|---|---|
| 第 6 层下 M10：2 | 第 2 层下 M44：2 |
| 第 2 层下 M59：1 | M58：1 |

Bb 型　仅在第 2 层下墓葬中发现，共计 4 件，占釜总数量的 2.74%。器形侈口，溜肩，弧腹，圜底，肩上堆贴 4 个鸡冠形錾耳。

现将祁头山墓葬中 Bb 型釜归类如下：

| Bb 型 |
|---|
| 第 2 层下 M26：2 |
| M33：1 |
| M43：2 |
| M48：1 |

（2）豆　祁头山墓葬中一共出土豆 26 件，始终贯穿于该遗址的文化发展序列当中，占墓葬出土陶器总数量的 12.4%。根据豆口沿部敛口与敞口的不同，可分为 A、B 两型（参见表二）。

A 型豆　敛口，共 17 件，占豆总数量的 65.4%。按照豆盘、座比例的不同，又可分为 6 个亚型。

Aa 型豆　4 件，占豆总数量的 15.4%，见于第 10a 层下墓葬与第 2 层下墓葬。Aa 型豆在早期第 10a 层下墓葬中，由于柄部较高，多被人为敲去，晚期仍然存在此类情况。早、晚期间，根据豆盘口沿及柄部的变化可分成 2 式。

Aa Ⅰ 式豆　2 件，占豆总数量的 7.7%，且早、晚墓葬中都有发现。第 10a 层下 M128 豆（M128：2）微敛口，盘腹较曲，从仅存豆柄可知，原先应有高直豆柄。另一件为第 2 层下 M44 所出豆（M44：1）。

Aa Ⅱ 式豆　2 件，占豆总数量的 7.7%。该式豆仅见于第 2 层下墓葬，形制与 Aa Ⅰ 式豆相近，豆柄较前者短，未被敲去。

表二 　　　　　　　　　　　祁头山墓葬出土陶豆型式表

| 器型 / 层位 | A 型 | | | | | | B 型 | | |
| --- | --- | --- | --- | --- | --- | --- | --- | --- | --- |
| | Aa 型 | Ab 型 | Ac 型 | Ad 型 | Ae 型 | Af 型 | Ba 型 | Bb 型 | Bc 型 |
| 第 10a 层下 | Aa I 式 (M128:2) | | | | | | Ba I 式 (M137:1) | | |
| 第 7a 层下 | | Ab 型 (M37:1) | | | | | Ba II 式 (M99:1) | | |
| 第 6 层下 | | | Ac 型 (M22:1) | | | | | Bb 型 (M30:2) | Bc I 式 (M93:2) |
| 第 5 层下 | | | | Ad I 式 (M82:2) | | | | | |
| 第 4 层下 | | | | Ad II 式 (M41:1) | Ae I 式 (M1:3) | | | | |
| 第 3 层下 | | | | | | Af 型 (M20:1) | | | |
| 第 2 层下 | Aa II 式 (M53:2) | | | Ad III 式 (M50:1) | Ae II 式 (M26:1) | | | | Bc II 型 (M15:1) |

现将祁头山墓葬中 Aa 型豆归类如下：

| Aa I 式 | Aa II 式 |
| --- | --- |
| 第 10a 层下 M128:2 | 第 2 层下 M53:2 |
| 第 2 层下 M44:1 | M59:2 |

Ab 型豆　1 件（M37：1），见于第 7a 层下，占豆总数量的 3.84%。泥质红陶，口微敛，深腹，弧腹内收，豆把缺失，口沿部施红彩，有钻孔修补痕迹。

现将祁头山墓葬中 Ab 型豆归类如下：

| Ab 型 |
| --- |
| 第 7a 层下 M37：1 |

Ac 型豆　1 件（M22：1），占豆总数量的 3.84%。上部为浅盘敛口，下部高圈足，外撇。

现将祁头山墓葬中 Ac 型豆归类如下：

| Ac 型 |
| --- |
| 第 6 层下 M22：1 |

Ad 型豆　7 件，占豆总数量的 26.9%。依据该型豆圈足部的变化，又可分为 3 式。

Ad I 式豆　1 件（M82：2），见于第 5 层下，占豆总数量的 3.84%。上部为敛口弧腹碗形，下部圈足喇叭状外撇较甚。

Ad II 式豆　5 件，占豆总数量的 19.2%，第 4 层下至第 2 层下墓葬中皆有发现。以第 4 层下 M41 中 Ad II 式豆（M41：1）为例，上部与 Ab I 式豆上部无太多变化，仅豆下圈足略有外撇，圈足所置于豆盘腹上的高度略有增加，使豆盘整体如陷入至豆座圈足内。陶质已由原先的泥质灰黑陶转为泥质橙红陶，其表外也装饰有红衣、戳印等。

Ad III 式豆　1 件（M50：1），占豆总数量的 3.84%。豆座圈足已不见外撇，且豆座位置也移至豆盘底部。

现将祁头山墓葬中 Ab 型豆归类如下：

| Ad I 式 | Ad II 式 | Ad III 式 |
| --- | --- | --- |
| 第 5 层下 M82：2 | 第 4 层下 M41：1 | 第 2 层下 M50：1 |
|  | 第 3 层下 M21：1 |  |
|  | 第 2 层下 M51：1 |  |
|  | M54：2 |  |
|  | M62：3 |  |

Ae 型豆 3 件，占豆总数量的 11.5%。依据该型豆口沿与圈足部的变化，又分为 2 式。

Ae Ⅰ 式 1 件（M1:3），见于第 4 层下，占豆总数量的 3.84%。豆口沿部微敛，豆弧深腹，矮圈足做喇叭状。

Ae Ⅱ 式 2 件，占豆总数量的 7.7%，集中在第 2 层下墓葬当中。以第 2 层下 M26 豆（M26:1）与 Ae Ⅰ 式豆比较，后者口部较敛，喇叭状圈足较高。

现将祁头山墓葬中 Ad 型豆归类如下：

| Ae Ⅰ 式 | Ae Ⅱ 式 |
|---|---|
| 第 4 层下 M1:3 | 第 2 层下 M26:1<br>M57:2 |

Af 型 1 件（M20:1），见于第 3 层下，占豆总数量的 3.84%。该豆为泥质红陶，微敛口，喇叭口圈足。口沿有齿状、X 形纹，豆盘与圈足间饰一圈"几"字宽带纹。上下纹饰有戳印、卷云、齿装纹。"几"字宽带纹上饰有白彩。

现将祁头山墓葬中 Af 型豆归类如下：

| Af 型 |
|---|
| 第 3 层下 M20:1 |

B 型豆 口沿做敞口或侈口，共 9 件，占豆总数量的 34.6%。根据豆盘、座比例的不同，可将 B 型豆分为 3 个亚型。

Ba 型豆 7 件，占豆总数量的 26.9%，见于第 10a 层下、第 7a 层下、第 6 层下及第 2 层下墓葬。由于柄部较高，多被人为敲去，晚期仍然存在此类情况。早、晚期间，豆盘的口沿及腹部的变化可分 2 式。

Ba Ⅰ 式 1 件（M137:1），见于第 10a 层下，占豆总数量的 3.8%，柄部被人为敲去，斜腹内收，豆盘较深。

Ba Ⅱ 式 6 件，占豆总数量的 23.1%，见于第 7a 层下、第 6 层下及第 2 层下墓葬，柄部均已被人为敲去。存留豆盘均作敞口，浅盘斜弧腹。

现将祁头山墓葬中 Ba 型豆归类如下：

| Ba I 式 | Ba II 式 |
|---|---|
| 第 10a 层下 M137：1 | 第 7a 层下 M52：3 |
| | M99：1 |
| | M101：1 |
| | 第 6 层下 M9：2 |
| | 第 2 层下 M49：1 |

Bb 型　1 件（M30：2），见于第 6 层下，占豆总数量的 3.84%。敞口，深腹，豆盘呈六角形，柄部被人为敲去。

现将祁头山墓葬中 Bb 型豆归类如下：

| Bb 型 |
|---|
| 第 6 层下 M30：2 |

Bc 型　2 件，占豆总数量的 7.7%。依据圈足的变化可分 2 式。

Bc I 式　1 件（M93：1），见于第 6 层下，占豆总数量的 3.85%。泥质黑陶，侈口，腹部饰凸弦纹。圈足可分上下两层，上层喇叭形外撇，下层呈喇叭形圈足状，黑衣抹光。

Bc II 式　1 件（M15：1），见于第 2 层下，占豆总数量的 3.85%。与 Bc I 式相比，口部已近直，微侈，圈足已演变成单层。

现将祁头山墓葬中 Bc 型豆归类如下：

| Bc I 式 | Bc II 式 |
|---|---|
| 第 6 层下 M93：1 | 第 2 层下 M15：1 |

（3）三足钵　祁头山墓葬中共发现三足钵 11 件，占墓葬出土陶器总数量的 5.26%。根据其口沿部敛口与敞口的不同，可分为 A、B 两大型（参见表三）。

A 型　9 件，占三足钵总数的 81.8%。按时间由早到晚及钵形、足部的变化，可分为 4 式。

A I 式　仅 1 件（M125：2），占三足钵总数的 9.1%，出土于第 9a 层下。三足已失，深腹，腹底近平，折敛口明显，折沿施红彩。

A II 式　共 5 件，占三足钵总数的 45.4%，集中于第 7a 层下墓葬至第 6 层下墓葬当中。

3 个兽蹄足大多完好，集中安置在钵腹靠近底部，钵腹较 AaⅠ式浅，腹部有斜直发展的趋势。

　　AⅢ式　2 件，占三足钵总数的 18.2%，第 6 层与第 5 层下皆有发现。口部折敛不甚明显，弧腹部较浅，钵底部略显尖圜。

　　AⅣ式　1 件（M17∶1），占三足钵总数的 9.1%，见于第 2 层下。敛口略显折，尖圜底深腹，3 个直锥形足。

表三　　　　　　　　　　　　祁头山墓葬出土陶三足钵型式表

| 层位＼器型 | A 型 | B 型 |
|---|---|---|
| 第 9a 层下 | AⅠ式（M125∶2） | |
| 第 8a 层下 | | B 型（M113∶1） |
| 第 7a 层下 | AⅡ式（M100∶1） | |
| 第 6 层下 | AⅢ式（M11∶1） | |
| 第 2 层下 | AⅣ式（M17∶1） | |

　　现将祁头山墓葬中 A 型三足钵归类如下：

| AⅠ式 | AⅡ式 | AⅢ式 | AⅣ式 |
|---|---|---|---|
| 第 9a 下层 M125∶2 | 第 7a 层下 M100∶1<br>第 6 层下 M12∶2<br>M45∶2<br>M46∶2<br>M86∶2 | 第 6 层下 M11∶1<br>第 5 层下 M40∶2 | 第 2 层下 M17∶1 |

　　B 型　2 件，占三足钵总数的 18.2%，第 8a 层、第 6 层下各发现一件。都作尖圆唇，敞口，圜底。M113:1 的内外满绘纹饰，但三足残失。M19:1 的口部施红衣，三矮扁足保存完整，位于圜底底部。

　　现将祁头山墓葬中 B 型三足钵归类如下：

| B 型 |
| --- |
| 第 8a 层下 M113:1 |
| 第 6 层下 M19:1 |

　　（4）盆　祁头山墓葬中共发现盆 15 件，占墓葬出土陶器总数量的 7.18%。根据盆口沿下部是否有錾可分为 2 型（参见表四）。

表四　　　　　　　　　　　　　祁头山墓葬出土陶盆型式表

| 器型　　层位 | A 型 | | B 型 |
| --- | --- | --- | --- |
| | Aa 型 | Ab 型 | |
| 第 9a 下层 | Aa I 型（M120:2） | | |
| 第 8a 层下 | | | B II 型（M106:1） |
| 第 7a 层下 | Aa II 型（M35:2） | | B II 型（M108:1） |
| 第 6 层下 | | Ab I 型（M23:2） | B III 型（M88:2） |
| 第 5 层下 | Aa III 型（M84:1） | | |

续表

| 第 2 层下 | | AbⅡ型（M43∶1） | |
|---|---|---|---|

A 型 11 件，占盆总数的 73.3%。依据其口沿外侈形式的不同，又可分为 2 个亚型。

Aa 型 共 8 件，占盆总数的 53.3%。器形敞口，腹壁斜直。按时间由早到晚及盆口沿、腹部的微妙变化，可分为 3 式。

AaⅠ式 4 件，占盆总数的 26.6%。敞口，平底，腹壁深直。

AaⅡ式 1 件（M35∶2），占盆总数的 6.7%。出土于第 7a 层下。敞口，腹部斜直，略有弯曲，盆腹较Ⅲ式变浅。

AaⅢ式 3 件，占盆总数的 20%。第 5 层下至第 2 层下墓内都有发现。敞口微敛，腹壁较弧，盆腹较深。

现将祁头山墓葬中 Aa 型盆归类如下：

| AaⅠ式 | AaⅡ式 | AaⅢ式 |
|---|---|---|
| 第 9a 层下 M120∶2 | 第 7a 层下 M35∶2 | 第 5 层下 M84∶1 |
| M126∶1 | | 第 2 层下 M48∶2 |
| 第 6 层下 M2∶1 | | M63∶1 |
| M16∶2 | | |

Ab 型 共 3 件，占盆总数的 20%。器形较大，敞口，口部外侈，斜弧腹。按时间由早到晚及盆口沿、腹部的变化，又可分为 2 式。

AbⅠ式 2 件，占盆总数的 13.3%。敞口，口部外侈，平底，斜弧腹较深，腹部近底外鼓。

AbⅡ式 1 件（M43∶1），占盆总数的 6.7%，见于第 2 层下。敞口，腹部斜直，略显弯曲，盆腹较 Ab 型Ⅲ式浅。

现将祁头山墓葬中 Ab 型盆归类如下：

| AbⅠ式 | AbⅡ式 |
|---|---|
| 第 6 层下 M23∶2 | 第 2 层下 M43∶1 |
| M91∶1 | |

B 型　共 4 件，占盆总数的 26.7%。依据腹深的变化，又可分为 3 式。

B Ⅰ 式　1 件（M106∶1），占盆总数的 6.7%，见于第 8a 层下墓葬，微敛口，上腹部较弧，下腹直壁内收至平底，两鋬略上翘。

B Ⅱ 式　1 件（M108∶1），占盆总数的 6.7%，见于第 7a 层下墓葬。侈口深腹，弧腹壁较深，两鋬上翘。

B Ⅲ 式　2 件，占盆总数的 13.3%。腹壁斜直较浅，大平底，两鋬略上翘近平。

现将祁头山墓葬中 B 型盆归类如下：

| B Ⅰ 式 | B Ⅱ 式 | B Ⅲ 式 |
| --- | --- | --- |
| 第 8a 层下 M106∶1 | 第 7aM108∶1 | 第 6 层下 M88∶2 |
|  |  | M89∶2 |

（5）钵　祁头山墓葬中共发现钵 5 件，占墓葬出土陶器总数量的 23.9%。根据口沿的不同可分为 3 型（参见表五）。

表五　　　　　　　　　　　　祁头山墓葬出土陶钵型式表

| 器型\层位 | A 型 | B 型 | | C 型 |
| --- | --- | --- | --- | --- |
|  |  | Ba 型 | Bb 型 |  |
| 第 9a 层下 | A 型（M74∶2） |  |  |  |
| 第 6 层下 |  |  | Bb 型（M10∶1） |  |
| 第 5 层下 |  | Ba Ⅰ 式（M83∶2） |  |  |
| 第 2 层下 |  | Ba Ⅱ 式（M55∶1） |  | C 型（M13∶2） |

A 型　1 件（M74∶2），占盆总数的 20%，见于第 9a 层下。圆方唇，微敛口，弧腹较

深，靠近口沿处有錾耳。

现将祁头山墓葬中 A 型钵归类如下：

| A 型 |
| --- |
| 第 9a 层下 M74∶2 |

B 型　3 件，占盆总数的 60%。根据口部敛口、折敛口的不同，可分为 2 个亚型。

Ba 型　2 件，占盆总数的 40%。依据钵底部的变化，又可分为 2 式。

BaⅠ式　1 件（M83∶2），占盆总数的 20%，见于第 5 层下墓葬。敛口，弧腹，小平底近圜，深腹。

BaⅡ式　1 件（M55∶1），占盆总数的 20%，见于第 2 层下。敛口，圜底，深腹。

现将祁头山墓葬中 Ba 型钵归类如下：

| BaⅠ式 | BaⅡ式 |
| --- | --- |
| 第 5 层下 M83∶2 | 第 2 层下 M55∶1 |

Bb 型　1 件（M10∶1），占盆总数的 20%，见于第 6 层下。折敛口，斜直腹，实圈足，平底，钵腹较浅。

现将祁头山墓葬中 Ba 型钵归类如下：

| Bb 型 |
| --- |
| 第 6 层下 M10∶1 |

C 型　1 件（M13∶2），占盆总数的 20%，见于第 2 层下墓葬。微敛口，凹圜底，弧腹，胎体轻薄。

现将祁头山墓葬中 C 型钵归类如下：

| C 型 |
| --- |
| 第 2 层下 M13∶2 |

3、墓葬的分期

通过对祁头山墓葬主要器物的分型、分式，我们按层位关系由早到晚排列如下（参见表六）。根据釜的变化以及不同层位间器物组合的演变，我们可以将祁头山新石器墓葬分为四期。

表六　　　　　　　　　　　　祁头山墓葬主要陶器型式组合表

| 器型 | 釜 | | | | | 豆 | | | | | | | | | 三足钵 | | 盆 | | | 钵 | | | |
|---|---|---|---|---|---|---|---|---|---|---|---|---|---|---|---|---|---|---|---|---|---|---|---|
| 层位 | A型 | | | B型 | | A型 | | | | | | B型 | | | A型 | B型 | A型 | | B型 | A型 | B型 | | C型 |
|  | Aa | Ab | Ac | Ba | Bb | Aa | Ab | Ac | Ad | Ae | Af | Ba | Bb | Bc | 型 | 型 | Aa | Ab | 型 | 型 | Ba | Bb | 型 |
| 第10a层下 | I | I | I | | | I | | | | | | I | | | | | | | | | | | |
| 第9a层下 | I | I | | | | | | | | | | | | | I | | I | | | √ | | | |
| 第8a层下 | II | | | | | | | | | | | | | | | √ | | | I | | | | |
| 第7a层下 | II | | | | | | √ | | | | | II | | | II | | II | | II | | | | |
| 第6a层下 | III | II | | I | | | | √ | | | | II | √ | I | II III | √ | I | I | III | | | √ | |
| 第5a层下 | III | | | | | | | | I | | | | | | III | | III | | | | I | | |
| 第4a层下 | III | | | | | | | | II | I | | | | | | | | | | | | | |
| 第3a层下 | IV | | | | | | | | II | | √ | | | | | | | | | | | | |
| 第2a层下 | IV | III | II | I II | √ | I II | | | II III | | | II | II | | II | IV | III | II | | | | II | √ |

由于地层内遗迹及地层本身出土遗物破碎严重，而且数量极少，早期地层仅在T1225的第11层内发现少量的Ab I式釜鋬、腰檐、平底釜底。可以确定，下层年代与第10a层下墓葬的年代大体相当。第10b层至第2层内所发现的遗物，同该层内墓葬中发现的器物也大体一致。所以对于整个祁头山遗址分期，我们主要依据的是对分为四期的新石器时代墓葬的研究。

现将四期特点介绍如下：

（1）第一期

以第10a层下至第9a层下墓葬为代表，墓葬数量不多，而且随葬品数量较少。每墓的随葬品多为1至2件，仅M134出土3件随葬品。器物中陶器占绝大多数，玉器、骨器各发现1件。

陶器以平底器为主，包括平底釜、平底盆、平底钵等，三足器只有极少量的三足钵。陶器组合为 Aa I 式、Ab I 式釜、少量 Ac I 式釜、Ba I 式豆、A I 式三足钵、A I 式盆、A 型钵。其中 Aa I 式釜筒身较长，上、下等粗，腰檐外部贴饰有 4 个竖状用以加固腰檐的泥条。Ab III 式釜筒身胖矮短，呈梯形。Ac I 式釜鼓腹，双耳，平底，两耳呈牛鼻状。Ac I 式釜牛鼻耳在后期地层中发现较多。豆仅见敲去豆座及柄的豆盘，上涂抹有红衣。在一期晚段已开始出现用钵、盆及三足钵代替豆，很有可能同该期早段陶豆柄被敲去的情况类似。玉器只发现一件璜，骨器有一件骨凿。

一期陶器中主体陶器——釜，在太湖西区宜溧山区、太湖南区的马家浜时期遗址均有类似器物。其中祁头山 Ab III 式釜、Ac 型釜的腰檐部的做法，与宜溧山区骆驼墩遗址①晚期遗存中所见用于瓮棺的四鋬筒形平底釜、神墩遗址②中层所出筒形平底釜形制更加接近。这说明，祁头山早期筒形釜受环太湖西部的宜溧山区影响强烈。在此阶段内，相对瘦高形的 Aa 型筒形平底釜同时存在，此后该类筒形平底釜逐渐成为具有本地特点、并贯穿祁头山遗址发展的器物。从形态上来看，Ab 釜与 Aa 型釜间是否存在缺环，还有待今后深入研究。该期晚段中始现的三足器因素表现得并不显著，而三足器的出现表明，祁头山遗址开始受到江淮东部早期文化因素的影响，也揭开了多元文化交流的序幕。

（2）第二期

以第 8a 层下、第 7a 层下墓葬为代表，墓葬数量急剧增多，为该遗址墓葬发展的第一个高峰。随葬品数量也略有增加，大多 1 至 2 件。随葬品以陶器为主，石器数量极少，未见玉器。陶器组合包括 Aa II 式釜、Ab 型豆、Ba II 式豆、A II 式钵、B 型三足钵，Aa II 式盆、B I 式盆、B II 式盆及 A 型钵。其中陶器的平底器仍是主流，Ab 型釜已经发展瘦高的 Ab II 式釜，带鋬盆也开始出现。三足器已盛行，开始取代豆和平底器盆、钵，同时，三足钵也开始由敛口发展成敛口、敞口两类并存。少数三足钵除口沿内外施彩以外，钵内还绘有彩绘图案。豆、钵、盆等器施红衣的数量增加，器表、里全施红衣的情况也较多。

从墓地所能反映的情况来看，该时期已由第一期的初期营建向大规模营建发展。说明当时人口急剧增多，生产活动不断扩大。与此同时，在墓葬中所反映出的外来文化因素逐渐增多，如大量三足器的出现与使用，Ab 型豆的出现仍是明显受到江淮地区的影响。而小陶器的出现表明，宁镇地区文化因素也开始向该区渗透。

（3）第三期

以第 6 层下至第 4 层下墓葬为代表，墓葬数量开始逐渐减少，但第 6 层下仍处于墓葬的高峰阶段。此期内随葬品较前两期明显增多，多数为 1 至 2 件，少数为 3 件。随葬品皆为陶器，其他质地器物未见。陶器组合为 Aa III 式釜、Ab II 式釜、Ba I 式釜、Ac 型豆、Ad I 式

① 南京博物院考古研究所：《江苏宜兴市骆驼墩新石器时代遗址的发掘》，《考古》2003 年第 7 期。
② 田名利等：《江苏溧阳神墩遗址发掘马家浜文化墓地》，《中国文物报》2006 年 10 月 26 日。

豆、AdⅢ式豆、AeⅠ式豆、BaⅡ式豆、BcⅠ式豆、AⅡ式钵、AⅢ式钵、B型三足钵、AaⅠ式盆、AaⅢ式盆、AbⅢ式盆、BⅡ式盆、BⅠ式盆、BaⅠ式钵、Bb型钵。AaⅢ式筒形釜筒径上大下小，豆在第三期内类型多样化。三足钵盛行一段时间后，开始衰落。豆、钵、盆等施红衣的数量也有减少趋势。

第三期器物中，Aa型筒形平底釜和Ab型釜同时盛行，圜底釜也始现于墓葬当中。六角形器物的出现，是受到太湖东区马家浜文化因素的影响。而在第三期墓葬中，圈足器的数量明显增多，表明江淮东部的文化因素对当地的影响。

（4）第四期

以第3层至第2层下墓葬为代表，该期内的墓葬数量开始增加。墓葬中随葬品的增势显著，为祁头山墓地随葬品均值的最高阶段，多数为1～3件，少数墓的随葬品可达6件。随葬品种类除陶器外，石器、玉器占有相当的比例。陶器组合为AaⅣ式釜、AbⅢ式釜、AcⅡ式釜、BⅢ式釜、BⅡ式釜、Bb型釜、AⅠ式豆、AⅡ式豆、AdⅡ式豆、AdⅢ式豆、AeⅡ式豆、BaⅡ式豆、BcⅡ式豆、AⅣ式三足钵、AaⅢ式盆、AbⅡ式盆、BaⅡ式钵、C型钵及罐等。该期内平底釜仍是主要器型，但筒形平底釜的数量开始减少，已同圜底釜的数量相当。三足器较罕见，圈足器所占比例相对较多。

第四期是祁头山遗址墓地中，文化面貌相对复杂的一期。表现最为明显的是圜底器大量出现，平底器（特别是筒形平底釜）的数量明显减少。这表明，该遗址在此时受到了来自东部圜底釜系统的冲击。新出现的矮三足鼓腹鼎、锥形足三足钵、三足盆、器座等，都表现出江淮东部文化对该期的强大影响。而橄榄形深腹罐似乎表明着来自更北部地区的影响力。与此同时，以小型陶器为主要特征的宁镇地区文化因素，因受到东部、北部文化因素的冲击，对该期文化没有产生过多影响，但结合小平底釜、小陶器及玉器的制作工艺来看，其与宁镇文化区的联系可能尚处于间接的交流状态。戳印纹类堆塑彩陶器的出现，表明长江中游区文化因素已抵达当时的长江三角洲区域。

## 四、墓葬的年代

对于祁头山遗址自身相对年代的划分以及各期器物的演变，前文已经做了分析。但每个遗址的延续、发展，都是存在于一个相对平行的时间框架以内。我们将祁头山遗址与周邻文化（特别是环太湖流域、江淮流域等大文化圈内的诸遗址）相比较，进而得出祁头山遗址的相对年代。

1、相对年代

祁头山第一期（参见表七）：

该期是祁头山遗址发展的最早阶段，AbⅢ式釜与宜兴骆驼墩北区Ⅱ墓地中的 W21、W18①、溧阳神墩地层中所见的平底釜相近。不同的是，上述遗址中的平底筒形釜略显矮短，腰檐宽大。Ac 型釜（如 M132：1）同骆驼墩北区Ⅱ墓地中的 W10 接近。M128：2、M137：1陶豆及平底器的盛行，也具有太湖西北区早期特征。玉石器中，M134 中出土一件玉璜（M134：3），无论从器形、用料还是穿孔方式，都与神墩四层墓葬中所出玉璜相同②。因此，祁头山一期的年代应该与骆驼墩四层、神墩四层相近，也相当于马家浜文化中期偏晚段。

表七　　　　　　　　　　　　　　祁头山第一期器物

| 器型＼遗址 | 釜 | 璜 |
|---|---|---|
| 祁头山 | M128：1　　M74：1 | M134：3 |
| 骆驼墩 | W18 | |
| 神墩③ | | |

祁头山第二期（参见表八）：

该期是祁头山遗址发展的第一个高峰，出现的新器型较多。本期出现的外翻唇长筒形腰檐圜底釜（M10：2），也见于无锡彭祖墩遗址④。其 AaⅠ式釜（T5329⑧：11）与祁头山同类

① 南京博物院考古研究所：《江苏宜兴市骆驼墩新石器时代遗址的发掘》图一：13、14，《考古》2003 年第 7 期。
② 田名利等：《江苏溧阳神墩遗址发掘马家浜文化墓地》，《中国文物报》2006 年 10 月 26 日。
③ 江苏溧阳神墩遗址 2005～2006 年发掘资料，现存江苏省考古研究所。
④ 南京博物院等：《江苏无锡锡山彭祖墩遗址发掘报告》，《考古学报》2006 年第 4 期。

器相同。此外，六角形豆盘（M30:2）与湖州邱城的平底釜花边腰檐风格一致①。该期内的新器形同江淮流域的早期文化表现出一定的关联，如三足钵的盛行、圈足器的出现等。另外，M37:1、T1225⑦a:32 钵型豆的形制与装饰方法，都与侯家寨二期 T3②:14、宿松黄鳝嘴 M6:13 钵一致②。M93:2 陶豆与黄鳝嘴 M6:9 豆盘、座基本相同，同类器物还见于定远侯

**表八**　　　　　　　　　　　　　　　　　**祁头山第二期陶器**

| 器型\遗址 | 釜 | 豆 | |
|---|---|---|---|
| 祁头山 | M10:2 | M37:1 | M93:2 |
| 彭祖墩 | T5329⑧:11 | | |
| 侯家寨 | | T3④:14 | T4④:14 |
| 黄鳝嘴 | | M6:13 | M6:9 |
| 三星村 | | | M514:1 |

　① 浙江省文物考古研究所：《浙江省湖州市邱城遗址第三、四次的发掘报告》，《浙江省文物考古研究所学刊》第七辑，杭州出版社，2005 年。

　② 安徽省考古研究所：《宿松黄鳝嘴新石器时代遗址》，《考古学报》1987 年第 4 期。

家寨二期 T3②：14①、T4④：14、金坛三星村 M191：6、M514：1②。但除黄鳝嘴遗址以外，其他器物都有晚期特征。所以，祁头山遗址二期年代相当于彭祖墩遗址第一组第 8 层、湖州邱城第 2 层、侯家寨二期偏早，总体不会晚于马家浜文化晚期早段。

祁头山第三期（参见表九）：

第三期墓葬数量较少，而新文化因素的影响依然突出。如该期中所出现的彩绘圈足豆（M41：1），同类型器在侯家寨二期文化中有发现（T3②：141）③。戳印纹小陶器（M1：2）也同时见于宁镇区域文化系统，敛口高圈足豆（M1：3）与长江中游的黔阳高庙上层文化中的同类器相似④。因此我们认为，第三期年代相当于侯家寨二期、高庙上层文化偏早，同马家浜文化的晚期中段相当。

表九　　　　　　　　　　　　　　　祁头山第三期陶器

| 器型<br>遗址 | 豆 | |
|---|---|---|
| 祁头山 | M41：1 | M1：3 |
| 侯家寨 | T3②：141 | |
| 高庙<br>上层文化 | | T0914⑤：27 |

祁头山第四期（参见表一〇～一二）：

第四期是祁头山遗址发展的第二个高峰。与第一个高峰相比，新文化因素对该遗址传统文化的影响已相当深入。敛口高圈足豆的不断增多说明，来自长江中游的文化因素仍在不断介入，如 M20：1 豆、H3：1 球形罐上的戳印纹堆塑彩装饰手法，类似长江中游。M13：2 钵的

---

① 阚绪杭：《定远县侯家寨新石器时代遗址发掘简报》，《文物研究》1989 年第 5 期。
② 江苏省三星村联合考古队：《江苏金坛三星村新石器时代遗址》，《文物》2004 年第 2 期。
③ 阚绪杭：《定远县侯家寨新石器时代遗址发掘简报》，《文物研究》1989 年第 5 期。
④ 湖南省考古研究所：《湖南黔阳高庙遗址发掘简报》，《文物》2000 年第 4 期；贺刚：《高庙遗址的发掘与相关问题研究》，《湖南省博物馆》第二期，岳麓书社，2005 年。

制作工艺及形制，与山东王因 T4021 第 4 层下、北辛文化晚期中所出ⅡA 式钵近似①。本期内陶器所反映的更多的是与江淮东部文化的相似性，如 M59∶2 豆与高邮龙虬庄遗址ⅠC 型豆（T1828⑦∶9）、微敛口锥形足三足钵（M17∶1）与龙虬庄 T1627⑧∶9、M154∶3 陶钵相近，M62∶2 鼎与龙虬庄 T1729⑧层∶10 三足罐一致。此外，祁头山四期中小陶器如 M42∶2、M42∶4、T1225②∶15，在龙虬庄第 6~7 层中、常州圩墩中层②发现数量较多相同器。四期中 AdⅢ式矮直圈足豆也见于龙虬庄遗址第 5~6 层、彭祖墩 M6（M6∶4）、圩墩中层，南京北阴阳营第 4 层墓葬当中③。北阴阳营 H70 中所见两件釜（H70∶1、H70∶2）④，在祁头山四期中可找到相同器，如 M44∶2、M39∶2 等。祁头山 Bb 型釜同样可见于龙虬庄第 7 层。四期中玉器制作业发展迅速，特别是璜折断后的修补工艺（如 H1∶1），与神墩墓地、北阴阳营所出相同。宽肉部的扁平形玦除见于上述两处外，还见于彭祖墩 M2（M2∶2），管形玦与圩墩中层玦、彭祖墩 M6 玦（M6∶2）相同。

　　所以，祁头山四期可分早晚两段。早段相当于高庙上层文化、龙虬庄第 7~8 层、圩墩中层、北阴阳营第 4 层下遗存；晚段相当于彭祖墩第 3 层下墓葬，龙虬庄第 5~6 层，北阴阳营第 4 层墓葬。四期的总体年代大致相当于马家浜文化晚期到崧泽文化过渡期的偏早阶段。

---

① 图见中国社会科学院考古研究所：《山东王因——新石器时代遗址发掘报告》图一∶3，科学出版社，2000 年。
② 吴苏：《圩墩新石器时代遗址发掘简报》，《考古》1978 年第 4 期。
③ 南京博物院：《北阴阳营——新石器时代及商周时期遗址发掘报告》图二六，文物出版社，1993 年。
④ 《北阴阳营》报告中对 H70∶2 称为"陶罐"。

表一〇　祁头山第四期早段器物

| 遗址 ＼ 器型 | 豆 | | | 三足钵 | 鼎 | 釜 | | | 玦 |
|---|---|---|---|---|---|---|---|---|---|
| 祁头山 | M26:1 | M59:2 | M62:3 | M17:1 | M62:2 | M44:2 | M48:1 | M39:2 | M15:2 M51:3 |
| 龙虬庄第7~8层 | | T1828 ⑦:9 | | T1627 ⑧:9 | T1729 ⑧:10 | | T1628 ⑦:12 | | |
| 北阴阳营第4层下 | | | | | | H70:1 | | H70:2 | |
| 圩墩 | | | 圩墩中层 | | | | | | 圩墩中层 |
| 高庙上层文化① | 高庙上层 | | | | 高庙上层 | | | | |

① 线图根据参观湖南省文物考古研究所工地所绘。

**表一一**　　　　　　　　　　祁头山第四期晚段器物

| 器型<br>遗址 | 豆 | | 三足钵 | 鼎 | 璜 | 玦 |
|---|---|---|---|---|---|---|
| 祁头山 | M57:2 | M50:1 | | M57:1 | H1:1 | H1:5<br>M13:3 |
| 龙虬庄<br>第5~<br>6层 | | M366:3 | M154:1 | | | |
| 北阴阳营<br>第4层 | | M69:3 | | M39:10 | M191:1 | |
| 彭祖墩<br>第3层下 | | M6:4 | | | | M2:2<br>M6:2 |

**表一二**　　　　　　　　　　祁头山第四期小陶器

| 器型<br>遗址 | 小 陶 器 | | |
|---|---|---|---|
| 祁头山 | M42:2 | M42:4　T1225②:15 | M54:5 |
| 龙虬庄 | T2027⑦:12　T1726⑦:15 | T1726⑥:9 | |

续表

| 圩墩 | 圩墩中层 | 圩墩中层 | 圩墩中层 |
|---|---|---|---|
| 彭祖墩 | T3103④: 8 | | M4: 2 |

2、绝对年代

关于祁头山遗址的绝对年代，由于我们在工作中采集到适合测定的标本样品所测年代与遗址最晚年代有相当大的差异，原因尚不清楚，所以，在此依据相对年代来推测该遗址各期的绝对年代。

祁头山遗址第一期与骆驼墩第 4 层、神墩第 4 层相近。其中骆驼墩最早期测年为距今 7000 年左右，其第 4 层相当于骆驼墩遗址晚段，年代应晚。故祁头山一期的年代约距今 6600～6500 年。

祁头山遗址第二期相当于彭祖墩遗址第一组第 8 层、湖州邱城第 2 层、侯家寨二期偏早。邱城下层木桩垫板的碳十四测年为公元前 4898～前 4621 年，侯家寨遗址下层年代距今 6900 年。祁头山遗址第二期要晚于此，大致距今 6500 年左右。

祁头山遗址第三期的延续时间不长，相当于侯家寨二期、高庙上层文化偏早。推测其年代晚于侯家寨遗址下层，约距今 6500～6400 年。

祁头山遗址第四期，其早段相当于高庙上层文化、龙虬庄第 7～8 层、北阴阳营第 4 层下遗存。龙虬庄第 7～8 层为第一期偏早，祁头山四期早段应与之平行，应距今 6400 年左右。晚段相当于彭祖墩第 3 层下墓葬、圩墩中层、龙虬庄第 6 层、北阴阳营第 4 层墓葬。圩墩遗址第 3 层碳十四测年距今 6210±180 年，龙虬庄第 6 层处于龙虬庄遗址第二期偏早段，距今 6300 年左右，另外，王因第 4 层下推测年代为公元前 4300 年左右。所以祁头山遗址第四期晚段的绝对年代为距今 6300 年左右。

附表一

## 1. T1224 地层陶片统计表

| 地层 | 陶质 | 色 | 釜 | 钵 | 豆 | 盆 | 支座 | 口沿 | 鏊 | 底 | 足 | 其他 | 总计 | 所占比例 |
|---|---|---|---|---|---|---|---|---|---|---|---|---|---|---|
| 第2层 | 泥质 | 红 |  |  | 1 |  |  | 2 | 9 | 1 |  | 20 | 23 | 6.44% |
|  |  | 橙 | 2 |  |  |  |  | 2 | 2 | 3 |  | 16 | 25 | 7% |
|  |  | 褐 |  |  |  |  |  | 2 | 8 |  | 1 | 12 | 23 | 6.44% |
|  |  | 黑 | 1 |  |  |  |  | 6 | 11 | 1 |  | 29 | 48 | 13.44% |
|  | 夹砂 | 红 |  |  |  |  |  | 1 | 2 |  |  | 7 | 10 | 2.8% |
|  |  | 橙 |  |  |  |  |  | 1 |  |  |  | 3 | 4 | 1.12% |
|  |  | 褐 | 2 |  |  |  |  | 3 | 2 |  | 2 | 6 | 13 | 3.64% |
|  |  | 黑 | 3 |  |  |  |  |  |  |  |  |  | 3 | 0.84% |
|  | 夹炭 | 红 | 1 |  |  |  | 1 | 3 | 3 |  |  | 14 | 22 | 6.16% |
|  |  | 橙 |  |  |  |  |  |  | 2 |  |  | 1 | 3 | 0.84% |
|  |  | 褐 |  |  |  |  |  |  |  |  |  | 10 | 10 | 2.8% |
|  |  | 黑 |  |  |  |  | 1 | 2 |  |  |  | 34 | 37 | 10.36% |
| 第6层 | 泥质 | 红 |  |  |  |  |  |  |  | 1 |  | 4 | 5 | 1.4% |
|  |  | 橙 | 1 |  |  |  | 2 | 4 | 12 |  | 1 | 36 | 56 | 15.68% |
|  |  | 褐 |  |  |  |  |  |  | 1 |  |  | 9 | 10 | 2.8% |
|  |  | 黑 |  |  |  |  |  | 1 | 5 |  |  | 20 | 26 | 7.28% |
|  | 夹砂 | 红 | 1 |  |  |  |  |  |  |  |  |  | 1 | 0.28% |
|  |  | 褐 |  |  |  |  |  |  | 5 | 1 |  | 20 | 26 | 7.28% |
| 总计 |  |  | 11 |  | 1 |  | 4 | 27 | 62 | 7 | 4 | 241 | 357 |  |
| 所占比例 |  |  | 3.08% |  | 0.28% |  | 1.12% | 7.56% | 17.36% | 1.96% | 1.12% | 67.5% |  |  |

## 2. T1225 地层陶片统计表

| 地层 | 陶质 | 陶色 | 釜 | 罐 | 豆 | 盏 | 支座 | 口沿 | 鋬 | 底 | 足 | 其他 | 总计 | 所占比例 |
|---|---|---|---|---|---|---|---|---|---|---|---|---|---|---|
| 第2层 | 泥质 | 红 | 1 | | | | | 4 | 15 | | 1 | 27 | 48 | 6.6% |
| | | 橙 | | | | | | | 3 | | | 5 | 8 | 1.01% |
| | | 褐 | 2 | | | | | 2 | 5 | | 1 | 21 | 30 | 4.16% |
| | | 黑 | | | | | | 2 | 4 | | | 22 | 28 | 3.84% |
| | 夹砂 | 红 | | | | 1 | | 1 | | | | 5 | 9 | 1.23% |
| | | 褐 | | | | | | 3 | 1 | | | 15 | 20 | 2.74% |
| | 夹蚌 | 红 | 1 | | | | | 2 | 4 | | | 9 | 15 | 2% |
| | | 橙 | | | | | | | 1 | 1 | | 7 | 9 | 1.25% |
| | | 褐 | 1 | | | | | 1 | 2 | | | 7 | 11 | 1.51% |
| | | 黑 | | | | | | 1 | | | | 4 | 5 | 0.68% |
| 第3层 | 泥质 | 红 | 1 | | | | | | | | | 3 | 4 | 0.55% |
| | | 褐 | | | 1 | | | 2 | 3 | | | 17 | 13 | 1.78% |
| | | 黑 | | | | | | 2 | | | | 8 | 10 | 13.8% |
| | 夹砂 | 红 | | 1 | | | | 1 | | | | | 1 | 0.13 |
| | | 褐 | | | | | | | 1 | | | 1 | 2 | 0.27% |
| | 夹蚌 | 红 | | | | | | | 1 | | | 1 | 2 | 0.279% |
| | | 褐 | | | | | | | 1 | | | | 1 | 0.13% |

| 地层 | 陶质 | 陶色 | 釜 | 罐 | 豆 | 盂 | 支座 | 口沿 | 鉴 | 底 | 足 | 其他 | 总计 | 所占比例 |
|---|---|---|---|---|---|---|---|---|---|---|---|---|---|---|
| 第4层 | 泥质 | 红 |  |  |  |  | 3 | 3 | 4 | 1 | 3 | 31 | 45 | 6.18% |
| | 泥质 | 橙 | 2 |  |  |  | 2 | 3 | 9 | 1 | 1 | 47 | 65 | 8.93% |
| | 泥质 | 褐 |  |  |  |  |  |  | 5 |  |  | 25 | 30 | 4.12% |
| | 泥质 | 黑 |  |  |  |  |  | 4 | 10 | 1 |  | 67 | 82 | 11.2% |
| | 夹砂 | 红 |  |  |  |  | 1 | 3 | 6 |  |  | 15 | 25 | 3.43% |
| | 夹砂 | 橙 | 1 |  |  |  |  |  |  |  |  | 8 | 9 | 12.3% |
| | 夹砂 | 褐 |  |  |  |  |  | 1 |  |  |  | 8 | 9 | 12.3% |
| | 夹砂 | 黑 |  |  | 1 |  |  |  |  |  |  | 1 | 2 | 0.27% |
| | 夹蚌 | 红 |  |  |  |  |  | 1 |  | 1 | 2 | 33 | 37 | 5.09% |
| | 夹蚌 | 褐 |  |  |  |  |  |  | 1 |  |  | 13 | 14 | 1.92% |
| | 夹蚌 | 黑 |  |  |  |  |  |  |  |  |  | 18 | 18 | 2.47% |
| 第5层 | 泥质 | 红 |  |  |  |  | 1 | 2 | 3 | 1 | 1 | 20 | 28 | 3.84% |
| | 泥质 | 橙 |  |  |  |  |  |  | 1 |  |  | 14 | 15 | 2.06% |
| | 泥质 | 黑 |  |  |  |  |  |  | 2 | 2 |  | 12 | 16 | 2.11% |
| | 夹砂 | 红 |  |  |  |  |  |  |  |  |  | 10 | 10 | 1.37% |
| | 夹砂 | 褐 |  |  |  |  |  |  |  |  |  | 3 | 3 | 0.47% |
| | 夹蚌 | 红 |  |  |  |  |  |  |  |  |  | 2 | 2 | 0.27% |
| | 夹蚌 | 橙 |  |  |  |  |  |  |  |  |  | 5 | 5 | 0.68% |
| | 夹蚌 | 黑 |  |  |  |  |  |  |  |  |  | 18 | 18 | 2.47% |

| 地层 | 陶质 | 陶色 | 釜 | 罐 | 豆 | 盂 | 支座 | 口沿 | 鋬 | 底 | 足 | 其他 | 总计 | 所占比例 |
|---|---|---|---|---|---|---|---|---|---|---|---|---|---|---|
| 第6层 | 泥质 | 橙 | | | | | 2 | 2 | 4 | | | 2 | 10 | 1.37% |
| 第6层 | 泥质 | 褐 | | | 2 | | | 1 | 1 | | | 2 | 6 | 0.82% |
| 第8层 | 泥质 | 红褐 | 1 | | | | | | 4 | | | 10 | 15 | 2.06% |
| 第8层 | 泥质 | 黑 | | | | | | 1 | 2 | 1 | | 6 | 10 | 1.37% |
| 第8层 | 夹砂 | 红褐 | | | | | | | 1 | | | 7 | 8 | 1.1% |
| 第8层 | 夹砂 | 红褐 | | | 1 | | | | | | | 2 | 3 | 0.41% |
| 第8层 | 夹蚌 | 红 | | | | | | 2 | 1 | 1 | | 3 | 7 | 0.96% |
| 第8层 | 夹蚌 | 褐 | | | | | | | 1 | 1 | | 4 | 6 | 0.82% |
| 第11层 | 泥质 | 红 | | | | | | | 1 | | | 1 | 2 | 0.27% |
| 第11层 | 泥质 | 褐 | | | 1 | | | | | | | 6 | 7 | 0.96% |
| 第11层 | 泥质 | 黑 | | | | | | 1 | | | | | 1 | 0.13% |
| 第11层 | 夹砂 | 橙褐 | | | | | | | | | | 2 | 2 | 0.27% |
| 第11层 | 夹砂 | 红 | | | | | | | 1 | | | 3 | 4 | 0.55% |
| 第11层 | 夹蚌 | 橙 | | | | | | | 1 | | | | 1 | 0.13% |
| 第11层 | 夹蚌 | 红 | | | | | | 1 | 2 | | | 3 | 6 | 0.82% |
| 第11层 | 夹蚌 | 橙 | | | | | | 2 | 4 | | | 14 | 20 | 2.74% |
| 第11层 | 夹蚌 | 褐 | | | | | | | | | | 4 | 4 | 0.55% |
| 总计 | | | 9 | 1 | 6 | 1 | 9 | 48 | 65 | 10 | 9 | 570 | 728 | |
| 所占比例 | | | 1.23% | 0.13% | 0.82% | 0.13% | 1.23% | 6.59% | 8.93% | 1.37% | 1.23% | 78.3% | | |

附表二

## 1. 第2层下灰坑陶片统计表

| 地层 | 陶质 | 陶色 | 釜 | 罐 | 豆 | 支座 | 口沿 | 鏊 | 底 | 其他 | 总计 | 所占比例 |
|---|---|---|---|---|---|---|---|---|---|---|---|---|
| H2 | 夹砂 | 红 | 1 | 2 | | | 1 | | | | 4 | 0.76% |
| | | 褐 | 3 | 2 | | | | | | 2 | 7 | 13.3% |
| | 泥质 | 红 | | | | | | 1 | | | 1 | 0.19% |
| | | 橙 | | | | 1 | 1 | | | 6 | 8 | 1.52% |
| | | 黑 | | | | | | 1 | 1 | 4 | 6 | 1.34% |
| H3 | 夹蚌 | 红 | 3 | 1 | | | 2 | 8 | | 80 | 94 | 17.8% |
| | | 褐 | | | | | | 2 | | 6 | 8 | 1.52% |
| | 泥质 | 红 | | | 1 | | 8 | 5 | 3 | 177 | 194 | 3.68% |
| | | 橙 | | | | | 2 | 1 | | 13 | 16 | 3.03% |
| | | 褐 | | | 2 | | 1 | 3 | | 15 | 21 | 3.98% |
| | | 黑 | | | | | 1 | | | 4 | 5 | 0.95% |
| H11 | 夹砂 | 红 | 1 | | | | | | | 6 | 7 | 13.3% |
| | | 橙 | | | | | | 1 | | | 1 | 0.19% |
| | | 褐 | | | | | | 1 | | 2 | 3 | 0.57% |
| | 夹蚌 | 红 | | | | | 1 | 3 | | 43 | 47 | 8.91% |
| | | 褐 | | | | | 2 | | | 24 | 26 | 4.93% |
| | 泥质 | 红 | 2 | | | 2 | 1 | 9 | 1 | 23 | 38 | 7.21% |
| | | 褐 | | | | | 3 | 1 | | 2 | 6 | 1.34% |
| | | 黑 | | | | | 2 | 3 | | 30 | 35 | 6.64% |
| 总计 | | | 10 | 5 | 3 | 3 | 25 | 39 | 5 | 437 | 527 | |
| 所占比例 | | | 1.89% | 0.94% | 0.57% | 0.57% | 4.74% | 7.4% | 0.94% | 82.9% | | |

**2. 第 3 层下灰坑陶片统计表**

| 地层 | 陶质 | 陶色 | 釜 | 支座 | 口沿 | 鉴 | 底 | 其他 | 总计 | 所占比例 |
|---|---|---|---|---|---|---|---|---|---|---|
| H4 | 夹砂 | 红 | | | | 1 | | | 1 | 1.03% |
| H4 | 夹蚌 | 红 | | | 1 | 1 | 1 | 4 | 7 | 7.21% |
| H4 | 夹蚌 | 褐 | | | 1 | | | | 1 | 1.03% |
| H4 | 泥质 | 红 | 1 | | | 5 | | 28 | 34 | 35% |
| H4 | 泥质 | 橙 | | | 2 | 3 | | 3 | 8 | 8.24% |
| H4 | 泥质 | 褐 | 1 | 1 | | 3 | | 23 | 28 | 22.9% |
| H8 | 泥质 | 红 | | | | 2 | | 4 | 6 | 6.18% |
| H8 | 泥质 | 黑 | | | | 1 | | | 1 | 1.03% |
| H8 | 夹蚌 | 红 | | | | | | 7 | 7 | 7.21% |
| H8 | 夹蚌 | 烧环 | 1 | | | 1 | | 2 | 4 | 4.12% |
| 总计 | | | 3 | 1 | 4 | 17 | 1 | 71 | 97 | |
| 所占比例 | | | 3.09% | 1.03% | 4.12% | 17.5% | 1.03% | 73.2% | | |

**3. 第 4 层下灰坑陶片统计表**

| 地层 | 陶质 | 陶色 | 釜 | 口沿 | 鉴 | 底 | 足 | 其他 | 总计 | 所占比例 |
|---|---|---|---|---|---|---|---|---|---|---|
| H15 | 夹砂 | 红 | | 1 | | | | 4 | 5 | 11.62% |
| H15 | 泥质 | 橙 | | | 3 | 1 | | 8 | 12 | 27.90% |
| H15 | 泥质 | 褐 | | | | | | 10 | 10 | 23.26% |
| H15 | 泥质 | 黑 | 1 | | 1 | | 1 | 13 | 16 | 37.22% |
| 总计 | | | 1 | 1 | 4 | 1 | 1 | 35 | 43 | |
| 所占比例 | | | 2.32% | 2.32% | 9.3% | 2.32% | 2.32% | 81.4% | | |

**4. 第 5 层下灰坑陶片统计表**

| 地层 | 陶质 | 陶色 | 釜 | 口沿 | 鉴 | 底 | 足 | 其他 | 总计 | 所占比例 |
|---|---|---|---|---|---|---|---|---|---|---|
| H18 | 夹砂 | 橙 |  | 2 |  |  |  | 1 | 3 | 4.54% |
|  | 夹砂 | 黑 |  |  |  |  |  | 2 | 2 | 3.03% |
|  | 夹蚌 | 橙 |  | 1 |  |  |  | 9 | 10 | 15.1% |
|  | 夹蚌 | 褐 |  |  |  |  |  | 3 | 3 | 4.54% |
|  | 夹蚌 | 黑 |  |  |  |  |  | 3 | 3 | 4.54% |
|  | 泥质 | 橙 |  | 1 | 4 | 1 | 1 | 12 | 29 | 43.9% |
|  | 泥质 | 褐 | 1 | 1 | 2 |  |  | 4 | 8 | 12.1% |
|  | 泥质 | 黑 |  | 3 |  | 1 |  | 14 | 18 | 27.2% |
| 总计 |  |  | 1 | 8 | 6 | 2 | 1 | 48 | 66 |  |
| 所占比例 |  |  | 1.51% | 12.1% | 9.09% | 3.03% | 1.51% | 72.7% |  |  |

**5. 第 9 层下灰坑陶片统计表**

| 地层 | 陶质 | 陶色 | 釜 | 豆 | 支座 | 口沿 | 鉴 | 底 | 足 | 其他 | 总计 | 所占比例 |
|---|---|---|---|---|---|---|---|---|---|---|---|---|
| H36 | 夹砂 | 红褐 |  |  |  | 1 |  |  |  | 1 | 2 | 1.96% |
|  | 夹砂 | 橙褐 |  |  |  |  | 1 |  |  | 4 | 5 | 4.9% |
|  | 泥质 | 橙 | 1 |  |  |  | 7 | 1 |  | 26 | 35 | 34.3% |
|  | 泥质 | 褐 |  | 1 |  |  | 2 |  |  | 7 | 10 | 9.8% |
|  | 泥质 | 黑 |  |  |  |  |  |  |  | 13 | 13 | 12.7% |
| H38 | 夹砂 | 褐 |  |  | 1 |  |  | 2 | 2 | 9 | 14 | 13.7% |
|  | 泥质 | 褐 |  |  |  | 1 | 1 | 1 |  | 19 | 22 | 21.5% |
| 总计 |  |  | 1 | 1 | 1 | 2 | 11 | 4 | 2 | 79 | 102 |  |
| 所占比例 |  |  | 0.98% | 0.98% | 0.98% | 1.96% | 10.7% | 3.92% | 1.96% | 77.5% |  |  |

附表三

## 2000 年度发掘灰坑登记表

| 编号 | 灰坑名称 | 开口层位 | 位置 | 灰坑形状、尺寸 | 包含物 | 填土情况 | 层位关系 | 时代 |
|---|---|---|---|---|---|---|---|---|
| 1 | H1 | 第 2 层下 | T1425 中部略偏北 | 圆形,圆底。口径 1.1,深 0.25 米 | 红烧土,烧土间夹发少量泥土及陶片,玉器 | 填土分上、下两层。上部堆积较多的红烧土,夹杂少量泥土及陶片;下层为灰色填土,其中发现玉器 | | 马家浜 |
| 2 | H2 | 第 2 层下 | T1425 中部 | 椭圆形,圜底。口径 1.84,深 0.54 米 | 红烧土,烧土间夹杂少量泥土及陶片 | 灰色填土,内包含较多的红烧土,夹杂少量陶片 | | 马家浜 |
| 3 | H3 | 第 2 层下 | T1224 中部偏北 | 不规则长条形,底部近平。长 5.2、宽 1.37,深 1.3 米 | 红烧土,少量石器残件及陶片 | 红烧土占填土的 95% 以上,底层有少量的木炭 | | 马家浜 |
| 4 | H4 | 第 3 层下 | T1224 北部偏东 | 长方形,平底。长 2.5、宽 1.05,深 0.98 米 | 少量红烧土及陶片 | 填土浅黄褐色,包含少量的红烧土,夹杂少量陶片 | 打破 H8 | 马家浜 |
| 5 | H5 | 第 3 层下 | T1225 西部 | 不规则长方近椭圆形,底部近平。口径 8.5、底径 8.3,深 0.81 米 | 烧土块和极少量陶片 | 填土可分上、下两层:上层红烧土多为细碎的小颗粒,不包含有陶片,夹杂有灰褐土;下层多为大块红烧土 | | 马家浜 |
| 6 | H8 | 第 3 层下 | T1224 东北 | 长方形,底部近平。长 1.65、宽 0.8,深 0.8 米 | 含较多红烧土,陶片片含量极少 | 坑内填入较多的红烧土,烧土占填土的 85% 以上 | 被 H4打破 | 马家浜 |
| 7 | H9 | 第 3 层下 | T1224 东北部 | 不规则形,下部近圆形,底部近平。口径 1.1,底径 0.7,深 0.44 米 | 含较多的红烧土,陶片含量极少 | 坑内填入较多的红烧土,烧土占填土的 85% 以上 | | 马家浜 |

续附表三

| 编号 | 灰坑名称 | 开口层位 | 位置 | 灰坑形状、尺寸 | 包含物 | 填土情况 | 层位关系 | 时代 |
|---|---|---|---|---|---|---|---|---|
| 8 | H10 | 第2层下 | T1324中部偏北 | 圆形,圆底。口径1.2,深0.5米 | 含少量陶片 | 填土灰褐 | | 马家浜 |
| 9 | H11 | 第2层下 | T1425西北 | 近长方形,底部近平。长1.2,宽0.5,深0.34米 | 含较多红烧土,陶片含量极少 | 坑内填入较多的红烧土,陶片含量极少 | | 马家浜 |
| 10 | H12 | 第2层下 | T1425中部偏南 | 椭圆形,直壁,底部近平。口径0.8,底径0.77,深0.31米 | 含大块红烧土及少量陶片 | 坑内包含有大块红烧土,近底部有一层烧土面。 | | 马家浜 |
| 11 | H13 | 第2层下 | T1425中部 | 椭圆形,直壁,底部近平。上部最大径0.85,最小径0.45,底部最大径0.81,最小径0.37,深0.24米 | 含有大块红烧土及少量陶片 | 坑内包含有大块红烧土,近底部有一层烧土面。 | | 马家浜 |
| 12 | H14 | 第3层下 | T1325东部 | 圆形,圆底。口径0.9,深0.3米 | 含较多的红烧土,陶片含量极少 | 坑内填入较多的红烧土,陶片含量极少 | | 马家浜 |
| 13 | H15 | 第4层下 | T1225中部偏南 | 长方形,直壁,底部东高西低。长2.45,宽0.8,深0.4~0.95米 | 含细小红烧土颗粒及少量陶片 | 坑内填土可分上、下层,上层填土浅灰,下层土色黑灰夹杂细小的红烧土颗粒和细黄斑点土 | | 马家浜 |
| 14 | H16 | 第7a层下 | T1225中部偏西北 | 圆形,直壁,平底。口径0.75,底径0.75,深0.43米 | 含大量红烧土块,较多的动物骨渣及陶片 | 坑内回填大量红烧土块 | | 马家浜 |
| 15 | H17 | 第8a层下 | T1225西南 | 长方形,直壁,平底。长0.7,宽0.39,深0.37米 | 含红烧土块及少量陶片 | 坑内回填大量红烧土块 | 打破M97、M98 | 马家浜 |

续附表三

| 编号 | 灰坑名称 | 开口层位 | 位置 | 灰坑形状、尺寸 | 包含物 | 填土情况 | 层位关系 | 时代 |
|---|---|---|---|---|---|---|---|---|
| 16 | H18 | 第5层下 | T1225东南 | 不规则长方形，直壁，平底。长1.8，最宽处1.1，深0.6米 | 含少量陶片 | 坑内填土灰黄 |  | 马家浜 |
| 17 | H19 | 第10a层下 | T1225西北 | 圆形，斜直壁，平底。清理最大径1.9，深0.35米 | 含较多的动物骨渣及少量陶片 | 坑内填土灰黑 |  | 马家浜 |
| 18 | H20 | 第8a层下 | T1325中部 | 近圆形，圆底。最大径0.7，深0.25米 | 含极少量陶片 | 坑内填土褐灰 |  | 马家浜 |
| 19 | H29 | 第9a层下 | T1225西部 | 近圆形，圆底。最大径0.65，深0.13米 | 含极少量陶片 | 坑内填土褐灰 |  | 马家浜 |
| 20 | H36 | 第9a层下 | T1325西南 | 不规则圆形，斜直壁，平底。最大口径1.07，底径0.85，深0.6米 | 含红烧土块、木炭、草木灰及较多陶片 | 坑内填灰褐黏土 |  | 马家浜 |
| 21 | H37 | 第9a层下 | T1325中部偏西南 | 圆形，斜直壁，平底。最大口径0.6，底径0.45，深0.35米 | 含红烧土块、木炭、草木灰及较多陶片 | 坑内填灰褐黏土 |  | 马家浜 |
| 22 | H38 | 第9a层下 | T1325中部偏西南 | 长方形，直壁，平底。长1.5，宽0.6，深0.35米 | 含大量红烧土及少量陶片 | 坑内填满红烧土 |  | 马家浜 |
| 23 | H39 | 第7a层下 | T1225东南 | 圆形，不规则长方形，底部北高南低。长3.25，南部宽1.4，北部宽0.8，深2米 | 含大量红烧土块、较多的动物骨渣及少量陶片 | 填有大量红烧土块 |  | 马家浜 |

附表四

## 2000 年度发掘墓葬登记表

| 编号 | 墓葬名称 | 开口层位 | 位置 | 墓葬形状、尺寸、方向 | 人骨架保存情况 | 随葬品情况 | 填土情况 | 层位关系 | 时代 |
|---|---|---|---|---|---|---|---|---|---|
| 1 | M1 | 第4层下 | T1225 西北部 | 长方形土坑竖穴，长1.84、宽0.84、深0.27米，墓向74° | 人骨架已腐烂，仅剩西骨渣，头向北偏西 | 随葬陶器3件，为釜、罐、豆各1件 | 土色较花，灰略显白，夹杂红烧土块和黏土，并有黑色和黄色的斑点，土质坚硬 | 开口于第4层下，打破第5层 | 马家浜 |
| 2 | M2 | 第6层下 | T1224 东北部，紧靠东隔梁 | 长方形土坑竖穴，长1.6、宽0.24、深0.46米，墓向82° | 清理时没有发现骨架，在盆中发现类似牙齿类遗物，已朽。推测头向朝东 | 随葬陶器2件，为釜1件、钵1件 | 土色呈浅灰褐色，土质较松软，含水性高，黏性大，夹杂烧土粒及碎陶片等 | 开口于第6层下，打破第7a层 | 马家浜 |
| 3 | M3 | 第4层下 | T1225 西探方中部偏东 | 不规则长方形土坑墓，长1.85、宽0.48~0.71、深0.35米，墓向65° | 人骨架已朽，留有两条人腿骨，一条长82厘米，另一条长37厘米，仅剩骨渣。头向北偏东 | 随葬陶釜1件 | 土色灰中略带微红，底部有一层黑土，夹杂红烧土粒块状土，土质较坚硬 | 开口于第4层下，打破第5层、M16 | 马家浜 |
| 4 | M4 | 第2层下 | T1424 中部偏西北 | 长方形竖穴土坑木椁墓，墓坑长3.3、宽3.1、深2.8米，正南北方向。椁长2.8、宽2.1米 | 人骨架两具，位于墓内中部偏西北，保存情况较差，但可以看出两具骨架并排而置，头向均朝南 | 随葬陶、釉陶、铜、铁、琉璃器，共18件 | 五花土 | 开口于第2层下 | 汉代 |
| 5 | M5 | 第2层下 | T1424 中部偏西南 | 长方形竖穴土坑木椁墓，墓坑长3.55、宽2.6、深2.85米，正南北方向。椁长3.1、宽2.45米 | 人骨架腐朽严重，头向、葬式不清 | 随葬陶、釉陶、铜、铁、漆、琉璃、玉器，共25件 | 五花土 | 开口于第2层下 | 汉代 |

续附表四

| 编号 | 墓葬名称 | 开口层位 | 位置 | 墓葬形状、尺寸、方向 | 人骨架保存情况 | 随葬品情况 | 填土情况 | 层位关系 | 时代 |
|---|---|---|---|---|---|---|---|---|---|
| 6 | M6 | 第6层下 | T1224东部偏南 | 长方形略显"亚"字形，土坑竖穴。长1.75，宽0.55，深0.24米，墓向79° | 人骨已朽 | 随葬陶钵1件 | 灰褐黏土，较松软 | 开口于第6层下，打破第7a层 | 马家浜 |
| 7 | M7 | 第6层下 | T1224东部偏南，部分被压在东隔梁下 | 长方形土坑墓，长0.86，宽0.42，深0.2米，墓向76° | 骨架已朽，发现有骨渣痕迹，葬式不明 | 已发掘部分内未见随葬品 | 灰褐黏土，较松软，含水量较高 | 开口于第6层下，打破第7a层 | 马家浜 |
| 8 | M8 | 第6层下 | T1225西部 | 长方形土坑竖穴。长1.75，宽0.45，深0.46米，墓向67° | 骨架已朽，仅在墓内偏东部发现牙齿痕迹。西南部发现一节肢骨，故推测其头向东北 | 无随葬品 | 土色灰中略显褐色，沙性较重，多水痕，较松软 | 开口于第6层下，打破第7a层下 | 马家浜 |
| 9 | M9 | 第6层下 | T1225西、探方东北部 | 长方形土坑竖穴，长1.94，宽0.43，深0.55米，墓向82° | 骨架已朽，葬式不明，仅于东部存有少量牙齿痕迹，推测头向东北 | 随葬陶器2件，为豆、釜各1件 | 土色灰中夹杂褐色，土质较疏松，夹杂细碎红烧土 | 开口于第6层下，打破第7a层 | 马家浜 |
| 10 | M10 | 第6层下 | T1225西部 | 长方形土坑竖穴，清理长1.76，宽0.43，深0.55米，墓向88° | 骨架已朽，葬式不明 | 随葬陶器2件，为釜、钵各1件 | 土色灰中带红，较松软，夹杂少红烧土粒 | 开口于第6层下，打破第7a层，并打破M23、M52 | 马家浜 |
| 11 | M11 | 第6层下 | T1225西部 | 不规则长方形土坑竖穴，长1.76，宽0.48，深0.44米，墓向82° | 骨架已朽，葬式不明 | 随葬陶器2件，为三足钵、釜各1件 | 灰褐色土，较松软，夹杂细小红烧土粒 | 开口于第6层下，打破第7a层，M22 | 马家浜 |

续附表四

| 编号 | 墓葬名称 | 开口层位 | 位置 | 墓葬形状、尺寸、方向 | 人骨架保存情况 | 随葬品情况 | 填土情况 | 层位关系 | 时代 |
|---|---|---|---|---|---|---|---|---|---|
| 12 | M12 | 第6层下 | T1224东北部 | 长方形土坑竖穴，长2.1、宽0.52、深0.47米，墓向84° | 骨架已朽，葬式不明 | 随葬陶器2件，为三足钵、釜各1件 | 黄褐色土，较松软，含烧土块 | 开口于第6层下，打破第7a层 | 马家浜 |
| 13 | M13 | 第2层下 | T1324西部 | 长方形土坑竖穴，长1.48、宽0.45、深0.45米，墓向85° | 骨架已朽，依据黄、块出土位置推测，头向东北 | 随葬品4件，为陶器2件，夹砂陶罐1件，泥质灰陶钵1件，另有玉璜、玉块各1件 | 灰褐色土，富含有机质，夹红烧土粒，含水量较高，土质较松软 | 开口于第2层下，打破第3层及红烧土层（第4层） | 马家浜 |
| 14 | M14 | 第2层下 | T1324东部 | 长方形土坑竖穴，长1.65、宽0.42、深0.42米，墓向70° | 骨架已朽，仅于墓坑中部存留两根肢骨痕迹。推测其头向东北 | 随葬陶器2件，为钵、罐各1件 | 灰褐色土，富含有机质，夹红烧土块，含水量高，松软 | 开口于第2层下，打破第3层，红烧土层，M15 | 马家浜 |
| 15 | M15 | 第2层下 | T1324东部 | 长方形土坑竖穴，长0.53、宽0.4、深0.4米，墓向80° | 骨架已朽，在豆内发现头骨痕迹。头向东北 | 随葬泥质陶豆1件，玉块1件 | 灰褐色土，富含有机质，夹烧土块，含水量高，较松软 | 开口于第2层下，打破第3层及红烧土层，并被M14打破 | 马家浜 |
| 16 | M16 | 第6层下 | T1225东部 | 不规则长方形土坑竖穴，长1.85、宽0.86、深0.67米，墓向74° | 骨架已朽，仅存痕迹，东部发现牙齿痕迹。头向东北 | 随葬陶器2件，为盆、釜各1件 | 黄斑土和黑色土块相杂，并有细碎红烧土颗粒，沙性且比较松软 | 开口于第6层下，该墓M3打破，被该墓上部，同时它又打破M31、M35、M66 | 马家浜 |
| 17 | M17 | 第2层下 | T1424西北部 | 长方形土坑竖穴，长1.85、宽0.4、深0.3米，墓向85° | 骨架已朽，葬式不明 | 随葬陶三足钵1件 | 土色红褐色，夹杂红烧土颗粒，较松软 | 开口于第2层，打破第3层及红烧土层，并打破M25 | 马家浜 |

续附表四

| 编号 | 墓葬名称 | 开口层位 | 位置 | 墓葬形状、尺寸、方向 | 人骨架保存情况 | 随葬品情况 | 填土情况 | 层位关系 | 时代 |
|---|---|---|---|---|---|---|---|---|---|
| 18 | M18 | 第2层下 | T1324中部偏北 | 长方形土坑竖穴，残长1.03，宽0.43、深0.4米，墓向84° | 骨架已朽，葬式不明 | 随葬单孔石斧1件 | 土色灰褐色，富含有机质，水份较高，松软 | 开口于第2层下，打破第3层及红烧土层，并被H10打破 | 马家浜 |
| 19 | M19 | 第6层下 | T1225中部 | 长方形土坑竖穴，长1.1、宽0.4、深0.45米，墓向78° | 骨架已朽，葬式不明 | 随葬陶钵1件 | 土色灰褐色，夹杂许多细碎红烧土，土质较松软 | 开口于第6层下，打破第7a层，并被M22打破 | 马家浜 |
| 20 | M20 | 第3层下 | T1424西南部 | 长方形土坑竖穴，长2.2、宽0.55、深0.75米，墓向81° | 骨架已朽，葬式不明 | 随葬陶釜、陶豆各1件 | 土色灰褐色，夹杂细碎红烧土，土质较松软 | 开口于第3层下，打破红烧土层 | 马家浜 |
| 21 | M21 | 第3层下 | T1424东南部 | 长方形土坑竖穴，长1.95、宽0.4、深0.3米，墓向84° | 骨架已朽，仅见下部肢骨痕迹，葬式不明 | 随葬陶器3件，为豆、釜、纺轮各1件 | 土色灰褐色，夹杂细碎红烧土，土质较松软 | 开口于第3层下，打破红烧土层 | 马家浜 |
| 22 | M22 | 第6层下 | T1225东部 | 长方形土坑竖穴，长1.9、宽0.41、深0.37米，墓向76° | 骨架已朽，葬式不明 | 随葬陶豆1件 | 土色灰褐色，夹杂细碎红烧土，土质较松软 | 开口于第6层下，被M11打破，并打破M19 | 马家浜 |
| 23 | M23 | 第6层下 | T1225西部 | 长方形土坑竖穴，长1.85、宽0.5、深0.56米，墓向74° | 骨架已朽，坑内东部发现有牙齿若干，推测头向东北 | 随葬陶釜、陶盆各1件 | 填土上部黄色，下部青色，土质上部较硬，下部较疏松 | 开口于第6层下，打破第7a层，并被M10打破，同时打破M36 | 马家浜 |
| 24 | M24 | 第5层下 | T1225中部偏东 | 不规则长条形土坑竖穴，长1.22、宽0.63、深0.61米，墓向68° | 骨架已朽，葬式不明 | 随葬陶釜1件 | 土色偏灰，夹杂较多的黄、黑色细土斑点和红烧土细粒，有较多的陶片和动物骨渣 | 开口于第5层下，打破第6层 | 马家浜 |

续附表四

| 编号 | 墓葬名称 | 开口层位 | 位置 | 墓葬形状、尺寸、方向 | 人骨架保存情况 | 随葬品情况 | 填土情况 | 层位关系 | 时代 |
|---|---|---|---|---|---|---|---|---|---|
| 25 | M25 | 第2层下 | T1424东北部 | 长方形土坑竖穴，长1.85，宽0.36，深0.3米，墓向84° | 骨架已朽，葬式不明 | 随葬陶罐1件 | 红褐色块状黏土，较松软 | 开口于第2层下，打破红烧土层，并被M17打破 | 马家浜 |
| 26 | M26 | 第2层下 | T1124西部 | 长方形土坑竖穴，长1.46，宽0.5，深0.55米，墓向北偏东88° | 骨架已朽，葬式不明 | 随葬陶豆、陶釜各1件 | 浅黑褐土，夹杂块状黏土，较松软 | 开口于第2层下，打破红烧土层 | 马家浜 |
| 27 | M27 | 第2层下 | T1224中部 | 长方形土坑竖穴，长1.1，宽0.5，深0.5米，墓向北偏东90° | 骨架已朽，葬式不明 | 未见随葬品 | 浅黑褐土，夹杂块状黏土，软 | 开口于第2层下，打破红烧土层 | 马家浜 |
| 28 | M28 | 第6层下 | T1225东部 | 长方形土坑竖穴，长1.4，宽0.48，深0.59米，墓向80° | 骨架已朽，葬式不明 | 随葬陶釜1件 | 灰褐色土，夹杂大量的细黄斑点土和红烧土颗粒，且有较多的动物骨渣和陶片 | 开口于第6层下，被M11、M22分别打破，同时打破M37、M38 | 马家浜 |
| 29 | M29 | 第6层下 | T1225东部偏北 | 长方形土坑竖穴，长0.85、宽0.52、深0.39米，墓向76° | 骨架已朽，葬式不明 | 未发现随葬品 | 灰褐色土，夹杂较多的黄斑点土和红烧土细颗粒，且有较多的动物骨渣 | 开口于第6层下，被M117打破 | 马家浜 |
| 30 | M30 | 第6层下 | T1225东部偏北 | 长方形土坑竖穴，长1.9，宽0.57，深0.68米，墓向82° | 骨架已朽，葬式不明 | 头部随葬陶釜及六角形陶豆各1件 | 灰黑色土，夹杂大量的细黄斑点土和红烧土细颗粒，且有少量的动物骨渣 | 开口于第6层下，东部被T1225东偏梁所压，同时被M117、M22打破，又打破M38 | 马家浜 |

续附表四

| 编号 | 墓葬名称 | 开口层位 | 位置 | 墓葬形状、尺寸、方向 | 人骨架保存情况 | 随葬品情况 | 填土情况 | 层位关系 | 时代 |
|---|---|---|---|---|---|---|---|---|---|
| 31 | M31 | 第7a层下 | T1225西部偏南 | 长方形土坑竖穴，长1.85、宽0.4，深0.5米，墓向84° | 骨架已朽，葬式不明 | 随葬陶釜1件 | 灰褐色土，夹杂较多的红烧土颗粒，且有较多动物骨渣，土质松软 | 开口于第7a层下，打破M66，被M16打破 | 马家浜 |
| 32 | M32 | 第7a层下 | T1225西部偏南 | 长方形土坑竖穴，长1.75、宽0.5，深0.56米，墓向83° | 头骨痕迹较清楚，但已腐烂如泥 | 随葬陶釜1件 | 灰褐色土，夹杂较多的红烧土颗粒，且有较多动物骨渣，土质松软 | 开口于第7a层下 | 马家浜 |
| 33 | M33 | 第2层下 | T1324东部 | 长方形土坑竖穴，长1.63、宽0.41，深0.35米，墓向75° | 骨架已朽，葬式不明 | 随葬陶釜1件 | 灰褐色土，夹杂较多红烧土颗粒，土质松软 | 开口于第2层下，打破土层，M60 | 马家浜 |
| 34 | M34 | 第7a层下 | T1225中部偏北 | 长方形土坑竖穴，残长0.55、宽0.52，深0.6米，墓向88° | 骨架已朽，葬式不清 | 未发现随葬品 | 灰褐色土，夹杂较多的细黄斑点土和红烧土颗粒，且有较多的动物骨渣 | 开口于第7a层下 | 马家浜 |
| 35 | M35 | 第7a层下 | T1225西部偏南 | 长方形土坑竖穴，长0.8、宽0.51，深0.61米，墓向86° | 骨架已朽，仅在坑内东部保留若干牙齿痕迹，推测墓主头向东略偏北 | 随葬陶器3件，为釜、支座、盆各1件 | 灰褐色土，夹杂少量细黄斑点土和较多的红烧土细颗粒，且有较多的动物骨渣 | 开口于第7a层下，被M16打破 | 马家浜 |

续附表四

| 编号 | 墓葬名称 | 开口层位 | 位置 | 墓葬形状、尺寸、方向 | 人骨架保存情况 | 随葬品情况 | 填土情况 | 层位关系 | 时代 |
|---|---|---|---|---|---|---|---|---|---|
| 36 | M36 | 第 7a 层下 | T1225 西部 | 长方形土坑竖穴，长 1.7，宽 0.6，深 0.65 米，墓向 88° | 骨架已朽，仅在坑内东部保留若干牙齿痕迹，推测墓主头向东 | 随葬陶釜 1 件 | 上部为一层细腻黄土，下部为夹杂细颗粒红烧土的灰土，土质较松软 | 开口于第 7a 层下，被 M37、M23 打破 | 马家浜 |
| 37 | M37 | 第 7a 层下 | T1225 西部 | 长方形土坑竖穴，长 2，宽 0.49，深 0.5 米，墓向 87° | 骨架已朽，仅在坑内东部辨认出头骨痕迹，推测墓主头向东北 | 随葬陶豆 1 件 | 灰褐色土，夹杂细黄斑点土和大量红烧土颗粒，有较多的骨渣和黑色的粗颗粒土 | 开口于第 7a 层下，被 M28 打破，并且打破 M38、M52、M66 | 马家浜 |
| 38 | M38 | 第 7a 层下 | T1225 中部 | 长方形土坑竖穴，长 1.25，宽 0.43，深 0.45 米，墓向 82° | 骨架已朽，仅在坑内东部保留若干牙齿痕迹，推测墓主头向东略偏北 | 未见随葬品 | 灰褐色土，夹杂黄斑点土和红烧土颗粒，有少量动物骨渣 | 开口于第 7a 层下，被 M28、M30、M37 打破 | 马家浜 |
| 39 | M39 | 第 2 层下 | T1225 中部偏南 | 长方形土坑竖穴，长 1.67，宽 0.5，深 0.42 米，墓向 96° | 骨架已朽，仅在坑内东部钵内头骨和牙齿痕迹。故推测墓主头向东偏北 | 随葬陶钵、陶釜各 1 件 | 黄灰色干硬土，接近底部为黄灰色五花土，含较多有机质 | 开口于第 2 层下，打破第 3 层及红烧土层 | 马家浜 |
| 40 | M40 | 第 5 层下 | T1225 西部 | 长方形土坑竖穴，长 0.35，宽 0.75，深 0.29 米，墓向 88° | 骨架已朽，葬式不明 | 随葬陶三足钵、陶釜各 1 件 | 灰褐色土，夹杂少量细黄斑点土和较多红烧土颗粒，且有少量动物骨渣 | 开口于第 5 层下，并打破第 6 层、M110 | 马家浜 |

续附表四

| 编号 | 墓葬名称 | 开口层位 | 位置 | 墓葬形状、尺寸、方向 | 人骨架保存情况 | 随葬品情况 | 填土情况 | 层位关系 | 时代 |
|---|---|---|---|---|---|---|---|---|---|
| 41 | M41 | 第4层下 | T1225西南部 | 长方形土坑竖穴,长0.15,宽0.9,深0.57米,墓向88° | 未见人骨 | 随葬陶豆、陶釜(未取)各1件 | 灰褐色土,含红烧土颗粒 | 开口于第4层下,打破第5层 | 马家浜 |
| 42 | M42 | 第2层下 | T1225西南部 | 长方形土坑竖穴,长1.65,宽0.5,深0.15米,墓向88° | 骨架已朽,葬式不明 | 随葬陶器4件,为钵1件、罐2件、器座1件 | 灰黄色土,夹杂红烧土颗粒,较松软,底部为灰色土 | 开口于第2层下,打破第3层 | 马家浜 |
| 43 | M43 | 第2层下 | T1324中部偏北 | 长方形土坑竖穴,长1.6,宽0.5,深0.4米,墓向87° | 骨架已朽,葬式不明 | 随葬陶盆、陶釜各1件 | 灰褐色土,夹杂红烧土颗粒,底部较纯净的软土 | 开口于第2层下,打破第3层 | 马家浜 |
| 44 | M44 | 第2层下 | T1325中部偏北 | 长方形土坑竖穴,长2.2,宽0.52,深0.55米,墓向88° | 骨架已朽,葬式不明 | 随葬陶豆、陶釜各1件 | 灰褐色土,夹杂红烧土颗粒,底部较纯净的软土 | 开口于第2层下,打破第3层及红烧土层、M59 | 马家浜 |
| 45 | M45 | 第6层下 | T1225西部 | 长方形土坑墓,长0.75,宽0.51,深0.49米,墓向87° | 骨架已朽,葬式不明 | 随葬陶钵、陶釜各1件 | 灰褐色土,夹杂较多的红烧土颗粒,并有动物骨渣,土质较松软 | 开口于第6层下,打破第7a层 | 马家浜 |
| 46 | M46 | 第6层下 | T1225西部 | 长方形土坑墓,长1.1,宽0.52,深0.47米,墓向82° | 骨架已朽,葬式不明 | 随葬陶钵、陶釜各1件 | 灰褐色土,夹杂大量的红烧土颗粒,并有动物骨渣,土质较松软 | 开口于第6层下,打破第7a层 | 马家浜 |

续附表四

| 编号 | 墓葬名称 | 开口层位 | 位置 | 墓葬形状、尺寸、方向 | 人骨架保存情况 | 随葬品情况 | 填土情况 | 层位关系 | 时代 |
|---|---|---|---|---|---|---|---|---|---|
| 47 | M47 | 第 2 层下 | T1225 东部 | 长方形土坑竖穴，长 1.74、宽 0.42、深 0.3 米，墓向 73° | 骨架已朽，葬式不明 | 随葬品 3 件，为陶钵、陶釜各 1 件、玉玦 1 件 | 灰褐色土，夹杂红烧土颗粒，较松软，底部为灰色较纯净的软土 | 开口于第 2 层下，打破第 3 层及红烧土层 | 马家浜 |
| 48 | M48 | 第 2 层下 | T1325 西南部 | 长方形土坑竖穴，长 2.3、宽 0.58、深 0.32 米，墓向 85° | 骨架已朽，葬式不明 | 随葬陶盆、陶釜各 1 件 | 灰黄色土，夹杂大量的红烧土颗粒，土质松软，底部为较纯净的灰色土 | 开口于第 2 层下，打破第 3 层及红烧土层，打破 M80 | 马家浜 |
| 49 | M49 | 第 2 层下 | T1325 中部偏西南 | 长方形土坑竖穴，长 1.95、宽 0.58、深 0.35 米，墓向 94° | 骨架已朽，仅在坑内东部出土牙齿痕迹，推测头向东略偏南 | 随葬陶豆 1 件 | 灰黄色土，夹杂细碎的红烧土颗粒，土质松软，底部为较纯净的灰色土 | 开口于第 2 层下，打破第 3 层及红烧土层 | 马家浜 |
| 50 | M50 | 第 2 层下 | T1225 东部 | 长方形土坑竖穴，长 2.1、宽 0.46、深 0.65 米，墓向 76° | 骨架已朽，葬式不明 | 随葬陶豆 1 件 | 灰褐色土，夹杂细碎的红烧土颗粒，土质较松软，底部为较纯净的灰色土 | 开口于第 2 层下，打破第 3 层及红烧土层，并打破 M53 | 马家浜 |
| 51 | M51 | 第 2 层下 | T1225 东北部 | 长方形土坑竖穴，长 2、宽 0.53、深 0.55 米，墓向 79° | 骨架已朽，根据块的出土位置，判断头向东北 | 随葬品 4 件，为陶钵 1 件、石斧 1 件、玉玦 2 件 | 灰褐色土，夹杂细碎的红烧土颗粒，土质较松软，底部为较纯净的灰色土 | 开口于第 2 层下，打破第 3 层及红烧土层 | 马家浜 |

续附表四

| 编号 | 墓葬名称 | 开口层位 | 位置 | 墓葬形状、尺寸、方向 | 人骨架保存情况 | 随葬品情况 | 填土情况 | 层位关系 | 时代 |
|---|---|---|---|---|---|---|---|---|---|
| 52 | M52 | 第7a层下 | T1225西部 | 长方形土坑竖穴，长0.6、宽0.52、深0.6米，墓向86° | 骨架已朽，葬式不明 | 随葬陶釜、陶杯、陶豆各1件 | 灰褐色土，夹杂大量红烧土颗粒，并有动物骨渣。底部为灰黄色夹少量红烧土颗粒的沙性土 | 开口于第7a层下，并打破第3层红烧土层，被M10、M37打破 | 马家浜 |
| 53 | M53 | 第2层下 | T1225东部 | 长方形土坑竖穴，长1.68、宽0.54、深0.6米，墓向85° | 骨架已朽，葬式不明 | 随葬陶豆、陶釜各1件 | 灰褐色土，夹杂细碎红烧土颗粒、碎陶片和动物骨渣，土质较松软 | 开口于第2层下，被M50打破，打破红烧土层 | 马家浜 |
| 54 | M54 | 第2层下 | T1225东北部 | 长方形土坑竖穴，长1.85、宽0.55、深0.5米，墓向84° | 骨架已朽，根据坑内东部1对玉玦来看，墓主头向可能向东 | 随葬品6件，其中陶罐2件、陶豆2件、玉玦2件 | 灰褐色土，夹杂细碎红烧土颗粒，土质松软，墓底为较纯净的灰色土 | 开口于第2层下，打破第3层及红烧土层 | 马家浜 |
| 55 | M55 | 第2层下 | T1325东北部 | 长方形土坑竖穴，长1.9、宽0.49、深0.45米，墓向82° | 骨架已朽，葬式不明 | 随葬品4件，其中陶钵1件、陶罐1件、陶釜1件、石斧1件 | 灰黄色土，夹杂细碎的红烧土颗粒，底部土质较纯净为灰色土 | 开口于第2层下，打破第3层及红烧土层，打破M77 | 马家浜 |
| 56 | M56 | 第7a层下 | T1225西北部 | 长方形土坑竖穴，长1.3、宽0.54、深0.6米，墓向85° | 骨架已朽，葬式不明 | 随葬陶釜1件 | 灰褐色土，夹杂少量动物骨粒，并有黑黄渣。上部为带状叠压相同的灰黄土，底部为灰黄色沙性土 | 开口于第7a层下 | 马家浜 |

续附表四

| 编号 | 墓葬名称 | 开口层位 | 位置 | 墓葬形状、尺寸、方向 | 人骨架保存情况 | 随葬品情况 | 填土情况 | 层位关系 | 时代 |
|---|---|---|---|---|---|---|---|---|---|
| 57 | M57 | 第2层下 | T1225东北部 | 长方形土坑竖穴，长1.85，宽0.56，深0.5米，墓向72° | 骨架已朽，在坑内东部陶豆中发现牙齿痕迹，故判断其头向东北 | 随葬陶豆、陶鼎各1件 | 灰褐色土，夹杂细碎红烧土颗粒，土质较松软，底部为较纯净的灰色软土 | 开口于第2层下，打破第3层及红烧土层 | 马家浜 |
| 58 | M58 | 第2层下 | T1225东北部 | 长方形土坑竖穴，长2.1，宽0.55，深0.45米，墓向80° | 骨架已朽，在坑内东南部钵中发现牙齿痕迹，故判断其头向东 | 随葬陶豆、陶釜各1件 | 灰褐色土，夹杂大量的红烧土颗粒，并有动物骨渣，土质较松软 | 开口于第2层下，打破第3层及红烧土层 | 马家浜 |
| 59 | M59 | 第2层下 | T1325北部 | 长方形土坑竖穴，长2.1，宽0.56，深0.7米，墓向90° | 骨架已朽，在坑内东部钵中发现头骨痕迹，故判断其头向东 | 随葬陶釜、陶豆各1件 | 灰褐色土，夹杂红烧土颗粒，土质较松软，底部为较纯净的灰色土 | 开口于第2层下，被M44打破，打破第3层及红烧土层 | 马家浜 |
| 60 | M60 | 第2层下 | T1324中部 | 长方形土坑竖穴，长2，宽0.47，深0.3米，墓向86° | 骨架已朽，在坑内东部钵附近发现牙齿痕迹，故判断其头向东 | 随葬陶钵1件 | 灰褐色土，夹杂红烧土颗粒，土质较松软，底部为较纯净的灰色土 | 开口于第2层下，打破第3层及红烧土层，被M33打破 | 马家浜 |
| 61 | M61 | 第2层下 | T1225中部 | 长方形土坑竖穴，长1.7，宽0.47，深0.9米，墓向82° | 骨架已朽，葬式不明 | 随葬陶釜、陶钵各1件 | 灰褐色土，夹杂细碎红烧土颗粒，土质较松软，底部为较纯净的灰色土 | 开口于第2层下，打破第3层及红烧土层，并打破M62 | 马家浜 |

续附表四

| 编号 | 墓葬名称 | 开口层位 | 位置 | 墓葬形状、尺寸、方向 | 人骨架保存情况 | 随葬品情况 | 填土情况 | 层位关系 | 时代 |
|---|---|---|---|---|---|---|---|---|---|
| 62 | M62 | 第2层下 | T1325西部 | 长方形土坑竖穴，长2、宽0.47、深0.5米，墓向79° | 骨架已朽，葬式不明 | 随葬陶器3件，其中陶釜、陶豆、陶鼎各1件 | 灰黄色土，夹杂细碎红烧土颗粒，土质较松，底部为较纯净的灰色土 | 开口于第2层下，打破第3层红烧土层和第4层，并被M61打破 | 马家浜 |
| 63 | M63 | 第2层下 | T1425西北部 | 长方形土坑竖穴，长2.2、宽0.5、深0.75米，墓向90° | 骨架已朽，葬式不明 | 随葬陶盆、陶釜各1件 | 灰褐色土，夹杂细碎红烧土颗粒，土质较松，底部为较纯净的灰色土 | 开口于第2层下，打破红烧土层，并打破M72 | 马家浜 |
| 64 | M64 | 第7a层下 | T1225中部 | 长方形土坑竖穴，长1.25、宽0.47、深0.6米，墓向85° | 骨架已朽，葬式不明 | 随葬陶釜1件 | 灰褐色土，夹杂少量红烧土颗粒点的松与黄土斑点，土质较松，底部为较纯净的灰色土 | 开口于第7a层，M64被M24打破，并打破M66 | 马家浜 |
| 65 | M65 | 第7a层下 | T1225中部 | 长方形土坑竖穴，长1.5、宽0.46、深0.72米，墓向85° | 骨架已朽，葬式不明 | 未见随葬品 | 灰褐色土，夹杂少量红烧土斑点，土质较松，底部为较纯净的灰色土 | 开口于第7a层，打破M67、M68 | 马家浜 |
| 66 | M66 | 第7a层下 | T1225中部 | 长方形土坑竖穴，长1.7、宽0.45、深0.64米，墓向77° | 骨架已朽，葬式不明 | 未见随葬品 | 灰褐色土，夹杂少量红烧土斑点，土质较松，底部为较纯净的灰色土 | 开口于第7a层下，西部被M16、M37打破，东部被M24、M64打破 | 马家浜 |

续附表四

| 编号 | 墓葬名称 | 开口层位 | 位置 | 墓葬形状、尺寸、方向 | 人骨架保存情况 | 随葬品情况 | 填土情况 | 层位关系 | 时代 |
|---|---|---|---|---|---|---|---|---|---|
| 67 | M67 | 第7a层下 | T1225中部 | 长方形土坑竖穴,长1.05、宽0.52、深0.49米,墓向79° | 骨架已朽,葬式不明 | 未见随葬品 | 灰褐色土,夹杂少量细碎红烧土颗粒和大量黄土斑点,土质较松软,底部为较纯净的灰色土 | 开口于第7a层下,被M65打破,并打破M68 | 马家浜 |
| 68 | M68 | 第7a层下 | T1225中部 | 长方形土坑竖穴,长0.95、宽0.25、深0.15米,墓向79° | 骨架已朽,葬式不明 | 未见随葬品 | 灰褐色土,夹杂少量红烧土颗粒和大量黄土斑点,土质较松软,底部为较纯净的灰色土 | 开口于第7a层下,被M65、M67打破 | 马家浜 |
| 69 | M69 | 第2层下 | T1225南部 | 长方形土坑竖穴,长2.2、宽0.72、深0.7米,方向34° | 骨架已朽,葬式不明 | 随葬青瓷碗2件,银簪1枚,铜钱散铺于棺底 | 五花土 | 开口于第2层下 | 宋代 |
| 70 | M70 | 第2层下 | T1225南部 | 长方形土坑竖穴,长2.28、宽0.88、深0.72米,方向25° | 骨架已朽,葬式不明 | 随葬青瓷碗2件,铜钱散铺于棺底 | 五花土 | 开口于第2层下 | 宋代 |
| 71 | M71 | 第2层下 | T1225南部 | 长方形土坑竖穴,坑长2.1、宽0.9、深0.75米,方向46° | 骨架已朽,葬式不明 | 随葬青瓷碗2件,铜钱散铺于棺底 | 五花土 | 开口于第2层下 | 宋代 |
| 72 | M72 | 第2层下 | T1425西北部 | 长方形土坑竖穴,长1.7、宽0.42、深0.5米,墓向90° | 骨架已朽,葬式不明 | 随葬陶钵1件 | 灰褐色土,夹杂红烧土颗粒,土质较松软,底部为较纯净的灰色土 | 开口于第2层下,打破红烧土层,并被M63打破 | 马家浜 |

续附表四

| 编号 | 墓葬名称 | 开口层位 | 位置 | 墓葬形状、尺寸、方向 | 人骨架保存情况 | 随葬品情况 | 填土情况 | 层位关系 | 时代 |
|---|---|---|---|---|---|---|---|---|---|
| 73 | M73 | 第9a层下 | T1225 西部 | 长方形土坑竖穴，长1.7，宽0.53，深0.68 米，墓向84° | 骨架已朽，头骨及上肢骨痕迹较明显，头向朝东 | 随葬陶釜1件 | 灰黑色土，夹杂大量的红烧土颗粒及黄黄斑点土，并有动物骨渣，土质较松软 | 开口于第9a层下，打破M76 | 马家浜 |
| 74 | M74 | 第9a层下 | T1225 西部 | 长方形土坑竖穴，长2.05，宽0.46，深0.93 米，墓向80° | 骨架已朽，头骨保存较好，置于钵中，故头向朝东 | 随葬陶釜1件、陶钵1件 | 灰黑色土，夹杂大量的红烧土颗粒及黄黄斑点土，并有动物骨渣。底部为夹杂较多红烧土颗粒的灰黄色土 | 开口于第9a层下，打破M75，并被M76打破 | 马家浜 |
| 75 | M75 | 第9a层下 | T1225 中部 | 长方形土坑竖穴，长1.8，宽0.61，深0.81 米，墓向83° | 骨架下肢骨痕迹明显，可知头向朝东 | 未见随葬品 | 灰黑色土，夹杂大量红烧土颗粒以及黄黄斑点土，并有动物骨渣。底部为灰黑色夹少量黄斑点土的粗颗粒沙性土 | 开口于第9a层下，被M76、M74打破 | 马家浜 |
| 76 | M76 | 第9a层下 | T1225 西部 | 长方形土坑竖穴，长1.8，宽0.52，深0.51 米，墓向76° | 骨架痕迹明显，偏于墓坑南壁，头向朝东 | 随葬陶釜1件 | 灰黑色土，夹杂大量红烧土颗粒及黄斑点土，并有动物骨渣，土质较松软。底部为灰黑色较纯净的土 | 开口于第9a层下，被M73打破，同时打破M74、M75 | 马家浜 |

224　　　　　　　　　　　　　　　　　祁头山

续附表四

| 编号 | 墓葬名称 | 开口层位 | 位置 | 墓葬形状、尺寸、方向 | 人骨架保存情况 | 随葬品情况 | 填土情况 | 层位关系 | 时代 |
|---|---|---|---|---|---|---|---|---|---|
| 77 | M77 | 第2层下 | T1225东部 | 长方形土坑竖穴，长1.7、宽0.42、深0.6米，墓向85° | 骨架已朽，葬式不明 | 随葬陶釜、陶三足钵各1件 | 土色灰黄，土质坚硬，结构紧密 | 开口于第2层下，被M55、M53打破 | 马家浜 |
| 78 | M78 | 第2层下 | T1225东部 | 长方形土坑竖穴，长1.95、宽0.45、深0.45米，墓向83° | 骨架已朽，葬式不明 | 随葬陶器2件，为1件器座、1件三足钵 | 土色灰黄，土质坚硬紧密 | 开口于第2层下，打破红烧土层 | 马家浜 |
| 79 | M79 | 第2层下 | T1225东北部 | 长方形土坑竖穴，长1.95、宽0.49、深0.6米，墓向79° | 骨架已朽，葬式不明 | 随葬陶釜、陶钵各1件 | 土色灰褐色，夹红烧土颗粒，较松软 | 开口于第2层下，打破红烧土层 | 马家浜 |
| 80 | M80 | 第4层下 | T1325南部 | 长方形土坑竖穴，长1.9、宽0.45、深0.45米，墓向88° | 骨架痕迹明显，头向北偏东，仰身直肢，面向朝南 | 随葬陶釜、陶豆各1件 | 土色红褐，较多的红烧土颗粒和碎陶片的块状软土 | 开口于第4层下，被M48打破 | 马家浜 |
| 81 | M81 | 第4层下 | T1325北部 | 长方形土坑竖穴，清理长1.5、宽0.3、深0.65米，墓向78° | 骨架已朽，仅存一节肢骨，推测头向朝东 | 随葬陶釜1件 | 土色红褐色，夹杂的黄斑点的黏土，并有许多红烧土块和陶片，底部土较松软为灰褐土 | 开口于第4层下 | 马家浜 |
| 82 | M82 | 第5层下 | T1325西北部 | 长方形土坑竖穴，长1.82、宽0.47、深0.66米，墓向82° | 骨架已朽，头骨及下肢骨保存较好，仰身直肢，面向朝南 | 随葬陶釜、陶钵各1件 | 土色红褐色，夹杂少量红烧土颗粒的块状软土 | 开口于第5层下，打破第6层，并打破M100 | 马家浜 |

续附表四

| 编号 | 墓葬名称 | 开口层位 | 位置 | 墓葬形状、尺寸、方向 | 人骨架保存情况 | 随葬品情况 | 填土情况 | 层位关系 | 时代 |
|---|---|---|---|---|---|---|---|---|---|
| 83 | M83 | 第5层下 | T1325中部偏北 | 长方形土坑竖穴，长1.7，宽0.52，深0.7米，墓向82° | 骨架已朽，仅于东部钵内发现若干牙齿痕迹，推测头向朝东 | 随葬陶釜、陶钵各1件 | 土色红褐色，夹杂较多红烧土颗粒的块状软土，底部为灰黄色黏土 | 开口于第5层下，打破第6层，并打破M105 | 马家浜 |
| 84 | M84 | 第5层下 | T1225东部 | 长方形土坑竖穴，长2.1，宽0.5，深0.46米，墓向80° | 骨架已朽，东部盆内发现头骨痕迹，推测头向朝东 | 随葬陶盆、陶釜各1件 | 土色红褐色，夹杂红烧土颗粒的块状软土，底部为较纯净的黑灰色软土 | 开口于第5层下，打破第6层，并打破M99 | 马家浜 |
| 85 | M85 | 第6层下 | T1225东北部 | 长方形土坑竖穴，长1.9，宽0.5，深0.52米，墓向86° | 骨架已朽，葬式不明 | 随葬陶匜、陶釜各1件 | 土色红褐色，夹杂红烧土颗粒的块状软土，底部为较纯净的黑灰色软土 | 开口于第6层下，打破第7a层 | 马家浜 |
| 86 | M86 | 第6层下 | T1325中部 | 长方形土坑竖穴，长1.65，宽0.47、深0.57米，墓向85° | 骨架已朽，东部钵内头骨明显，面向东，下肢骨保存较好 | 随葬陶釜、陶三足钵各1件 | 土色红褐色，夹杂红烧土颗粒的块状软土，底部为较纯净的黑灰色软土 | 开口于第6层下，打破第7a层，并打破M106 | 马家浜 |
| 87 | M87 | 第6层下 | T1325中部 | 长方形土坑竖穴，长0.77，宽0.32，深0.4米，墓向84° | 骨架已朽，东部发现牙齿痕迹，故头向朝东 | 未见随葬品 | 土色红褐色，夹杂红烧土软土，底部为较纯净的黑灰色软土 | 开口于第6层下，打破第7a层 | 马家浜 |

续附表四

| 编号 | 墓葬名称 | 开口层位 | 位置 | 墓葬形状、尺寸、方向 | 人骨架保存情况 | 随葬品情况 | 填土情况 | 层位关系 | 时代 |
|---|---|---|---|---|---|---|---|---|---|
| 88 | M88 | 第6层下 | T1325中部 | 长方形土坑竖穴，长1.9，宽0.63，深0.4米，墓向74° | 骨架已朽，仅东部钵内头骨明显，头向朝东 | 随葬陶釜、陶盆各1件 | 红褐色块状软土，夹杂灰黄色斑点和红烧土颗粒，底部为较纯净的黑灰色软土 | 开口于第6层下，打破第7a层 | 马家浜 |
| 89 | M89 | 第6层下 | T1325西部 | 长方形土坑竖穴，长1.9，宽0.6，深0.6米，墓向84° | 骨架已朽，东部钵内牙痕明显 | 随葬陶釜、陶三足钵各1件 | 土色红褐色，夹杂红烧土颗粒的块状软土，底部为较纯净的黑灰色软土 | 开口于第6层下，打破第7a层 | 马家浜 |
| 90 | M90 | 第6层下 | T1225中部 | 长方形土坑竖穴，清理长1.2，宽0.33，深0.45米，墓向79° | 骨架已朽，葬式不清 | 随葬陶釜1件 | 土色红褐色，夹杂红烧土颗粒的块状软土，底部为较纯净的黑灰色软土 | 开口于第6层下，打破第7a层，并打破M91、M93、M128 | 马家浜 |
| 91 | M91 | 第6层下 | T1225中部 | 长方形土坑竖穴，残长0.85，宽0.6，深0.6米，墓向79° | 骨架已朽，葬式不清 | 随葬陶釜、陶盆各1件 | 土色红褐色，夹杂红烧土颗粒的块状软土，底部为较纯净的黑灰色软土 | 开口于第6层下，打破第7a层，M92，并被M90、M93打破 | 马家浜 |
| 92 | M92 | 第6层下 | T1225东部 | 长方形土坑竖穴，长1.5，宽0.45，深0.55米，墓向79° | 骨架已朽，葬式不清 | 随葬陶釜1件 | 填土灰褐色，夹杂大量红烧土颗粒，土质较松软 | 开口于第6层下，打破第7a层，并被M91、M93打破 | 马家浜 |

续附表四

| 编号 | 墓葬名称 | 开口层位 | 位置 | 墓葬形状、尺寸、方向 | 人骨架保存情况 | 随葬品情况 | 填土情况 | 层位关系 | 时代 |
|---|---|---|---|---|---|---|---|---|---|
| 93 | M93 | 第 6 层下 | T1225 中部 | 长方形土坑竖穴，残长 1.3、宽 0.4、深 0.55 米，墓向 79° | 骨架已朽，葬式不清 | 随葬陶釜、陶豆各 1 件 | 填土灰褐色，夹杂大量红烧土颗粒，土质较松软 | 开口于第 6 层下，打破第 7a 层，被 M90 打破，并打破 M91、M92 | 马家浜 |
| 94 | M94 | 第 6 层下 | T1325 西南部 | 长方形土坑竖穴，长 0.8、宽 0.35、深 0.4 米，墓向 72° | 骨架已朽，葬式不清 | 未见随葬品 | 土色红褐色，夹杂零星星红烧土颗粒的块状土，底部为较纯净的黑灰色软土 | 开口于第 6 层下，打破第 7a 层 | 马家浜 |
| 95 | M95 | 第 7a 层下 | T1325 中部偏南 | 长方形土坑竖穴，长 0.9、宽 0.36、深 0.4 米，墓向 80° | 骨架已朽，葬式不明 | 未见随葬品 | 土色红褐色，夹杂灰黄色小斑点，较松软，底部为较纯净的黑灰色软土 | 开口于第 7a 层下，打破第 7b 层 | 马家浜 |
| 96 | M96 | 第 6 层下 | T1225 东部 | 长方形土坑竖穴，残长 1.33、宽 0.4、深 0.25 米，墓向 75° | 东部陶钵内发现头骨，上肢、下肢骨骼痕迹清楚，可以看出身为仰身直肢 | 随葬陶豆 1 件 | 土色灰黄，土质较坚硬，结构紧密 | 开口于第 6 层下，打破第 7a 层，西部被 H18 打破 | 马家浜 |
| 97 | M97 | 第 9a 层下 | T1225 东部 | 长方形土坑竖穴，长 2.1、宽 0.5、深 0.95 米，墓向 80° | 骨架保存一般，头骨仅存痕迹，上肢保存相对较差，下肢骨保存较好，可以看出为直肢 | 随葬陶釜、陶纺轮各 1 件 | 土色灰黑色，夹杂黄斑点的黏土，较松软，底部为较纯净的黑灰色软土 | 开口于第 9a 层下，打破第 9b 层 | 马家浜 |

228　　　　　　　　　　祁　头　山

续附表四

| 编号 | 墓葬名称 | 开口层位 | 位置 | 墓葬形状、尺寸、方向 | 人骨架保存情况 | 随葬品情况 | 填土情况 | 层位关系 | 时代 |
|---|---|---|---|---|---|---|---|---|---|
| 98 | M98 | 第6层下 | T1225东部 | 长方形土坑竖穴，长2.15、宽0.55、深0.7米，墓向86° | 骨架保存一般，头骨仅存痕迹，头向朝东 | 随葬陶釜1件 | 土色红褐色，夹杂红烧土颗粒斑点，黄土较松，底部为较纯净的黑色软土 | 开口于第6层下，打破第7a层 | 马家浜 |
| 99 | M99 | 第7a层下 | T1225东部 | 长方形土坑竖穴，长1.8、宽0.5、深0.45米，墓向82° | 骨架已朽，葬式不明 | 随葬陶豆、石锛各1件 | 土色红褐色，夹杂红烧土颗粒斑点土，底部较纯净，夹杂红烧土颗粒 | 开口于第7a层下，打破第7b层，M101，并被M78打破 | 马家浜 |
| 100 | M100 | 第7a层下 | T1325西北部 | 长方形土坑竖穴，长1.65、宽0.5、深0.75米，墓向82° | 骨架保存较好，头置于陶钵内，仰身直肢，头向朝东 | 随葬陶釜、陶三足钵各1件 | 土色红褐色，夹少量红烧土颗粒和黄斑点的块状黏土，较松软，底部为较纯净的黑灰色软土 | 开口于第7a层下，打破第7b层，并被M82打破 | 马家浜 |
| 101 | M101 | 第7a层下 | T1225东部 | 长方形土坑竖穴，长1.8、宽0.5、深0.55米，墓向87° | 骨架已朽，葬式不明 | 随葬陶豆、陶釜各1件 | 土色红褐色，夹杂红烧土颗粒和黄斑点的黏土，较松软，底部为较纯净的黑灰色软土 | 开口于第7a层下，打破第7b层，被M99打破 | 马家浜 |
| 102 | M102 | 第7a层下 | T1225东部 | 长方形土坑竖穴，长1.7、宽0.35、深0.7米，墓向83° | 骨架已朽，葬式不明 | 随葬陶釜1件 | 土色红褐色，夹杂红烧土颗粒和黄斑点的黏土，较松软，底部为较纯净的黑灰色软土 | 开口于第7a层下，打破第7b层，打破M125 | 马家浜 |

续附表四

| 编号 | 墓葬名称 | 开口层位 | 位置 | 墓葬形状、尺寸、方向 | 人骨架保存情况 | 随葬品情况 | 填土情况 | 层位关系 | 时代 |
|---|---|---|---|---|---|---|---|---|---|
| 103 | M103 | 第7a层下 | T1325北部 | 长方形土坑竖穴，长1.49、宽0.43、深0.7米，墓向90° | 骨架已朽，下肢骨痕迹明显，根据肢骨方向推测其头向朝东 | 随葬陶釜1件 | 土色红褐色，夹杂少量红烧土颗粒和黄斑点、黑斑点的黏土，较松软，底部为较纯净的黑灰色软土 | 开口于第7a层下，打破第7b层，并被M100、M104打破 | 马家浜 |
| 104 | M104 | 第7a层下 | T1325北部 | 长方形土坑竖穴，长1.65、宽0.42、深0.55米，墓向90° | 骨架已朽，葬式不明 | 未发现随葬品 | 土色红褐色，夹杂少量红烧土颗粒和黄斑点、黑斑点的黏土，较松软，底部为较纯净的黑灰色软土 | 开口于第7a层下，打破第7b层，M127、M103 | 马家浜 |
| 105 | M105 | 第7a层下 | T1325北部 | 长方形土坑竖穴，长1.1、宽0.46、深0.72米，墓向82° | 骨架已朽，葬式不明 | 随葬陶釜1件 | 土色红褐色，夹杂红烧土颗粒的块状软土，底部为较纯净的黑灰色软土 | 开口于第7a层下，打破第7b层，并被M83打破 | 马家浜 |
| 106 | M106 | 第8a层下 | T1325西部 | 长方形土坑竖穴，长1.95、宽0.6、深0.77米，墓向82° | 骨架已朽，东部骨内保存头骨痕迹，可知头向朝东 | 随葬陶釜、陶盆各1件 | 土色红褐色，夹杂零星红烧土颗粒的黏土，较松软，底部为较纯净的黑灰色软土 | 开口于第8a层下，打破第8b层，并被M86打破，同时打破M120、M125 | 马家浜 |

续附表四

| 编号 | 墓葬名称 | 开口层位 | 位置 | 墓葬形状、尺寸、方向 | 人骨架保存情况 | 随葬品情况 | 填土情况 | 层位关系 | 时代 |
|---|---|---|---|---|---|---|---|---|---|
| 107 | M107 | 第 8a 层下 | T1325 中部偏西 | 长方形土坑竖穴，长 1.8、宽 0.49、深 0.7 米，墓向 80° | 骨架已朽，东部保存头骨及部分上肢，骨朽痕，可知头向朝东 | 未见随葬品 | 土色红褐色，夹杂红烧土颗粒的块状软土，底部为较纯净的黑灰色软土 | 开口于第 8a 层下，打破第 8b 层 | 马家浜 |
| 108 | M108 | 第 7a 层下 | T1225 东北部 | 长方形土坑竖穴，长 1.95、宽 0.5、深 0.65 米，墓向 80° | 人骨除东部头骨保存较好外，其余部分朽甚 | 随葬陶釜、陶盆各 1 件 | 土色红褐色，夹杂红烧土颗粒和黄斑点土，较松软，底部为较纯净的黑灰色软土 | 开口于第 7a 层下，打破第 7b 层，并打破 M113 | 马家浜 |
| 109 | M109 | 第 8a 层下 | T1325 中部偏北 | 长方形土坑竖穴，长 1.95、宽 0.46、深 0.75 米，墓向 80° | 人骨保存较完整，俯身直肢，头向朝东 | 未见随葬品 | 土色红褐色，夹杂红烧土颗粒和黄斑点土，较松软，底部为较纯净的黑灰色软土 | 开口于第 8a 层下，打破第 8b 层 | 马家浜 |
| 110 | M110 | 第 5 层下 | T1225 中部 | 长方形土坑竖穴，长 1.85、宽 0.45、深 0.75 米，墓向 77° | 骨架已朽，东部有头骨朽痕，推测头向朝东 | 未见随葬品 | 土色红褐色，夹杂红烧土颗粒和黄斑点的黏土，较松软，底部为较纯净的黑灰色软土 | 开口于第 5 层下，打破第 6 层，被 M40 打破 | 马家浜 |
| 111 | M111 | 第 6 层下 | T1225 中部偏南 | 长方形土坑竖穴，长 1.75、宽 0.3、深 0.3 米，墓向 79° | 骨架仅残留头骨痕迹，头向朝东 | 未见随葬品 | 土色红褐色，夹杂红烧土颗粒的块状软土，底部为较纯净的黑灰色软土 | 开口于第 6 层下，打破第 7a 层 | 马家浜 |

续附表四

| 编号 | 墓葬名称 | 开口层位 | 位置 | 墓葬形状、尺寸、方向 | 人骨架保存情况 | 随葬品情况 | 填土情况 | 层位关系 | 时代 |
|---|---|---|---|---|---|---|---|---|---|
| 112 | M112 | 第8a层下 | T1225东部 | 长方形土坑竖穴，长1.95，宽0.38，深0.4米，墓向84° | 人骨已朽，东部头骨保存，其余朽甚 | 随葬陶釜1件 | 土色灰褐色，夹杂黄黑斑点，较松软，墓土砂性略大，且含水量较高，底部为较纯净的黑灰色软土 | 开口于第8a层下，打破第8b层 | 马家浜 |
| 113 | M113 | 第8a层下 | T1225东部偏北 | 长方形土坑竖穴，长1.8，宽0.4，深0.62米，墓向81° | 人骨已朽，葬式不明 | 随葬陶釜、陶三足钵各1件 | 土色红褐色，夹杂红烧土颗粒和黄斑点，较松软，底部为较纯净的黑灰色软土 | 开口于第7a层下，打破第7b层，并被M108打破 | 马家浜 |
| 114 | M114 | 第8a层下 | T1325东部 | 长方形土坑竖穴，长0.7，宽0.33，深0.35米，墓向86° | 人骨已朽，葬式不明 | 未见随葬品 | 土色灰褐色，夹杂黑黄色的斑点，底部为较纯净的黑灰色软土 | 开口于第8a层下，打破第8b层 | 马家浜 |
| 115 | M115 | 第7a层下 | T1225中部 | 长方形土坑竖穴，长1.8，宽0.5，深0.55米，墓向77° | 人骨保存较差，仅存头骨，头向朝东 | 随葬陶釜1件 | 土色红褐色，夹杂红烧土颗粒和黄斑点，较松软，底部为较纯净的黑灰色软土 | 开口于第7a层下，打破第7b层，并打破M116、M128 | 马家浜 |
| 116 | M116 | 第7a层下 | T1225中部 | 长方形土坑竖穴，长2.05，宽0.48，深0.3米，墓向77° | 骨架已朽，葬式不明 | 随葬陶釜、陶盆各1件 | 土色红褐色，夹杂红烧土颗粒和黄斑点，较松软，底部为较纯净的黑灰色软土 | 开口于第7a层下，打破第7b层，并被M115打破，同时打破M125、M128 | 马家浜 |

续附表四

| 编号 | 墓葬名称 | 开口层位 | 位置 | 墓葬形状、尺寸、方向 | 人骨架保存情况 | 随葬品情况 | 填土情况 | 层位关系 | 时代 |
|---|---|---|---|---|---|---|---|---|---|
| 117 | M117 | 第5层下 | T1225西北部 | 长方形土坑竖穴，长1.6、宽0.55、深0.4米，墓向76° | 骨架已朽，葬式不明 | 未见随葬品 | 土色灰青色，砂性且较纯净，土质松软，底部土质较硬 | 开口于第5层下，打破第6层，同时打破M29、M30 | 马家浜 |
| 118 | M118 | 第6层下 | T1225西部偏南 | 长方形土坑竖穴，长0.17、宽0.6、深0.7米，墓向88° | 骨架已朽，葬式不明 | 随葬陶釜1件 | 土色灰褐色，夹杂红烧土颗粒的块状软土，底部为较纯净的黑灰色软土 | 开口于第6层下，打破第7a层 | 马家浜 |
| 119 | M119 | 第7a层下 | T1225中部偏东 | 长方形土坑竖穴，长1.85、宽0.38、深0.55米，墓向84° | 骨架已朽，仅东部保留头骨痕迹，可知头向朝东 | 随葬陶釜1件 | 土色红褐色，夹杂红烧土颗粒和黄斑点，底部为较纯净的黑灰色软土 | 开口于第7a层下，打破第7b层，同时打破M128 | 马家浜 |
| 120 | M120 | 第9a层下 | T1325中部偏西 | 长方形土坑竖穴，长2.05、宽0.51、深0.55米，墓向85° | 骨架保存较好，俯身直肢，头骨置于盆内，头向朝东 | 随葬陶釜、陶盆各1件 | 土色红褐色，夹杂红烧土颗粒的块状软土，底部为较纯净的黑灰色软土 | 开口于第9a层下，打破第9b层，被M106打破，同时打破M122 | 马家浜 |
| 121 | M121 | 第7a层下 | T1225北部 | 长方形土坑竖穴，长1.3、宽0.3、深0.5米，墓向79° | 骨架已朽，葬式不明 | 未见随葬品 | 土色红褐色，夹杂红烧土颗粒和黄斑点，较松软，底部为较纯净的黑灰色软土 | 开口于第7a层下，打破第7b层 | 马家浜 |

续附表四

| 编号 | 墓葬名称 | 开口层位 | 位置 | 墓葬形状、尺寸、方向 | 人骨架保存情况 | 随葬品情况 | 填土情况 | 层位关系 | 时代 |
|---|---|---|---|---|---|---|---|---|---|
| 122 | M122 | 第9a层下 | T1325 西部 | 长方形土坑竖穴，长1.9，宽0.55，深1.1米，墓向84° | 骨架保存较好，俯身直肢，头向朝东 | 随葬陶釜1件 | 土色红褐色，夹杂零星红烧土颗粒和少量陶片，底部为较纯净的黑灰色软土 | 开口于第9a层下，打破第9b层及M126，并被M120打破 | 马家浜 |
| 123 | M123 | 第9a层下 | T1225 西部偏北 | 长方形土坑竖穴，长2.1，宽0.5，深0.5米，墓向87° | 骨架已朽，仅存牙齿痕迹，可知头向朝东 | 随葬陶釜1件 | 土色灰褐色，夹杂黑黄斑点状的块状软土，底部为较纯净的黑灰色软土 | 开口于第9a层下，打破第9b层，被M124打破，打破M130、M131 | 马家浜 |
| 124 | M124 | 第6层下 | T1225 中部偏北 | 长方形土坑竖穴，长1.78，宽0.4，深0.5米，墓向88° | 骨架已朽，葬式不明 | 未发现随葬品 | 土色灰褐色，夹杂黑黄斑点土，底部为较纯净的黑灰色软土 | 开口于第6层下，打破第7a层，同时打破M123、M130、M131 | 马家浜 |
| 125 | M125 | 第9a层下 | T1225 东部偏北 | 长方形土坑竖穴，长1.85，宽0.5，深0.95米，墓向86° | 骨架已朽，头骨保存相对较好，置于陶钵中，可知头向朝东 | 随葬陶釜、陶三足钵各1件 | 土色灰褐色，夹杂黑黄色斑点，底部为较纯净的黑灰色软土 | 开口于第9a层下，打破第9b层，并被M102、M106、M116打破 | 马家浜 |
| 126 | M126 | 第9a层下 | T1325 西部 | 长方形土坑竖穴，长1.85，宽0.52，深1米，墓向76° | 骨架保存较好，头骨置于盆中，可知头向朝东 | 随葬陶釜、陶盆各1件 | 土色灰褐色，夹杂黄褐色斑点和红烧土颗粒，较松软，底部为较纯净的黑灰色软土 | 开口于第9a层下，打破第9b层，被M122打破，同时又打破M136 | 马家浜 |

续附表四

| 编号 | 墓葬名称 | 开口层位 | 位置 | 墓葬形状、尺寸、方向 | 人骨架保存情况 | 随葬品情况 | 填土情况 | 层位关系 | 时代 |
|---|---|---|---|---|---|---|---|---|---|
| 127 | M127 | 第 10a 层下 | T1325 中部偏西北 | 长方形土坑竖穴，长 2.1，宽 0.58，深 0.92 米，墓向 85° | 骨架保存较好，俯身直肢，头向朝东 | 随葬陶釜 1 件 | 土色灰褐色，夹杂黄斑点土及红烧土粒，并有少量动物骨渣，底部为黄色土 | 开口于第 10a 层下，打破第 10b 层，并被 M104 打破 | 马家浜 |
| 128 | M128 | 第 10a 层下 | T1225 中部 | 长方形土坑竖穴，长 1.8，宽 0.5，深 0.28 米，墓向 79° | 骨架已朽，头骨置于陶豆盘中，可知头向朝东 | 随葬陶釜、陶豆各 1 件 | 土色灰褐色，夹杂黄斑点及红烧土颗粒的块状软土，底部为较纯净的黑色软土 | 开口于第 10a 层下，打破第 10b 层，同时被 M90、M115、M116、M119 打破 | 马家浜 |
| 129 | M129 | 第 10a 层下 | T1225 中部偏北 | 长方形土坑竖穴，长 1.8，宽 0.5，深 0.55 米，墓向 69° | 骨架已朽，葬式不清 | 随葬陶釜 1 件 | 土色灰褐色，夹杂黄斑点和红烧土颗粒的块状软土，底部为较纯净的黑色软土 | 开口于第 10a 层下，打破第 10b 层，M133 | 马家浜 |
| 130 | M130 | 第 9a 层下 | T1225 中部偏北 | 长方形土坑竖穴，长 2.1，宽 0.55，深 0.4 米，墓向 87° | 骨架已朽，葬式不清 | 未见随葬品 | 土色灰褐色，夹杂黑斑点土软，较松软，底部为较纯净的黑灰色软土 | 开口于第 9a 层下，打破第 9b 层，被 N123 层，被 M124 打破 | 马家浜 |
| 131 | M131 | 第 9 层下 | T1225 中部偏北 | 长沟形土坑竖穴，现长 1.2，宽 0.35，深 0.3 米，墓向 85° | 骨架已朽，葬式不清 | 未见随葬品 | 灰褐花土，含水性较高，有砂性 | 开口于第 9a 层下，打破第 9b 层，口部被 M130 叠压，被 M123、M124 打破 | 马家浜 |

续附表四

| 编号 | 墓葬名称 | 开口层位 | 位置 | 墓葬形状、尺寸、方向 | 人骨架保存情况 | 随葬品情况 | 填土情况 | 层位关系 | 时代 |
|---|---|---|---|---|---|---|---|---|---|
| 132 | M132 | 第9a层下 | T1225 中部偏北 | 长方形土坑竖穴，长1.95、宽0.9、深0.45，墓向76° | 骨架已朽，葬式不清 | 随葬陶釜1件 | 土色灰褐色，夹杂黑黄斑点，底部为较纯净的黄色土 | 开口于第9a层下，打破第9b层 | 马家浜 |
| 133 | M133 | 第10层下 | T1225 中部偏北 | 长方形土坑竖穴，长1.85、宽0.6、深0.35，墓向84° | 骨架已朽，葬式不清 | 随葬陶釜1件 | 土色灰褐色，夹杂灰黄斑土，底部为较纯净的黑灰色软土 | 开口于第10a层下，打破第10b层，破M133灰破打破 | 马家浜 |
| 134 | M134 | 第10a层下 | T1325 中部偏北 | 长方形土坑竖穴，长2.2、宽0.75、深0.64，墓向80° | 骨架保存较好，俯身直肢，头向朝东 | 随葬品3件，其中陶釜1件，骨器1件，玉璜1件 | 土色灰褐色，夹杂黄斑点及红烧土颗粒的块状软土，墓底为灰黄土 | 开口于第10a层下，打破第10b层，并打破M135、M136 | 马家浜 |
| 135 | M135 | 第10a层下 | T1325 中部偏西北 | 长方形土坑竖穴，长2.1、宽0.95、深0.55，墓向72° | 骨架保存较好，俯身直肢，头向朝东 | 随葬陶釜1件 | 土色灰褐色，夹杂黄斑及红烧的块状软土，底部为较纯净的灰黄土 | 开口于第10a层下，打破第10b层，M136，并被M134打破 | 马家浜 |
| 136 | M136 | 第10a层下 | T1325 中部偏西北 | 长方形土坑竖穴，长1.62、宽0.9、深0.72，墓向78° | 骨架已朽，仅存痕迹，俯身直肢，头向朝东 | 随葬陶釜1件 | 土色灰褐色，夹杂红烧土颗粒，较松软 | 开口于第10a层下，打破第10b层，M135，并被M105、M126、M134打破 | 马家浜 |

续附表四

| 编号 | 墓葬名称 | 开口层位 | 位置 | 墓葬形状、尺寸、方向 | 人骨架保存情况 | 随葬品情况 | 填土情况 | 层位关系 | 时代 |
|---|---|---|---|---|---|---|---|---|---|
| 137 | M137 | 第10a层下 | T1325西北部 | 长方形土坑竖穴,长1.6、宽0.48、深0.9米,墓向85° | 骨架已朽,仅存痕迹,俯身直肢,头向朝东 | 随葬陶豆、陶罐各1件 | 土色灰褐色,夹黄斑点和红烧土颗粒,较松软,墓底为灰黄土 | 开口于第10a层下,打破第10b层 | 马家浜 |

墓葬关系表

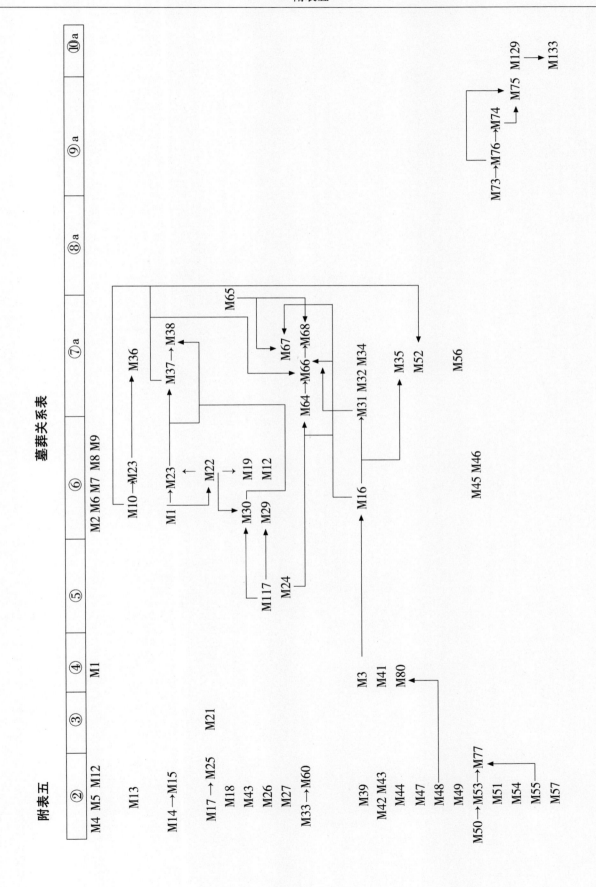

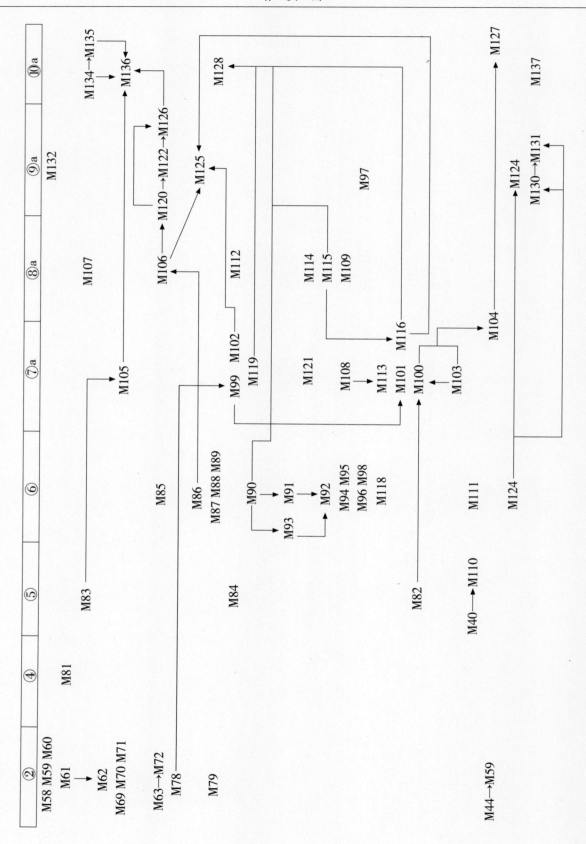

# 附录一　祁头山遗址从发现到发掘

唐汉章

　　江阴祁头山遗址的发现也和花山、佘城遗址一样具有偶然性。考古发掘所取得的成果，则把江阴的人文历史推进到 7000 年前的新石器时代早期。因此有着十分重要的意义。

## 第一节　祁头山遗址发现始末

　　2000 年 8 月 15 日上午，天空下着霏霏小雨，给酷署盛夏带来一丝凉意。我正在刘氏兄弟纪念馆（隶属博物馆）赶写一份材料，文物管理委员会办公室的黄维辉匆匆赶来找我，说是上次打电话来的群众又打电话来报告，绮山那里的民工又挖到宝贝了。

　　十多天前，接到老黄的电话后，我曾经带领博物馆考古部的同志到绮山周围作过调查，那里并没有什么地方在施工，当时又没有报告人的电话可以询问，此事也就搁了下来。

　　那些年，随着文物工作的深入开展，江阴文博战线捷报频传，文物保护、创建历史文化名城、考古发掘搞得轰轰烈烈。尤其是花山、佘城、高城墩等几个大型遗址的考古发掘连续取得丰硕成果，高城墩还被评为"1999 年全国十大考古新发现"，江阴市人民政府因此荣获中国国家文物局授予的"保护文物特殊贡献奖"。

　　2000 年 4 月，由南京博物院和江阴市人民政府联合召开的"高城墩·佘城遗址全国考古工作研讨会"在江阴举行。中国考古学会理事长徐苹芳，副理事长俞伟超、张忠培，国家文物局考古专家组组长黄景略以及京、沪、苏、浙、台等 20 余名专家学者云集江阴，确认佘城为青铜时代长江下游第一古城，高城墩为良渚时期太湖西北的又一中心。

　　全市干部群众通过报纸、电视、电台等新闻媒体的宣传，加深了对江阴历史文化底蕴的了解，对文物工作的关注与热情空前高涨，大家以保护文物为荣。一时间，主动上交文物、报告文物信息的事情屡见不鲜，形成了良好的社会新风尚，创造了江阴文物保护工作前所未有的好局面。

　　今天群众再次报告，说明事情不会空穴来风，好在这次留下了联系电话，但报告人仍称在绮山村。问他具体方位，他说是在贯庄村东边。

　　贯庄是江阴城东郊的一个行政村，属于要塞镇，出过巨赞法师和教育家吴研因，因此比较有名。但它的东边是绮山倒把我们搞糊涂了，因为众所周知，绮山在贯庄的南边。见对方说得如此肯定，我们便打电话问要塞镇文化站（现在称文化服务中心）的潘国良站长，他说，贯庄东边的绮山村境内是有取土的地方。潘站长的话肯定不会错，但我心里嘀咕，那里并没有山呀。

　　我们向局里要了一辆车，满腹狐疑地到文化站去接潘站长，由他带着去绮山村。到村部门口一下车，我和老黄都乐了。只见村部大院门口高悬着一块牌子，白底黑字写着"江阴市要塞镇祁山村"。原来，这"祁"非那"绮"。江阴话这两个字是同一音，再加上江阴三十三座半山中，只有"绮山"并没有"祁山"之说，所以人家明明是在说"祁山"，而我们却一直理解为"绮山"。

　　一场误会总算是搞明白了，那么"祁山"在哪里？潘站长说，祁山全称为"祁头山"，就在村前头。我们先到村小学，小学很小，已合并到镇中心小学，校舍便成了民工们的宿舍。我问民工："你们谁挖到宝贝啦？"一位正埋头整理行装的民工回答说："我们今天刚到，原来的民工们全走了。"这一下追宝的线索断了。本想就此打道回府，但转念一想既然来了，还是到取土现场勘察一下，也看看这祁头山到底是什么样。

　　在潘站长和村里一名干部的陪同下，我们穿过已经筑好的新长铁路路基涵洞，眼前豁然开朗，一片开阔地伸向远方，南面约2公里处便是绮山。绮山并不高然而有名，据传春秋时吴王携爱妃泛舟其下，见漫山"野花错绣如绮"，故赐名"绮山"。山上有虎砺石，斑斓如虎，隐踞岩壁间。山东又有"善利泉"，味甘美，泉流分注曰"两水湾"，俗称"冷水湾"，亦为宋元间江阴名士陆文圭的墓地所在。

　　原来，所谓的祁头山只是一块高出地面的土丘，并无山石，属于要塞镇祁山和绮山两个行政村所有，此地为何称祁头山已无据可考。由于建筑锡澄高速公路和新长铁路，这祁头山便成了取土之处。由北向南已挖掉三分之二，剩下的约有7万多平方米。举目远眺，南边约400多米处，有一个取土后留下的剖面很显眼，我们便决定过去看个究竟。

　　由于天刚下过雨，取过土的地方已经积成了水洼。我们向村里老乡借了高筒雨鞋，淌着水向南走去。沿途中，破碎的陶罐随处可见，那是被挖掉的汉墓，随葬品成了无知民工的牺牲品。越往前走水越深，我们便登上西边的田埂继续前进。农田里的水稻乌油油长势喜人，但我们无心欣赏这美丽的田园风光。向南走到田埂尽头，被一条东西向宽约50米左右的深沟拦住去路。站定一看，只见对面的剖面由西向东约有200多米长，土分三层，层次十分明显。其上部几十厘米厚的土呈浅灰色，应当是耕土层。最下部的土是黄色，应该是生土层。而夹在二者之间的中间一层呈深褐色，足有3米多厚。凭经验我估计，那极有可能是文化堆积层。我决定走过去仔细勘察。

我们几个艰难地淌过水沟，走到剖面跟前。果真是文化层！我简直不敢相信眼前的一切。只见那文化层里陶片含量多得惊人，偶尔有白色骨质物夹杂其间（后经考古证实是分化了的人骨）。脚下取土散落的土块里也尽是陶片，这些陶片似不相识，特别是一种形状扁方、短而宽的陶片占有量不小。当时以为是某种陶器的足，后来才知道那不是足，而是一种平底直筒四鋬腰沿釜的鋬手，是祁头山遗址的一大特点。

我意识到这是一处非同寻常的文化遗址，里边肯定蕴藏着深邃的文化和待解之迷。对于这一重要的发现，我当时的心情难以形容。我抑制住内心的激动，让老黄和潘站长和我一起捡陶片，我则专捡那些眼生、有个性的陶片。不一会儿我们便捡了满满两塑料袋。

遗址发现后，分管文物的副市长陈捷元、文化局局长曹金千、副局长陈楠（也是政协副主席）等领导对此非常重视，立即采取紧急措施。一方面致电南京博物院，请考古研究所的陆建芳速来江阴；另一方面，通知铁路建设部门立即停止取土；三是与要塞镇政府沟通，请他们协助做好村里群众的思想工作。

不日，陆建芳赶到江阴。陆建芳当时是南京博物院考古研究所（现为江苏省考古研究所）副研究员，1998 年 12 月起任江阴花山、高城墩、佘城遗址考古队领队，是一位专业技术水平高、经验丰富的考古专家。

陆建芳到达江阴后，先在博物馆看了采集的陶片，初步确认这批陶片是马家浜时期的东西。然后又冒着霏霏细雨，在市局领导的陪同下，一起赶到现场考察，进一步肯定了他的判断。陆建芳告诉大家，这个遗址非同一般：一是面积大，仅残存面积就有百余亩；二是文化层堆积厚，含量丰富；三是时代早，属于新石器早期马家浜文化遗存。大家听了欣欣鼓舞，激动异常。因为大家明白，陆队长的结论意味着江阴的人文历史将要向前推进 2000 年，也就是从已知的 5000 年达到 7000 年，从这个意义上来讲，也足以令每个江阴人感到自豪了。

在随后的工作中，江阴市政府拨出专款进行考古发掘，又作出决定，全面保护祁头山遗址，并规划建成古文化遗址公园。这一决定不仅得到了要塞镇党委政府尤其是薛良书记的支持，也得到了新长铁路建设部门的支持，舍近求远取土增加了投资。而祁山和绮山二村的群众本来卖土可以有几十万元的收入，取完土的地方又可开池养鱼，但是他们顾全大局，为保护文物作出了牺牲，在日后的考古发掘中也给予了很多支持与帮助。

祁头山遗址的发现使我们体会到，一个遗址的发现可能有它的偶然性，但是这里包涵了群众的积极性，文博工作者的责任性，以及考古专家的知识性。三者有机结合，才能把偶然变为必然。

## 第二节　地理环境及周围文化遗存

　　江阴简称"澄"，古称"暨阳"。位于长江三角洲太湖平原北端，是长江下游江苏南部的滨江城市。因位于长江南岸，故名江阴。它北滨长江，与靖江隔江相望；南近太湖，与无锡接壤；东连张家港、常熟；西与常州为邻。其区域地形在 1962 年以前，犹如一条猪腿。1962 年江阴东域的七个乡镇划归新建立的沙洲县（今张家港）以后，江阴的地形又宛若一条头东尾西的金鱼。

　　江阴全境以平原为主。地质上受中生代燕山运动影响而断裂沉陷，接受新生代以来的长江冲积和太湖沉积，有少量丘陵与山脉。明代伟大的旅行家、地理学家徐霞客在其《溯江纪源》（即《江源考》）中，论及家乡江阴的地理形势时，对其独特的地理位置作了精辟的描述："余邑正当大江入海之冲，邑以江名，亦以江之势，至此大且尽也。"又说："是余邑不特为大江尽处，亦南龙尽处也。龙与江同发于崑崙，同尽于余邑，屹为江海锁钥，以奠金陵，拥护留都，千载不拔之基。"

　　在古代，江阴是长江的入海口。万里长江东流至此，汇入大海，因此江阴自古就有"江尾海头"之称。境内南部是较为平坦的太湖水网平原，最南端离太湖仅十数公里，地面高程仅 1.5～2 米。这里河网密布，纵横交错，土地肥沃，盛产稻米，蚕桑业也很发达，是著名的鱼米之乡。而其北部沿江一带为长江冲积平原，地面高程 2.5～4.6 米，由东到西多丘陵山脉。

　　江阴的山不高，然而数量不少，有三十三座半山之说。由西向东较大的山丘有：秦望山、舜过山、焦山、白石山、青山、花山、君山、黄山、鹅山、萧山、长山、巫山、盘龙山、凤凰山、定山、耙齿山、绮山、敔山、香山、售山、稷山、砂山、鸡笼山、白龙山、毗山、顾山等。其中顾山因界于澄、锡、虞（即江阴、无锡、常熟）三县（市）的交界处，故又名三界山，江阴仅占其半，这就是江阴三十三座半山的来历。这些山丘及其周围地势较高，古文化遗存丰富，大部分山脊或山顶都有春秋战国时期的石室土墩遗存。

　　祁头山其实并不是山，而只是一处文化层堆积起来的高地。位于江阴城东郊，距城中心仅有 3 公里左右。北离长江不足 5 公里。站在墩上北望，长江如带，波涛奔流。君山、鹅山、黄山、萧山、长山由西向东屹立江干，绵延十数公里。

　　君山、黄山均因楚国春申君黄歇而得名，黄山最高处——席帽峰，是春秋战国时期烽火石室之所。长山上有春秋时期的石室土墩，南坡有新石器时代遗存和大量的汉代墓葬，汉代陶器也时有出土。附近的凤凰山、盘龙山也属于同一古文化遗址群。黄山雄峙江干，隔江与靖江的孤山相对，江面最狭窄处仅 1. 25 公里，形成重险，素有"江海门户"、"锁航要塞"之称。黄山炮台闻名于世，与其旁的鹅山、君山为民国时期的炮台旧址，江边大石湾、小石湾内是始建于明清的三合土古炮台遗址。

祁头山遗址东面 3 公里左右是耙齿山、敬山、定山。三座山连在一起，连绵山岗向左右两翼展开，似一位巨人张开双臂，形成拱卫之势。其最高峰海拔 273. 8 米，高度为江阴诸山之最。祁头山遗址正南约一公里便是绮山，西南约 4 公里是花山。山势魁伟的花山，是江阴第二座高度超过海拔 200 米以上的山。在花山东麓，便是 1998 年 12 月发现的夏商时期花山遗址和佘城古城遗址。

花山遗址和佘城遗址是 20 世纪末先后发现的。1998 年 12 月，江阴博物馆的考古工作者在云亭镇花山村境内首先发现了花山遗址。由南京博物院、无锡市博物馆、江阴博物馆组成联合考古队，由陆建芳担任领队，进行抢救性发掘。虽然仅仅发掘了一条灰沟，但收获不小。灰沟中陶片量很大，陶器种类繁多。此外还有石器、陶纺轮，甚至还出土了青铜渣和冶炼用的坩埚、三足陶勺等专用工具。

2000 年春天，又在花山遗址东边一河之隔的高家墩村发现了佘城遗址。在发掘花山遗址的同时，考古队对周围环境作了调查，并且在该地采集到与花山遗址一样的陶片。这年春节过后，著名考古学家俞伟超先生到现场考察，认为该处地形高亢，可能是座古城，指出南面一条高出地面的高土埂应该是它的南城墙。考古队按照俞先生的意见对高土埂进行了解剖，果然耕土以下即是人工填筑的夯土，层次十分清楚。后来进行的试掘中，出土了青铜锛和青铜镞，还发现了一处面积 400 多平方米的公共建筑遗址。一排排柱洞排列有序，可以看出当年建筑的规模。与其 40 万平方米的面积相比，佘城的发掘只是局部的，但完全证实了俞伟超先生的判断。

2000 年 4 月，在江阴召开了"高城墩·佘城遗址全国考古研讨会"。考古专家们高度评价花山和佘城遗址，认为，这些发现为研究吴文化起源、泰伯奔吴首先落脚点等提供了新的实物资料，在文明起源问题上开辟了新的天地。因此，花山遗址和佘城古城遗址是江阴一处重要的古文化遗址。

花山南麓有钓台遗址，相传为姜太公垂钓处，周围地下古文化遗存与花山遗址为同一时代。祁头山西面 5 公里处为青山，坐落在江阴城西郊，海拔仅 36. 7 米，山不高却很有名。据宋代《太平寰宇记》记载，此处是春秋时期干将为吴王铸剑之所，有铸炉 9 座，故又称"九炉山"。

因此，从地理形势来说，祁头山遗址在群山拱卫之中。周围还有不少古文化遗址和遗存。例如，北边一公里处的滨江开发区境内有崧泽文化遗存；江阴北护城河一带，20 世纪60 年代初曾发现新石器时代早期文化遗存；东边山观境内的望海墩和周庄境内的倪家巷，有商周时期遗存。江阴周庄境内的古遗址和遗存丰富，历史上有"山前七十二个村，山后七十二个墩"之说。位于镇西的龙爪墩是新石器时代崧泽文化晚期遗址，面积有 25 万平方米。祁头山再向东 10 公里的香山原属江阴，今是江阴与张家港的界山。香山东麓张家港境内，便是早些年发现的东山遗址所在地。

除上述提到的古文化遗址以外，江阴境内还有不少古文化遗址。如西郊与夏港镇交界处的璜塘河遗址，20 世纪 70 年代在农田建设和开挖河道时，先后出土新石器时期良渚文化的黑皮陶和马家浜文化的鹿角镐。这件鹿角镐制作精巧，保存完整。镐是用鹿角的分叉做成的，一长一短，长的为把，有 40 多厘米。把尾做成圆球形，以便操作时不至滑脱。短的 20 厘米左右，是镐身，弯弯的前端扁圆有刃。把握手处和镐头刃部光亮溜滑，这是先民长期使用的结果。这件鹿角镐，在所见诸多同时期的同类骨器中是最为精美的一件。

在与常州武进交界的璜土镇境内，20 世纪九 90 年代初在拓宽桃花港河道时，在前粟山以东河段发现一处古遗址。在一个有较大面积的灰坑里发现大量动物骨头，并出土一把鹿骨匕首。这把匕首长 20 多厘米，利用鹿的某一部位骨头制成。其前端单刃，稍圆，后部握柄处有一个对穿孔，用于穿绳，以便随身携带。握柄与匕身交接部位侧面，有一高约 2 厘米左右的突出物，便于使用时着力，我们不得不佩服我们祖先设计的巧妙。匕首的刃部及握柄处光滑发亮，说明这把匕首是古人经常使用之物。

在桃花港遗址正西约 2 公里处，便是著名的高城墩遗址。原属石庄镇，今划归璜土镇境内。高城墩位于江阴与常州武进的边界，墩西 200 米处便是今天常州市开发区。

高城墩原是一个直径约 50 米、高约 10 米左右的土墩。村民在墩上种庄稼，种蔬菜，又常挖土填屋基，墩的面积逐年缩小。其间偶而出土陶器、玉器、石器等，群众不识宝贝，反视为不祥之物，而随之丢弃。直到 20 世纪 70 年代中期，生产队在墩西南建砖窑，出土数件玉器、石器（其中包括玉琮 2 件和玉坠、玉钺各一件），村民拿到常州博物馆鉴定，才揭开了高城墩之谜，原来是一处良渚文化高台墓地。

1999 年 11 月，由南京博物院、无锡博物馆、江阴博物馆组成的联合考古队，对高城墩进行考古发掘，取得重大成果，入选"1999 年全国十大考古新发现"。评选委员会专家在评语中称："高城墩是良渚时期又一处规模大、有严谨布局和严格建筑方法的高台墓地……这种随葬玉器等级较高而数量不多的墓葬，可能代表着良渚文化的另一类型。高城墩遗址所在地的苏南地区是环太湖文化圈中十分重要的地区，该遗址的发现表明，苏南地区在良渚文化中的地位不容忽视，可能代表着与宁镇地区、上海福泉山一带地位相若的另一个中心。需要重新认识良渚文化的多中心现象"（《中国文物报》2000 年 5 月 31 日）。

除了江阴西部地区，江阴南部地区的青阳南楼遗址也具代表性。江阴南部地区是地势平坦且河道密布的水网地带，青阳镇之西旧有芙蓉湖，也称"上湖、三山湖"，介于无锡、武进、江阴之间，面积号称万顷。直到宋代以后才逐渐淤塞，变成陆地，成为桑田。因此大多数学者认为，如此地势低洼的水网地带不大可能存在古文化遗址。然而在 20 世纪 70 年代，当时的青阳镇人民公社在开凿革新河的时候，从泥井中出土了精美的彩绘陶罐，被确认为崧泽文化时期遗存。2006 年，由南京博物院与江阴博物馆组成联合考古队，对南楼遗址进行了考古发掘。发现了先民的墓葬区，出土了陶器、石器和精美的玉器，进一步证实，青阳南楼遗址属于新石器时代崧泽文化中期的遗存。

上述事例说明，江阴独特的地理位置使之成为先民定居的首选之地。先民们在这块沃土上望洋击楫、渔猎种植、生息繁衍。由此可知，祁头山遗址的存在并非偶然。

## 第三节　祁头山遗址发掘经过

在实地勘察以后，在分管文物的副市长陈捷元，文化局曹金千、陈楠等领导的积极努力下，江阴市委市政府主要领导高度重视，当机立断拨出考古经费，全力支持祁头山遗址的考古发掘。江苏省文化厅、南京博物院也十分重视，作为抢救性发掘项目报国家文物局审批。随后由南京博物院、无锡市博物馆和江阴博物馆组成联合考古队，仍由主持花山、佘城、高城墩遗址考古的南京博物院考古研究所副研究员陆建芳任领队，于 8 月 21 日进驻祁头山考古工地。

考古队选择离遗址最近的殷夏家村作为基地。殷夏家村在遗址西侧，是两个不大的自然村，中间仅隔一条不宽的马路，一个在路东，一个在路西，东边的叫夏家村，路西的叫殷家村。当时，两村同属要塞镇的绮山行政村管辖。这两个村的村名对于考古队员来说比较敏感，很容易与"夏朝"和"殷商"这两个词联系起来。这两个村难道与古代历史有什么内在联系？是历史沿革，还是纯属巧合？大家说这倒是值得日后进行考证的。

考古队进驻后，进行了认真仔细的准备工作，包括安排考古队员的食宿，选择保存出土文物的库房和修补文物的场地，招募和挑选民工。而对民工的培训教育是考古队不容忽视的一项重要工作。事实证明，一支好的民工队伍在考古发掘中能起到重要作用。

对民工培训的内容从《文物法》到考古基本知识，必须遵守的纪律等等。江阴那些年频繁的考古活动实践证明，对民工的培训是非常必要的。事实上，对民工的培训过程就是对群众进行《文物法》宣讲和传播的过程。经过短暂的培训，民工们了解什么是文物、考古工作的意义等等，使他们拓宽了视野，提高了文物保护意识。同时这些民工又成为义务宣传员，他们会因为自己与考古这个神秘工作有关而备感自豪，时不时会把培训得到的文物与考古知识传布给他的家人、邻居或亲朋好友，无形中进一步扩大了宣传面。因此，这项工作对一个考古队来说不是可有可无的，而是必须要做的工作。从这层意义上说，考古队也是宣传队、播种机。

考古工作涉及到方方面面，而最直接的是群众利益。一些思想狭隘、对私利过分看重的村民，往往会借一件小事、一点小利与考古队大吵大闹，提出过分要求，搞不好甚至出手打人。而事先进行宣传教育以后，这种情况的发生会少得多。群众从不了解到了解，从不理解到理解，从不支持到支持，最后成为考古队的朋友、有力的支持者。

当然，在具体问题的处理方面要尽可能多地为群众着想。考古发掘中对群众最直接的利益就是承包的责任田、种菜的自留地青苗费的补偿，这工作宜细不宜粗。测量面积时除依生产队提供的数据作参考外，计算补偿金尽可作适当放宽，变逢五进十为逢一进十。这实际上仅是个小数目，金额上来去不大，但群众得到一点实惠便会对你产生一种信任感，在日后的工作中会全力支持你。

在做好一切准备工作以后，考古队员用洛阳铲对该遗址进行钻探调查，掌握了地下遗存情况。钻探资料表明，遗址北端取土造成的剖面处地势最高，应该是原来整个遗址的中心区域。由此向南20米范围内，褐色文化层堆积在3米以上，最厚处达4米左右，伴有白色骨质物，应当是墓葬区。在向南20米以外地下则发现大量红烧土，分布面积较广，由此推断这里是生活区。可惜剖面以北的墓葬区在锡澄高速公路和新长铁路建设取土时被挖去，其面积估计比残存的要大，不免令人惋惜。钻探的结果使大家充满了信心。

领队陆建芳经过再三分析，决定将探方布在墓葬区。当开始发掘后，果然在耕土层以下就是马家浜文化层，在第3层下发现了红烧土，第4层全部是用红烧土块铺垫，地表平整。

记得第一天的发掘就有收获，在刁文伟负责的探方，挖掉耕土层不久就挖出了几件玉璜，但都有些残破。根据土质分析，没见墓坑，这些玉璜是某一个墓坑被破坏后残留的。虽然这样，大家还是很兴奋，能出玉器起码说明这里的墓葬等级较高，会有重大发现。

事后证实，在发掘的仅仅630平方米范围内，清理出新石器时代灰坑39座，墓葬132座，出土各类遗物200余件，其中石器18件、玉器17件、陶器166件，收获颇丰。

祁头山遗址的考古发掘得到了各级领导和社会各界的关心与支持，它特有的多文化因素也引起了诸多专家、学者的关注。除俞伟超先生外，张忠培、严文明先生也于2001年3月底专程赶到江阴考察，对祁头山遗址给予了高度评价。

祁头山遗址考古发掘已过去7个年头了，但是当年遗址发现时的喜悦，以及考古工作轰轰烈烈的场面还历历在目，至今难以忘怀。考古工作中的一些好的做法和成功经验值得推广发扬。江阴市人民政府已将其列入文化遗产，采取一切措施保护遗址。文化主管部门提出的建立"祁头山文化遗址公园"的建议，也已列入江阴市"十一五"文化发展规划，努力将其打造成一处有着深厚文化内涵的文化工程。

# 附录二　江阴祁头山遗存的多文化因素

俞伟超

　　自古以来，江阴是长江三角洲渡江的要冲。在历史上，清兵入关后南下和解放战争中攻克南京都在此渡江。最近因祁头山的发掘，又知早在距今 6000 年前后，宁绍、宁镇和江淮乃至黄淮间的一些新石器文化，就对这里发生了不同程度的影响。这进一步表明，江阴一直是长江下游地区江南和江北诸文化进行交往的咽喉之地。

　　从全国范围来观察，长江下游的新石器文化有一定的共同面貌，但又可细分为好几大块。在太湖周围地区，早期以马家浜文化为主，其年代据已知 $^{14}$C 数据，约距今 7000～5800 年左右（见邹厚本等《江苏考古五十年》55 页，南京出版社，2000 年 10 月）。江阴祁头山及其以东约 7 公里的张家港东山村，是在马家浜文化分布区的西北端。

　　祁头山遗址虽属马家浜遗存，自身特点却很突出。例如所出腰檐陶釜之多，大大超过其他马家浜遗址（不含淮河流域青莲岗文化的颈檐陶釜）。这种釜，以往在江苏境内所见的，底部皆不能复原；浙江桐乡罗家角等地出的已知为圜底；而祁头山出的，则为大小不一的平底。其具体情况是，凡器形矮而胖的为小平底；器形似高筒状而腰檐上又加四个外撇叶状装饰的，则为大平底，如把罗家角、（吴县）草鞋山、东山村和祁头山的腰檐釜放在一起做比较，可见到体型从矮胖到瘦高，底部由圜底经小平底至大平底的演化过程，其中带外撇四叶的高筒形大平底釜最晚，大概已到马家浜末期。

　　祁头山遗存的另一特点是有兼施红、白二色的彩陶。马家浜遗存中，过去在江阴东南方向的吴县草鞋山、常州圩墩等地出过只施红、黑、紫的单色彩陶，而祁头山则除了只在器口、底足施条带状红彩的单彩彩陶以外，又有通体施红、白彩的豆形碗和圜底罐。一见到这种红、白兼有的彩陶，就会想起句容丁沙地早期遗存中的白底黑彩陶片和南京北阴阳营、邳州大墩子与刘林，乃至山东泰山周围地区的大汶口彩陶。祁头山的复色彩陶当然也有一点大溪彩陶的风格，但如从分布空间位置来考虑，则可以认为这种彩陶的出现，只能表明是同宁镇地区的北阴阳营文化及其以北的大汶口文化存在着联系。

　　祁头山出的一件璜形玉器，也能表明同北阴阳营及江淮的文化存在着很近的关系。这种璜形玉器，弧度较平，制作时就被中分为二，在中心线两旁一侧的边厚部位上，又各有一孔与一段凹槽，可供嵌入细木条或骨条，将本已切割成两节的部分连成一体。同样的璜形玉器在北阴阳营也出土过两件（M39：4、M191：1，见南京博物院《北阴阳营——新石器时代及商周时期遗址发掘报告》74、75 页，文物出版社，1993 年），此外，在时代较晚的安徽含山凌家滩墓地中又出土过 6 件。一年多以前我曾说明，这种可分可合的璜形玉器应是不同民族、部落实行联姻或结盟活动时的一种信物（见安徽省文物考古研究所《凌家滩玉器》图版 53～56、58、59、66 和 136～140 页，文物出版社，2000 年 11 月）。按照凌家滩璜形玉器的分析，祁头山和北阴阳营出土的，皆已合成一体，应是联姻信物。祁头山和北阴阳营遗存的年代，要比凌家滩的早出好几百年甚至千年左右。此时大概部落间的联盟，特别是部落联盟间的结盟没有凌家滩时期发达，也许还有墓地成员的身份比较普通的原因，所以没有发现凌家滩那种只出半截璜形玉器的结盟信物。

那时，不同氏族、部落实行联姻的情况当然是很普遍的，而不同地区所用的信物就不见得一样。但祁头山、北阴阳营、凌家滩却都用璜形玉器为信物，必定存在着一种特殊的关系，或是族源很近，或是本为不同文化传统的群族，因被某一族群征服，改从征服者的传统。但不管属哪一种情况，同时（或略有早晚）使用同样形态信物的族群，就可能是在一个部落联盟，甚至是一个联盟集团之中的。祁头山、北阴阳营、凌家滩的空间位置，正可联成一片。这是结成联盟的必需条件。

作为一个联盟或联盟集体团来说，必定是共时的。从这个条件来看，只能认为祁头山和北阴阳营的族群可能结成联盟。

但从文化现象的角度来考虑，同样的现象延续数百年至千年以上是多见的，因而祁头山、北阴阳营及凌家滩遗存的早期族群，仍有结成联盟的可能性。当然，这种可能性的大小，与相同文化现象的多寡有着密切关系。从这个角度出发，就应注意到以下现象：

1、祁头山、北阴阳营、凌家滩都用璜形玉器为联姻信物；

2、祁头山的彩陶，同北阴阳营及邳州大墩子、刘林、泰安大汶口等地的大汶口彩陶，有相似的风格；

3、凌家滩玉鹰（98M29：6）和玉牌（87M4：30）上都刻画出一种八角星图像，而这也是大汶口彩陶上的一种典型图案，如邳州大墩子陶盆（M44：4），山东泰安大汶口陶豆（M2005：49），邹县野店陶釜（M35：2）所见。此外，在长江以南的北阴阳营、马家浜、崧泽、良渚诸文化中，也经常可以见到。如北阴阳营采集的彩陶器盖上的一个十角星，应当也是这种图像（《北阴阳营》82 页，图四七：7）。马家浜文化的如武进潘家塘纺轮上所见。崧泽文化的如上海青浦崧泽陶壶底部（M33：4）与盆形陶豆（T2：7）上所见。良渚文化的如江苏澄湖黑陶鱼篓罐（T129：1）、海安青墩陶纺轮上所见（以上参见张明华、王惠菊《太湖地区新石器时代的陶文》，《考古》1990 年第 10 期，903、904 页）。出土上述诸器的地点，正可以联成一片，这就可进而推定这个图像的文化含义是相同的。此外，湖南安乡汤家岗大溪文化白陶盘上虽有同样形态的图案，但其空间分布位置已远远脱离开上述地点，不宜列为具有同样文化含义的现象。

4、这种图像的具体含义是什么，现在还说不清楚，但其艺术造型源头，当为星象（含太阳）。带有这种图像的凌家滩玉牌出土时，夹在一件玉龟的腹、背间。河南舞阳贾湖及山东等地的大汶口墓葬中，都出过不少龟甲，凌家滩玉龟和贾湖、大汶口龟甲都已被推定为占卜用物，这就可知夹在玉龟中的玉牌上的八角星，必为一种崇拜物的象征。凌家滩的族群同北阴阳营、大汶口、马家浜、崧泽、良渚诸文化的一片族群流行这种图像的时间，竟可长达千年以上，正可反映出曾长期存在这一共同信仰、共同的崇拜物。

当分析出上述现象后，即使不敢肯定那些地点的族群曾经在长时间内同属一个联盟集团（如仅是部落联盟，不可能达到如此广阔的空间范围），至少可以设想这一大片区域曾经形成为一个文化圈。

信仰与崇拜是否相同，对于理解各地族群的关系至关重要。在已往的中国考古学研究中，为了认识不同地点古文化的关系，主要是从聚落址的选址与布局、建筑的技术与形式、工具与武器、生活用具、装饰品、艺术造型、埋葬习俗等等方面来比较其异同。其实，群体意识的异同应当是最重要的。祁头山、北阴阳营、凌家滩既存在着差不多的联姻方式，凌家滩、北阴阳营又是北与大汶口文化有着相同的信仰内容和崇拜物，而且其西南方向的马家浜、崧泽以及良渚（良渚的活动范围又向北扩大至黄淮间）诸文化，也有这样的信仰与崇拜物。如以这种信仰和崇拜物为区分不同文化的界限，则这个文化圈至少可从上海一支扩大到苏北和山东的中南部及东南部，但过去根据陶器群的差别，则被划分成四个（甚至更多的）文化系列。当这个现象被揭示出来后，考古学研究就自然的遇到一个严肃的问题：

划分考古学文化的主要标准，究竟应该是什么？

考古学文化的划分，是否应该有不同的层次？

不同层次的划分标准当然是不一样的，不同层次的空间范围又当然是从大而小的，但一个空间范围最大的层次，应当以什么标准为其界限呢（如果没有控制界限的标准，人类所到之处，皆可划归同一文化）？

看来，还是要像布罗代尔向史学研究提出的要求那样，应当作总体性的考虑。

江阴祁头山的遗存因其所含的多文化因素，为考古学文化的研究提出了一些重要启示，自然希望能得到进一步的发掘，以便扩大和加深对长江下游地区古文化的了解。

（原载《中国文物报》2001 年 5 月 2 日第七版）

# 附录三　江苏江阴祁头山新石器时代遗址
# 考古地层研究

朱　诚　张　芸　张　强　　　　　　　　　　陆建芳
（南京大学城市与资源学系　江苏南京　210093）　（南京博物院　江苏南京　210016）

## 一、遗址地理位置和发掘情况

江阴祁头山遗址位于江阴市夏家村村边东北角，地理位置为北纬 31°53′27.17″，东经 120°18′57.35″，海拔高度为 3~5 米。该遗址由南京博物院于 2000 年 8 月 20 日首次发掘，发掘面积共 500 平方米。

## 二、遗址地层特征

祁头山遗址 G4（探沟）东壁地层（总厚 325 厘米）从上到下共分为 7 层（图一：1）灰褐色表土层，厚约 20~30 厘米；2）灰褐色粉砂层，厚约 10~5 厘米，混杂有现代器物和马家浜文化（7000~800aBP）器物，为扰乱层；3）深褐色灰红泥质层，红烧土比较集中，土质比较坚硬，厚约 70 厘米左右，为马家浜文化层；4）灰黑色泥质层，厚约 65~70 厘米，红烧土含量比上层少，有大量黑色灰烬，夹有炭屑，也是马家浜文化层；5）黑色泥质层，厚约 0~20 厘米，该地层在探方中断续分布，有缺失现象，该层也为马家浜文化层；6）灰

| 分层 | 深度 (cm) | 柱状图 | 地层岩性描述 | 样品编号 | 采样深度 (cm) |
|---|---|---|---|---|---|
| 1 | 0 / 22 | 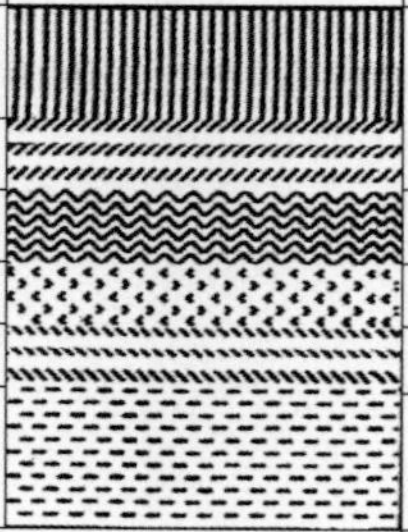 | 灰褐色表土层 | $G_1$ | 15 |
| 2 | 32 | | 近现代扰乱层 | $G_2$ | 40 |
| 3 | 100 | | 马家浜文化层 | $G_3$ | 75 |
| 4 | 155 | | 马家浜文化层 | $G_4$ | 120 |
| 5 | 165 | | 马家浜文化层 | $G_5$ | 160 |
| 6 | 280 | | 马家浜文化层 | $G_6$ / $G_7$ | 180 / 262 |
| 7 | 325 | | 黄色粉砂层，下蜀黄土层 | $G_8$ / $G_9$ | 290 / 309 |

图一　江阴祁头山遗址 G4 探沟东壁柱状剖面图

Fig. 1　Column section of the east wall of G4, Qitoushan site, Jiangyin

褐色泥质层，厚约100～130厘米，有少量红烧土和少量灰烬，为马家浜文化层；7）黄色粉砂层，厚度为30～40厘米，土质松软，未发现文化遗物。马家浜文化层中出土的陶片以夹砂陶为主，釜形器、牛鼻耳罐较多，石器以石斧、石锛为主。

### 三、采样和分析鉴定

在祁头山遗址G4探方东壁采了9个样品（位置见图一），分别在南京大学海岸海岛实验室做粒度测试、在南京师范大学海岸与第四纪研究所进行孢粉鉴定、在南京地质矿产局环境磁学实验室做磁化率测定、在南京大学城市与资源学系第四纪环境教研室做有孔虫鉴定、在南京农业大学做含盐量测定。

### 四、粒度特征

**1、粒度组成**

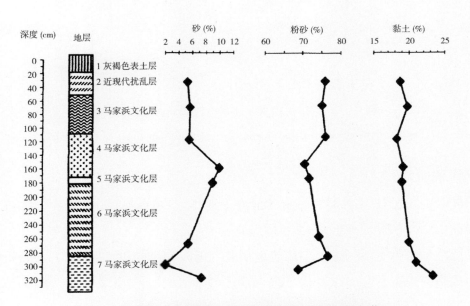

图二　江阴祁头山遗址G4剖面粒度组成垂向变化

Fig. 2　Changes of the grain size with the depth of the G4 section, Qitoushaan sith Jiangyin

由图二可以看出，该遗址剖面沉积物整个剖面共同的沉积特征是不含砾石，粉砂的含量较高。剖面的粉砂粒级的沉积物含量在69.03%～76.72%；其次是黏土粒级的沉积物，占总沉积物组分的18.36%～23.51%；砂含量较少，其中0.5～2毫米的沉积物组分只占总沉积物组分的9.03%～10.02%，反映了这几个层次是在一种弱的沉积动力环境条件下沉积形成的。剖面粒度组成均一，显示单一的搬动营力。

## 2、粒度参数

祁头山遗址剖面沉积物在垂向上粒径变化不大（图三），反映剖面成因机制比较一致。按照沉积相福克参数分析原则，从标准离差看整个剖面 $\sigma_1$ 介于 $1.00 \sim 2.00\varphi$ 之间，因为大多数样品为砂—粉砂过渡混合粒径，所以分选较差。所有样品的偏度值都集中在 $+0.10 \sim 0.30\varphi$ 之间，均为正偏态，即主要粒度集中在粗端部分。从尖度看，第 2 层样品和第 5 层样品为窄峰曲线，峰态为中等，其他均为中等或尖窄。

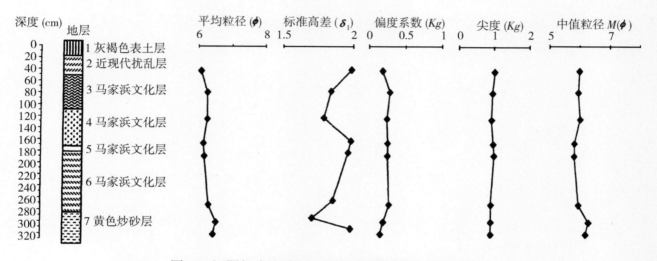

图三    江阴祁头山遗址 G4 剖面粒度参数垂向变化

Fig. 3    Changes of the grain size parameters with the G4 section, Qitoushan site, Jiangyin

## 3、概率累积曲线

表 1 是祁头山遗址 G4 剖面样品粒度分布、搬运关系和截点的关系，由该表可以看出，本剖面沉积物在水动力搬运方面有以下特点：

（1）整个剖面除第 6、7 层外，其他地层均为粗四段式和粗三段式，跃移组分、推移组分和悬移组分含量相差不大，反映沉积环境未作大的变化，沉积环境比较均一，受外界扰动较小；

（2）第 7 层 $G_8$ 号样品概率累积曲线为标准的二段式，截点位于 $4.5 \sim 6.5\varphi$ 之间，粒度频率分布曲线具有单众数、正偏态、细尾拉长的特点，表示沉积物经过了充分的分选，与镇江下蜀黄土的性质类似。第 $G_9\varphi$ 号样品概率曲线呈现五段式，粗尾部分（$<3\varphi$）多出两段，显示有地面跃移组分和滚动组分参与了组成，但含量不高，仅为 5% 左右，相应频率曲线出现较不明显的双峰，说明有少量近源物质的参与和搬运，沉积过程中混合作用过程不十分充分，与皖南风尘剖面下层样品特征类似（李徐生等，1997）。

表1                      江阴祁头山遗址 G4 剖面粒度分布、搬运方式与截点的关系
**Table 1 Transportation routing and breakpoint of the G4 section, Qitoushan site, Jiangyin**

| 样号 | 分层 | 深度(cm) | 推移组分 | | | 跃移组分 | | | 悬移组分 | | |
|---|---|---|---|---|---|---|---|---|---|---|---|
| | | | 含量(%) | 粒径范围(φ) | 斜率(/°) | 含量(%) | 粒径范围(φ) | 斜率(/°) | 含量(%) | 粒径范围(φ) | 斜率(/°) |
| $G_2$ | 2 | 40 | 3 | 2~3.4 | 27 | 47 | 3.4~6 | 65 | 50 | 6~10 | 46.5 |
| $G_3$ | 3 | 75 | 1 | 2~3.1 | 23 | 40 | 3.1~5.5 | 68 | 59 | 5.5~10 | 43 |
| $G_4$ | 4 | 120 | 5 | 3~4.4 | 77 | 45 | 4.4~6.0 | 54 | 50 | 6~10 | 41 |
| $G_5$ | 5 | 160 | 3 | 1~2 | 39 | 52 | 2~6 | 3~58 | 45 | 6~10 | 33 |
| $G_6$ | 6 | 180 | 2 | 0~1.5 | 55 | 50 | 1.5~6 | 3~65 | 48 | 6~10 | 50 |
| $G_7$ | 6 | 262 | 5 | 3~4 | 75 | 20 | 4~5.2 | 75 | 75 | 5.2~10 | 41 |
| $G_8$ | 7 | 290 | | | | 32 | 4~5.7 | 64 | 68 | 5.7~10 | 42.3 |
| $G_9$ | 7 | 309 | 4.8 | 0-3.5 | 10~35 | 40 | 3.5~6 | 10~45 | 55.2 | 6~10 | 50 |

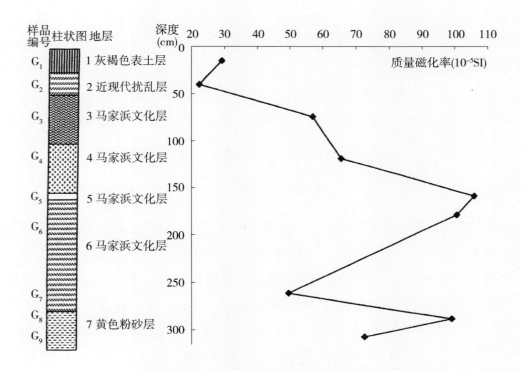

图四  江阴祁头山遗址 G4 剖面磁化率曲线图

Fig. 4  Magnetic curves of the G4 section, Qitoushan site, Jiangyin

## 五、磁化率地层与孢粉分析

由图四可知，江阴祁头山遗址 G4 剖面样品磁化率值范围在 22. 486 ~ 109. 2 ×10⁻⁵ SI。剖面磁化率变化幅度较大，最高值出现在第 5 层，为 109. 2 ×10⁻⁵ SI，最低值出现在第 2 层（近现代扰土层），为 22. 486 ×10⁻⁵ SI。磁化率曲线有 2 个波峰，第 1 个波峰位于第 5 层，第 2 个波峰在生土层上部。反映当时气候湿热，此时处于大西洋期（4. 45 ~ 7. 45kaBP），气候暖湿，属亚热带至热带气候，由于海面升高，湖泊众多，地下水位较高，先民在此湿润湖沼环境中发展了稻作农业，成为世界稻作起源地之一。在罗家角遗址、马家浜遗址中发现了约7000aBP 的炭化稻，在常州圩墩、海安青墩、吴县草鞋山、青浦崧泽等遗址的马家浜文化层发现了梅花鹿、四不象鹿、獐、野猪、水牛、龟等骨骼或化石，说明当时的气温远比现今温暖，在此期间，农业发展迅速，人口急剧增加，人类文明空前发展，马家浜文化层中堆积厚度大，出土陶片及石器。

该遗址 G4 剖面的 9 块样品中只有底部一块样品富含孢粉，孢粉组合以草本花粉为主，占 84. 9% 左右，木本花粉和蕨类花粉很少，分别只占含量的 9. 76% 和 5. 36% 。草本花粉以香蒲（*Typha*）为主，含量高达 49. 2% ；禾本科（Gramineae）含量为 20% ；莎草科（Cyperaceae）含量多于 15% ；藜科（Chenopodiaceae）、蒿（*Artemisia*）等少见。木本花粉主要是栎（*Quercus*），平均含量为 10% 左右，青冈（*Cyclobalanopsis*）、栗/栲（*Castaneae/Castanopsis*）、松（*Pinus*）分别低于 5% 。蕨类花粉中主要有紫萁（*Osmunda*）和水蕨（*Ceratopteris*），含量都不高。虽然孢粉含量不高，但其孢粉组合可以指示文化层以下的环境可能为淡水沼泽环境。其他层次未见孢粉可能与文化层样品中红烧土含量较多、花粉较难保存有一定关系。

## 六、海相微体古生物和含盐量测定

祁头山遗址 G4 探沟第 8 和第 9 号样品采自生土层（下蜀黄土层），进行镜下观察，未发现任何海相有孔虫和介形类，黄土中夹杂细小的石英颗粒。

整个剖面含盐量不高，各样品的含量大多位于 0. 8471 – 2. 6369g/kg 之间（表 2）。这表明该区史前时期未遭受海侵，一直为陆相沉积环境。

表 2 　　　　　　　　　　江阴祁头山遗址 G4 剖面样品的含盐量（g/kg）

Table2　Salt content of the G4 section, Qitoushan site, Jiangyin

| 样品号 | G₁ | G₂ | G₃ | G₄ | G₅ | G₆ | G₇ | G₈ | G₉ |
|---|---|---|---|---|---|---|---|---|---|
| 含盐量 | 0. 8471 | 1. 3997 | 1. 9151 | 1. 0694 | 1. 4820 | 1. 5928 | 2. 6369 | 2. 0807 | 1. 2579 |

## 七、讨论与结论

马家浜文化自南向北传播，先在杭嘉湖平原上发生、发展（约7000aBP），数百年后才向太湖平原传播（约6500aBP），$^{14}$C测年和器物类型学都证明了这一规律。以罗家角、邱城、崧泽、草鞋山、圩墩、青墩几个遗址为例，其中以浙江桐乡罗家角遗址年代最早，为$7640 \pm 150$aBP，其他几个遗址的$^{14}$C年代依次是$6730 \pm 125$aBP（邱城遗址）、$6275 \pm 205$aBP（草鞋山遗址）、$6019 \pm 150$aBP（崧泽遗址）、$5940 \pm 135$aBP（圩墩遗址）、$5645 \pm 110$aBP（青墩遗址）。这些$^{14}$C年代明显地表现出地域上由南向北的时间递减规律。江阴祁头山遗址虽无具体测年数据，但依地层出土物判断，可能介于5900~5600aBP之间，是长江以南地区马家浜文化分布最北地区。

马家浜文化时期，长江三角洲的海岸线大致分布在海安青墩—泰州—扬州—镇江—丹阳—江阴—无锡东侧—昆山—青浦东侧—金山南部—桐乡一带，7000aBP该区发生最大海侵，此后虽有一系列波动，但海岸线始终未能超过江阴—太仓—上海外岗—金山线（曹琼英等，1989；朱诚等，1996a、1996b；杨怀仁等，1996；Yu Shi-yong *et al.*，2000；于世永等，1998；张生等，2002）。本区有厚达248厘米的马家浜文化层，下伏层中无海相微体古生物出现、含盐量偏低，都表明此时期该区没有出现海侵环境，马家浜文化时期海岸线不会在此，江阴很早就已经是陆地环境，此时海岸线分布在该区以北地区。另外，江阴北门外护城河北遗址是马家浜遗址，也可证明。

剖面磁化率分析结果表明，马家浜文化期间温暖湿润，适宜的气候有助于人类文明的发展，人口急剧增多，稻作农业得以起源并迅速发展。马家浜文化层之上出现间断现象，也可能是长江三角洲地区4000aBP普遍存在的特大洪水虽然没有淹没该遗址和形成明显的文化断层，但洪水威胁先民的生存，农业生产无法正常进行。由于丧失基本的生活资料，先民可能迁居他处，寻找适宜人类生存而不受洪水威胁的区域生活，直至近现代人类才回到此地，使得马家浜文化层发生中断，形成了马家浜文化和近现代之间文化缺环现象。

## 参考文献

于世永，朱诚，曲维正. 1998. 上海马桥地区全新世中晚期环境演变，海洋学报，20（1）：58~63.

朱诚，程鹏，卢春成，王文. 1996a. 长江三角洲及苏北沿海地区7000年以来海岸线演变规律分析. 地理科学，16（3）：207~213.

朱　诚, 宋　建, 尤坤元, 韩辉友. 1996b. 上海马桥遗址文化断层成因研究. 科学通报, 4 (12): 148~152.

李徐生, 杨达源, 鹿化煜. 1997. 皖南第四纪风尘堆积序列粒度特征及其意义. 海洋地质与第四纪地质, 17 (4): 73~81.

张　生, 朱　诚, 张　强, 李德文. 2002. 太湖地区新石器时代以来文化断层的成因探讨. 南京大学学报 (自然科学版). 38 (1): 64~73.

杨怀仁. 1996. 海面升降运动对海岸变迁的错综影响. 见: 杨怀仁论文选集编写组编写. 环境变迁研究. 南京: 河海大学出版社. 343~353.

曹琼英, 王富葆, 韩辉友. 1989. 苏南和宁镇地区三万年以来地层的划分及自然环境变化中的若干问题. 中国第四纪研究, 8 (1): 125~132.

Yu Shi-yong, Zhu Cheng, Song Jian, &Qu Wei-zheng. 2000. Role of climate in the rise and fall of Nelolthic cultures on the Yangtze Delta. BOREAS, 29 (2): 157~165.

(原载《地层学杂志》, 2003 年第 27 卷第 4 期, 第 314~317 页、323 页)

# QITOUSHAN SITE

## (Abstract)

The Qitoushan site lie in the northeast of qishancun （祁山村） of Chengdong New Area （城东新区）, Jiangyin City. Its lies in the north of Taihu; 5 kilometers to the south bank of Yangtze River; 7 kilometers to the east of Majiabang Cultural site of Dongshancun （东山村）; 30 kilometers to the southeast of Majiabang Cultural site of Pengzudun （彭祖墩）; 15 kilometers to the southwest of Songze Cultural site of Nanlou （南楼）; 30 kilometers to the west of Liangzhu Cultural tombs of Gaochengdun （高城墩）. The total surface area is 40, 000 m². Between August 2000 and January 2001, Archaeology Research Institution of Nanjing Museum, Wuxi Museum and Jiangyin Museum made emergent explorations and excavations within an area of about 500m², with the result of 39 ash pits, 137 tombs and more than 200 remains of Neolithic Age.

The excavations reveal that Qitoushan site is one of the large-scale dwelling place site of Majiabang Culture. The site are heavily piled with layers of stratum and the relationships among different vestiges are complicated. The wares unearthed from the tombs of Neolithic Age are especially characteristic among the Neolithic remains in the south / north of Taihu area.

The site, with a 3-meter-thick cultural stratum, was a terraced ground, which is 2 ~ 4 meters higher than the surrounding area. The excavation reached a depth of 3. 8 meters. The thickness of the cultural layer of stratum is around 3 meters and can be divided into 15 sub-layers. The cultural layer is just under the cultivated soil. The fourth sub-layer is a vast area of burned soil, which expands thousands of square meters. According to the excavation, the fourth sub-layer is covered with different sizes of burned clods. Burned soil pits with shapes of circle, rectangle and annularity, which are estimated to be related with the remains of buildings or sacrificial altars, are found under the third sub-layer.

The greatest accomplishment of the excavation is the discovery of intensive graveyards of Majiabang. The excavated Neolithic Age graveyards are all located in the northwest area of the site. The overlapping of tombs contributes the accumulation of 8 tombs' layers. Tombs are scattered from the second to the tenth layer of stratum. All these shows the complicacy between different layers of stratum and layers of tombs. There are 1 ~ 2 burial articles for each tomb mostly, which is not many.

Up to 6 burial articles were also found in some tombs and it's only a minority of them which have no burial article. Most of the burial articles are daily wares with the basic combination of *Fu*（釜）and *Dou*（豆）, *Fu* and tub, *Fu* and tripod *Bo*（钵）, *Fu* and *Bo*, *Fu* and jar. *Dou*, mostly without handles, as well as tubs and *Bo*, were put below the head of the dead. *Fu* were mostly smashed into fragments and put on or beside the body. Besides, a few spinning wheels and supports have also been found.

Among all these burial articles, flat-bottomed wares are commonly found as a symbol of the earlier period of Neolithic Age. Tripod wares dominate afterwards and they were substituted by circle-bottomed wares at the later period of Neolithic Age. *Fu*, with quite a few form factors, are treated as the primary cooking utensils in Qitoushan site. The straight tube-shaped *Fu* with a ring of decorated waist brim at the upper part (tube-shaped *Fu* in short) are most commonly found, which reveal the local characteristics and are treated as the symbolic wares of Qitoushan. The upper and lower parts of the tube-shaped *Fu* are connected together after respective clay-strip forming. The lower part is made from clay with clam shell powder in it, while the upper part made from common clay with the decoration of red painting. The decorated waist brim sticks to the junction line of the two parts with an additional reinforcing clay strip circled around. The characteristics of the tube-shaped *Fu* also experience a prominent diachronic change: in the earlier period, the opening of the *Fu* is always straight, the waist brim bending upwards. The lower part of the tube-shaped *Fu* was becoming taller and thinner with waist brim tending to flatness. *Dou* and *Bo* in the earlier period are of the characteristic of red painting. Color-painting wares with incised and stack mold decoration, which appeared in the later period, distinguish themselves from color-painting potteries in the north of China. Wares with incised decoration used to be found in this area occasionally, while wares with stack mold decoration, which are commonly found in the earlier cultural site in the Middle Reaches of the Yangtze River, are the first discovery in this area. The jades unearthed from the tombs, besides the common *Jue*（玦）, are mainly tube-shaped. *Huang*（璜）belongs to the later period, including a rare 3-dimension-carved jade frog.

In addition to the characteristic pottery-combinations, wares in Qitoushan site also demonstrate the corresponding age features. The dumpy straight tube-shaped *Fu* indicates a continuous relationship with the straight tube-shaped *Fu* with a ring of decorated waist brim at the upper part found in the later period of Luotuodun（骆驼墩）and Shendun（神墩）site, Yili mountain（宜溧山区）area in the west of Taihu, which also conforms to the tendency: flat-bottomed *Fu* made their debut in mountain areas, then in plains. In the later period, the impact of popularity of circle-bottomed *Fu* in the east area of Taihu urged the appearance of cirle-bottomed *Fu* in Qitoushan site. The influence of culture in the east of the Yangtze River-Huaihe River region is also shown in the site.

Four periods could be classified in Qitoushan site: The first period came into being around 6600 to 6500 years ago, which corresponds to the period of the fourth layer of Luotuodun, and the middle layer of Shendun. About 6500 years ago, the second period of Qitoushan corresponds to the period of the eighth layer of the first group in Pengzudun, the second layer of Qiucheng (邱城) site, Huzhou, and to the earlier second period of Houjiazhai (侯家寨) site, Dingyuan. 6500 ~ 6400 years ago, the third period corresponds to the second period of Houjiazhai and the earlier period of upper layer culture of Gaomiao (高庙) site, Qianyang. The fourth period can be further divided into earlier period and later period respectively. The earlier period, which started about 6400 years ago, corresponds to the period of upper layer culture of Gaomiao (高庙上层文化) site, the seventh and eighth layers of Longqiuzhuang (龙虬庄) site, Gaoyou, the remains in the fourth layer of Beiyinyangying (北阴阳营) site, Nanjing. The later period corresponds to the period of the middle layer of Weidun (圩墩) site, Changzhou, the sixth layer of Longqiuzhuang, the tombs below the third layer of Pengzudun, and the tombs below the fourth layer of Beiyinyangying.

# 后　记

　　第一次去祁头山是 2000 年 8 月的一个雨天。江阴博物馆唐汉章馆长等人此前根据当地村民的报告，对该遗址已经先行踏勘了一次，但他们对于祁头山遗存的陶片还比较陌生，所以立即将情况汇报至我所，所里派我立即赶赴江阴。那时我们这支由南京博物院、无锡市博物馆、江阴博物馆三个单位组成的考古队，正在整理高城墩遗址的出土文物，编写发掘简报。所有人都还沉浸在高城墩遗址考古成果被评为 1999 年全国十大考古新发现的喜悦当中。

　　当时江阴的分管副市长陈捷元同志是华东师范大学中文系毕业的老大学生，自考古队踏上江阴的土地，他就对我们关怀备至。一方面是缘于他对中华传统文化的挚爱，另一方面也缘于他一以贯之、平等待人的长者作风。当他听说发现祁头山遗址后，不顾当天雨大风骤和土路泥泞，执意同我们一起去现场察看情况。当我们一行人来到绮山北边的取土工地时，发现遗址已被大面积破坏，抓斗过处，陶片满地，俯身可得，历史即这样无情地中断，场面当然十分令人痛心。值得庆幸的是，遗址南部得以保存，断面上深厚的文化层昭示着这是一处极为重要的马家浜文化时期的遗址。

　　遗址的保护工作随即在雨中展开。江阴市政府、文化局、新长铁路江阴指挥部以及要塞镇的领导，打着雨伞在现场商讨了抢救意见：第一，取土立即停止；第二，立即对遗址现存范围进行勘探；第三，考古队立即向上级汇报，并着手进行抢救性发掘。此外，市政府和文化局领导还在现场对考古经费等问题进行了商讨。这种感人的景象已不止一次地出现在我们考古队面前，江阴市委、市政府是难得的具有高效率、高素质的领导机构。考古队在澄多年，多次由于工作需要而请求市委、市政府的帮助，市委、市政府领导袁静波书记、王伟成书记、姚建华市长、孙福康常务副市长等领导从不推委，每次都是热情接待，帮助我们排忧解难。而文化局的历任领导曹金千局长、陈楠副局长（分管文物工作），一直到陆礼平局长和现任的黄磊局长，只要有关考古工作，大小事都和我们商量，让我们感到无比的亲近和温暖。

祁头山考古工作在雨后随即展开。当第一批探沟布下后，耕土层下随即暴露出大面积的红烧土层，由于当时没有足够的时间进行大面积的发掘，而这种红烧土倘若没有较大面积的发掘是无法解释其性质的，故我们采取全面回填的方法，将红烧土部分暂时保护起来，待时机成熟再做发掘。之后我们将发掘的重点放置在取土造成的断崖部位，这样的选择是迫于无奈。一方面，断崖的剖面说明断崖区域内遗存丰富，另一方面，江南雨水多，如不尽快处理，高达4~5米的断崖将很快倒塌。发掘过程中我们才发现，遗存的丰富和层位的复杂性远远超出了我们的想象。红烧土层在部分探方中依然大面积存在，考虑到今后遗存的完整性，在发掘区域中，我们只选择T1225与T1325西部发掘至生土，尽管彻底发掘的面积很小，但收获却十分丰富。

祁头山发掘初期，因我和杭涛手头还在整理高城墩和丁沙地的发掘简报，现场工作主要由无锡博物馆的蔡卫东负责。后因蔡卫东返回无锡，现场的日常工作主要由我所的杭涛同志主持。此外，江阴博物馆的高振威作了大量的协助工作。当时参加发掘的还有我所的韩建立、周恒明，无锡市博物馆的李文华，江阴博物馆的唐汉章、李新华、高振威、刁文伟、孙军，盱眙博物馆的李少泉，技术工人有王忠启、王峰等诸多同志。发掘工作一直持续到2001年的元月，时值隆冬，清晨的祁头山遗址常常是雪一般的一片白霜……

祁头山遗址发现后，以其独特的文化面貌引起了国内外学者的高度关注。对江阴这片故土怀有深厚情感的俞伟超先生，在病重期间，还亲自撰写《江阴祁头山遗存的多文化因素》一文。2001年春天，张忠培、严文明两位先生也专程来澄考察，并给予我们诸多指导。除此之外，黄景略、叶喆民、牟永抗、王明达、曹锦炎等专家和领导也先后到江阴指导我们工作。

鉴于祁头山遗址所反映的重要信息，我所所长张敏制订了围绕太湖西北区马家浜文化时期遗存的发掘计划。2001~2006年，我所先后发掘了无锡彭祖墩、宜兴骆驼墩、西溪、溧阳神墩等遗址。以祁头山为契机,这一系列性的考古发掘揭示了太湖西北区独特的文化面貌和发展脉络,"祁头山文化"已呼之欲出。

本书的出版是许多人共同努力的结果,参与本报告前期整理的人员有:南京博物院考古研究所的韩建立、周恒明,江阴博物馆的翁雪花、邬红梅。其中韩建立、周恒明负责陶器的修复,韩建立还制作了拓片。翁雪花、邬红梅绘制了部分墓葬的器物草图,翁雪花还对墓葬进行了核对、登记,并制作了墓葬登记表。其间于2005年9月22日,我们在江阴召开了有关祁头山遗址的小型研讨会,来自山东、安徽、浙江、上海等地的学者们参加会议。2006～2007年初,陆建芳、左骏完成剩余部分的器物、遗迹的绘图和上墨工作,并完成了报告文字部分的撰写。祁头山2000度发掘整理的初步成果已在《文物》2006年第12期上发表。管峻先生为本报告题写了书名,英文提要由华东师范大学对外汉语学院的杨赓翻译,文物出版社的郑彤女士为本书的编辑出版付出了辛勤的劳动。

在本书付梓之际,我还要感谢我们考古队在江阴的老搭档——江阴市政协副主席、文化局副局长陈楠同志和唐汉章同志,没有他们的帮助,考古队的工作绝不会如此顺利,今年唐汉章已经光荣退休,但我知道他一定会退而不休,仍然忙碌并愉快地生活着。

在江阴考古的十年,是我一生中最珍贵的财富,而我们考古队和江阴博物馆的同志在酷暑严寒中凝结成的这种兄弟般的友谊,我将用一生来珍惜。

2007 年 7 月 30 日

彩版一　祁头山遗址被破坏的情况（自西北向东南摄）

1. 遗址破坏情况（自东向西摄）

2. 遗址发掘情景（自东南向西北摄）

彩版二　遗址被破坏以及发掘情况

1.T1225东部至T1325西部打破红烧土的墓葬(自南向北摄)

2.T1225东部、T1325西北部第6~9a层下的墓葬（自南向北摄）

彩版三　遗址内墓葬的分布情况

1. 建筑墙体残块（T1224 ⑥ : 8）

2. 陶器盖（T1225 ⑤ : 30）

3. 陶纺轮（T1225 ⑤ : 28）

4. 陶纺轮（T1225 ③ : 19）

5. 亚腰形陶器（T1225 ⑤ : 29）

6. 陶罐（T1425 ③ : 14）

彩版四　建筑墙体残块及第 5～3 层出土陶器

1. 玉璜（T1325②:1）

2. 玉璜（T1325②:1）局部

3. 玉璜（T1325②:1）局部

4. 玉蛙形动物（T1325②:2）正面

5. 玉蛙形动物（T1325②:2）背面

彩版五　第2层出土玉器

1. 陶片（H18:2）

2. 陶片（H2:9）

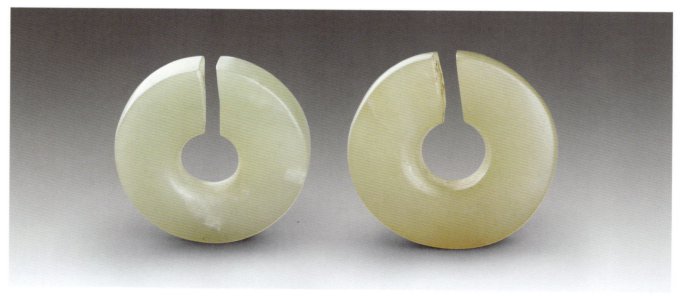

3. 玉玦（T1325②:3、T1325②:4）

4. 玉蛙形动物（T1325②:2）局部

5. 玉玦（T1325②:4）局部

**彩版六　第2层出土玉器及 H18、H2 出土陶片**

1. 玉璜（H1:2）

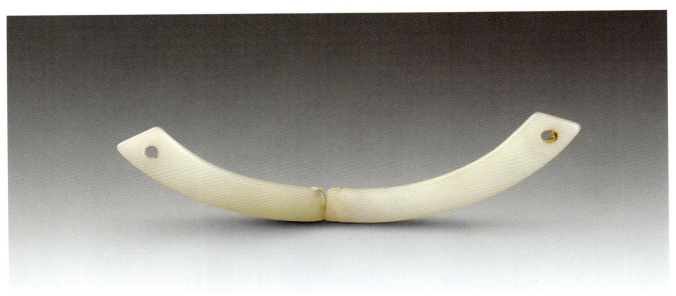

2. 玉璜（H1:1）

3. 玉璜（H1:1）局部

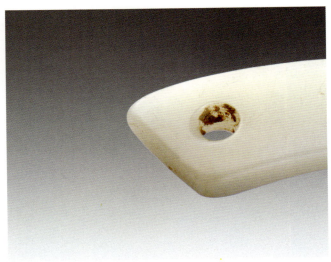

4. 玉璜（H1:1）局部

彩版七　H1 出土玉璜

1. 玉璜（H1:3）

2. 玉璜（H1:3）局部

3. 玉璜（H1:4）

4. 玉璜（H1:4）局部

4. 玉玦（H1:5）

5. 玉玦（H1:5）局部

彩版八　H1 出土玉璜、玉玦

1. 石斧（H3：7）

2. 陶罐（H3：1）

3. 陶祖（H12：1）

4. 陶罐（H3：1）局部

彩版九　H3、H12 出土陶、石器

1. M127

2. M134

3. M128

彩版一〇　M127、M128、M134

1. 陶豆（M128:2）

2. 骨凿（M134:2）

3. 玉璜（M134:3）

4. 玉璜（M134:3）局部

5. 陶釜（M128:1）

6. 陶釜（M134:1）

彩版一一　M128、M134出土陶、玉、骨器

1. M74

2. M76

3. M97

彩版一二　M74、M76、M97

1. 陶釜（M74：1）

2. 陶釜（M97：1）

彩版一三　M74、M97出土陶釜

1. 陶三足钵（M125:2）　　　　　　　　　2. 陶釜（M132:1）

3. M125　　　　　　　　　　　　　　4. M132

彩版一四　M125、M132 及出土陶器

1．M106

2．M112（右侧）

3．M113

彩版一五　M106、M112、M113

彩版一六　M113出土陶三足钵（M113：1）

1．M36

2．M37

3．M52

彩版一七　M36、M37、M52

1. 陶豆（M37:1）

2. 陶豆（M37:1）局部

3. 陶杯（M52:2）

彩版一八　M37、M52 出土陶器

1. M65

2. M99

3. M95

彩版一九　M65、M95、M99

1. M100

2. M101

彩版二〇　M100、M101

1. 陶豆（M99:1）

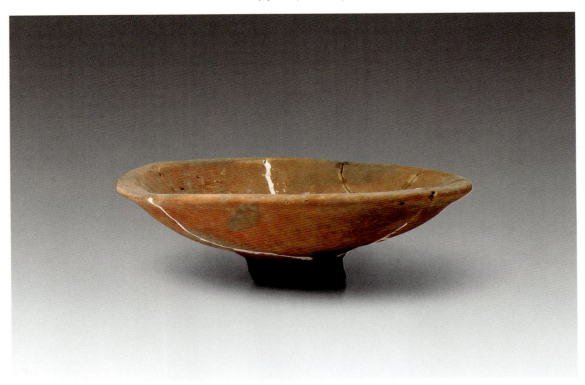

2. 陶豆（M101:1）

彩版二一　M99、M101 出土陶豆

1. M102

2. M108

3. M105

彩版二二　M102、M105、M108

1. 陶盆（M108：1）

2. 陶釜（M108：2）

彩版二三　M108 出土陶器

1. M116

2. M119

彩版二四　M116、M119

1. M2

2. M6

彩版二五　M2、M6

1．M9

2．M10

彩版二六　M9、M10

1. 陶豆（M9:2）

2. 陶豆（M9:2）

3. 陶盆（M2:1）

4. 陶釜（M10:2）

彩版二七　M2、M9、M10出土陶器

1. M16

2. M19

3. M12

彩版二八　M12、M16、M19

1. M23

2. M28

彩版二九　M23、M28

1. 陶三足钵（M12:1）

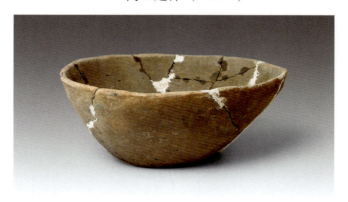

2. 陶盆（M16:2）

3. 陶釜（M28:1）

彩版三〇　M12、M16、M28 出土陶器

1．M30

2．M45

彩版三一　M30、M45

1. M46

2. M85

彩版三二　M46、M85

1. 陶豆（M30:2）

2. 陶三足钵（M45:2）

3. 陶三足钵（M46:2）

彩版三三　M30、M45、M46 出土陶器

1. M86

2. M87

彩版三四　M86、M87

1．M88

2．M90

彩版三五　M88、M90

1. M89

2. M92

3. M91

彩版三六　M89、M91、M92

1. 陶盆（M88:2）

2. 陶盆（M91:1）

3. 陶釜（M88:1）

彩版三七　M88、M91 出土陶器

1. M93

2. M94

彩版三八　M93、M94

1．陶釜（M93:1）

2．陶豆（M93:2）

彩版三九　M93 出土陶器

1．M96

2．M98

彩版四〇　M96、M98

1. M24

2. M40

彩版四一　M24、M40

1. M82

2. M84

3. M83

彩版四二　M82、M83、M84

1. 陶豆（M82:2）

2. 陶三足钵（M40:2）

3. 陶三足钵（M40:2）底部

彩版四三　M40、M82 出土陶器

1. 陶盆（M84:1）

2. 陶钵（M83:2）

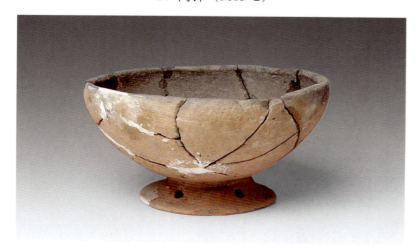

3. 陶豆（M1:3）

彩版四四　M1、M83、M84 出土陶器

1. M1

1. M1 和红烧土的关系

彩版四五 M1

1. M80

2. 陶釜（M80:1）

彩版四六　M80 及出土陶釜（M80:1）

1. 陶豆（M41:1）

2. M41

彩版四七　M41 及出土陶豆（M41:1）

1. 陶豆（M20:1）

2. M21

3. 陶釜（M21:3）

彩版四八　M20 出土陶豆、M21 及出土陶釜

1. M13

2. 陶钵（M13：2）

彩版四九　M13 及出土陶器（M13：2）

1. 玉璜（M13:3）

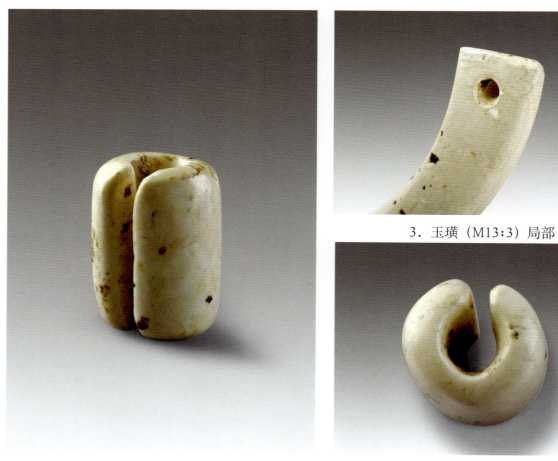

2. 玉玦（M13:4）

3. 玉璜（M13:3）局部

4. 玉玦（M13:4）局部

彩版五〇　M13 出土玉器

1. M14

2. M15

彩版五一　M14、M15

1. 陶豆（M15：1）

2. 陶罐（M14：2）

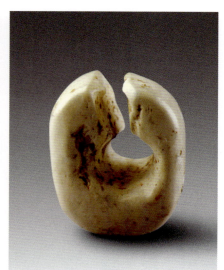

3. 玉玦（M15：2）

彩版五二　M14、M15 出土陶、玉器

1. M17

2. M18

3. M39

彩版五三　M17、M18、M39

1. 陶三足体（M17:1）

2. 陶三足体（M17:1）局部

3. 陶釜（M39:2）

彩版五四　M17、M39 出土陶器

1．M42

2．陶罐（M42：2）

3．陶器座（M42：3）

彩版五五　M42 及出土陶器

1. M43

2. M44

彩版五六　M43、M44

1. M47

2. M48

彩版五七　M47、M48

1. 陶盆（M43:1）

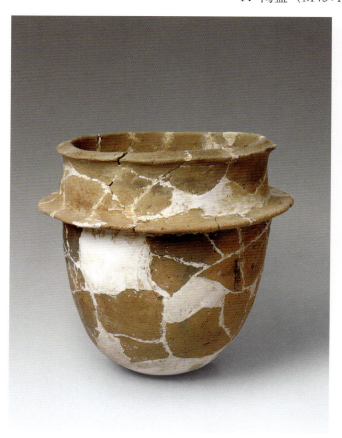

2. 陶釜（M44:2）

3. 陶罐（M47:1）

彩版五八　M43、M44、M47 出土陶器

1. 陶盆（M48:2）

2. 玉玦（M47:3）

3. 陶釜（M48:1）

彩版五九　M47、M48 出土陶、玉器

彩版六〇　M49 出土陶豆（M49：1）

1. M51

2. 玉玦（M51:2、M51:3）

彩版六一　M51 及出土玉玦（M51:2、M51:3）

1. M53

1. M54

彩版六二　M53、M54

1. 陶豆（M53:2）

2. 陶豆（M54:6）

3. 陶豆（M54:6）器底

彩版六三　M53、M54 出土陶器

1. 陶豆（M54:2）

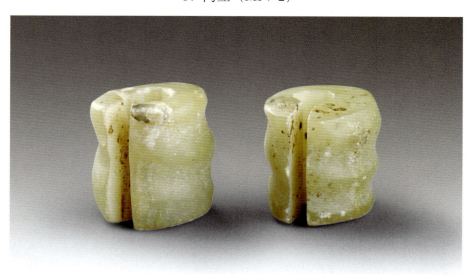

2. 玉玦（M54:4、M54:3）

3. 玉玦（M54:3）

彩版六四　M54 出土陶、玉器

1. M55

2. M57

3. M59

彩版六五　M55、M57、M59

1. 陶钵 (M55:1)

2. 陶罐 (M55:3)

3. 陶罐 (M55:3) 局部

彩版六六　M55 出土陶器

1. 石斧（M55:2）

2. 陶豆（M57:2）

3. 陶釜（M59:1）

4. 陶釜（M55:4）

彩版六七　M55、M57、M59出土陶器

1．M62

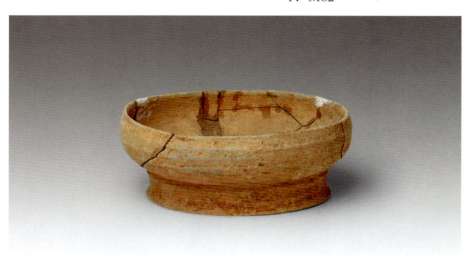

2．陶豆（M62:3）

3．陶鼎（M62:2）

彩版六八　M62及出土陶器

1. M63

2. M80

3. M78

彩版六九　M63、M78、M80

1. 陶器座（M78:1）

2. 陶三足钵（M78:2）

3. 陶釜（M63:2）

彩版七〇　M63、M78 出土陶器

1. M5

2. 釉陶瓿（M4:11）

3. 釉陶壶（M4:6）

彩版七一　汉墓 M5 及 M4 出土釉陶器

1. M69

2. M70

3. M71

彩版七二　宋墓 M69、M70、M71